工程师与工程教育新论

李曼丽　著

商务印书馆
2010年·北京

图书在版编目(CIP)数据

工程师与工程教育新论/李曼丽著. —北京:商务印书馆,2010

ISBN 978-7-100-07327-1

I.工… II.李… III.工程师—工科(教育)—研究 IV.T-29

中国版本图书馆 CIP 数据核字(2010) 第 149739 号

工程师与工程教育新论

李曼丽 著

商 务 印 书 馆 出 版

(北京王府井大街 36 号 邮政编码 100710)

商 务 印 书 馆 发 行

三河市尚艺印装有限公司印刷

ISBN 978-7-100-07327-1

2010 年 9 月第 1 版　　开本 880×1230 1/32

2010 年 9 月北京第 1 次印刷　　印张 $10\frac{3}{4}$

定价:25.00 元

目　录

导　言

出版《工程师与工程教育新论》，心情很不平静。翻检以往的研究经历，才发觉在这短短的几年历程中，自己已不知不觉地陷入到“工程师教育与培养”的研究主题中。

我的第一本专著《通识教育:一种大学教育观》所涉猎的是高等教育研究领域的一个经典专题。众所周知，“通识教育”这个题目多少有些阳春白雪，而“工程教育”正是为自由教育的肇始者亚里士多德所蔑视的“技巧性教育”。因此，起初我对工程教育并无好感，但学术生涯毕竟不是旅游，不可以兴之所至。近年来，党中央和国务院提出的走中国特色新型工业化道路，建设创新型国家，建设人才强国等一系列国家发展战略，对我国工程教育提出了新的要求，也对我的学术研究产生重大影响。尤其是在进入清华大学教育研究院(原清华大学教育研究所)之后，随着笔者对本院学术工作重点及已有成果的了解，继承和发扬本院有关工程教育研究的责任感更为迫切。

清华大学教育研究院是一个在工程教育研究方面有着很深积累的学术单位。回想起来，从 2002 年到 2005 年，我在余寿文、龚克、杨家庆、王孙禺、李越、江崇廓、史静寰等教授的组织带领下，多次参与有关工程教育专项课题的研究。特别值得一提的是，2005 年 10 月份，我在龚克教授、王孙禺教授的带领下参加一个国际合作研究项目。在这个项目中，来自巴西、德国、美国、瑞士、日本、中国六个国家的8所知名理工大学的学者组成了一个研究团队，启动了一项名为“追求卓越的全球工程教育”(In Search of Global Engineering Excellence)的研究项目。

这是一个为期12个月的研究项目，我想对于本项目所有团队成员来说，最大收获在于通过此次跨国、跨校合作，让大家意识到了全球化对于各国工程教育发展的重要性。本研究明确提出，由于技术、商业、工业、经济的跨国家边界的发展，使得一国在讨论工程教育问题时，不得不放大以本国为固有边界的“视域”，把一国的工程教育问题放在一个更大的边界内进行检视。例如：该课题的资助方——大陆轮胎公司(Continental AG, Hanover, Germany，简称“大陆轮胎”)，是德国进入21世纪以来业绩最好的全球性公司之一，目前在全球有108个海外分部(包括中国和巴西都有分部)。该公司在发展战略中非常关注当地合格工程师的数量和质量，尤其是如何能够获得在多元文化背景下工作的工程师，是该公司发展战略关注的重要问题之一。我想，这也应该是该研究项目启动的背景。

作为一个发展中国家的研究人员，在课题讨论中我常常觉得自己关注的问题和来自发达国家的合作者虽有共同之处，却又有更多不同。例如，谈到我国成为工程专业学生最多的国家时，其他国家的同事颇为艳羡，但作为一个中国的教育研究工作者，很多问题却使我的担忧多于满足。这些问题常常萦绕于我心中：我国建设创新国家需要何种规格的工程技术人才队伍？技术密集型劳动力市场的国际化对我国工程技术人力资源的发展战略意味着什么？应如何考虑工程师教育的国际化带来的机遇和挑战？我国工程教育质量控制的体系和机制是什么？工程师的继续教育如何组织与实施？如何把社会责任感、伦理因素纳入到我国工程师教育中？大学如何塑造刚刚进入工程专业的17、18岁学生的卓越工程理念，如何进一步选择和确定自己的职业生涯以及人生道路？凡此种种，无疑都是当今工业界、高等学校、政府以及工程界从业人员一直关心、思考的问题，我迫切地想知道这些问题的研究进展。

如前所述，从2002年到2005年，我陆续主持或参与了"中德工程教育比较研究"、"中国工程教育专业鉴定制度构建研究"、"清华大学工科实践教育改革与发展研究"、"中国重大工程项目中优秀工程师的成长机制研究"等项目。研究过程中，因为项目的需求我先后前往美国伊利诺伊大学(香槟分校)、德国亚琛工业技术大学、加拿大萨斯卡彻文大学及多伦多大学等世界名校考察其工科教育。但是，令人汗颜的是当时似乎仅限于完成项目，并没有足够深入思考研究这些问题的意义。

2007—2008年度，我获得美国富布赖特基金会资助到麻省理工学院的国际研究中心(the Center for International Studies, MIT)进行为期一年的学术研究。在我赴美国波城之前，曾经和清华大学副校长、教育研究院院长谢维和教授有过一次谈话，他认为清华大学在未来一段时间应该在工程教育研究方面做更多工作，并且鼓励我继续投入精力做些有价值的探索。

我带着这些问题来到麻省理工学院国际研究中心。在研究过程中，我发现其实我所关注的某些问题已经有一定基础，当然与过去5年来我在工程教育方面收集积累的研究资料有关。更可喜的是，当我真的和国际同行坐在一起讨论工程师培养的问题时，常常感到在工程师的教育培养中，通识教育是个难以绕开的话题。我欣喜地发现，在深化我以往有关高等教育之“通专结合”的学术观点时，工程教育研究是个非常好的载体和视角。于是，我想利用 MIT、哈佛大学卓越的研究条件，把曾经思考过的种种问题进行系统的研究和整理。这本书的种子也是从那时开始生根发芽的。

2007 年下半年，我常和在 MIT 的合作教授格茜克（Patricia Gercick）一起讨论问题，她和我谈得最多的是“工程教育的国际化”问题；另一个合作教授魏迪格（Bernd Widdig）和我谈得更多的是“工程师的培养”、“人才的国际流动”。2008 年春季学期，我又进入了波士顿学院（Boston College）国际高等教育研究中心主任菲利浦·阿尔特巴赫（Philip Altabach）教授的课堂，参加了他主持的博士生课程“国际高等教育”的讨论。课堂内外我和他多次交流了研究题目，他不仅给我提供了相关的重要资料，而且提供了重要的交流机会。我们一起在哈佛大学教育学院参加了“全球化与高等教育”主题的论坛……那段时期，我觉得自己几乎被无所不在的工程教育淹没了。

2007 年美国工程界反响最大的问题之一是白领阶层的工程技术人员的工作大量被外包到发展中国家，尤其是印度。相比之下，欧美国家却长期把大量的蓝领阶层工作外包到中国。这种来自国际劳动力外部市场的划分对我思想的冲击较大，迫使我对工程行业、工程师职业、工程教育重新审视。全球化如此深刻地影响了工程行业，也势必对工程教育产生影响。作为教育研究工作者，我们始终关注的最重要的焦点是“人”，“人”是教育的灵魂和精髓，人是一切教育工作的起点。对工程教育的思考也是如此。

工程教育首先要明确培养什么样的工程师？大学应为未来的卓越工程师奠定什么样的基础，即“培养什么样的人”，这是高等工程教育首先要解决的问题。放眼国际，在经济和科技快速发展的背景下，各国都在研究需要什么样的工程人才。20世纪90年代，美国提出了工程教育“回归工程”；进入新世纪，又致力于培养具有创新能力和领袖素质的高水平工程技术人才。欧洲一体化以后，欧洲高校进一步加强了与工业界的紧密结合，通过加强校际协作、学生交流等促进工程人才培养的国际化。日本、韩国、印度等国把实行产学结合、培养创新型工程科技人才作为工程教育改革的重点。虽然各国都有各自的特色和特殊情况，但在工程技术人才培养上却有着共识：强调工程师强烈的社会责任感；加强工程师的综合素质培养；实施领导力培训计划，培养工科学生引领本国和世界工程科技发展的能力；培养工程师的国际视野和跨文化交流能力。

针对我国工业发展的实际，有专家指出，我国工程师的需求正在逐步呈现出多元化、多样化的发展趋势。我国在21世纪的发展中迫切需要五种类型的工程师：一是以解决实际工程技术问题为主的专业技术工程师；二是以科技研发为主的研究导向型工程师；三是以多种专业知识交叉应用为主的技术集成创新型工程师；四是以创新设计为主的产品创意设计型工程师；五是侧重于创业与市场开发能力的经营管理型工程师。高等工程教育要健全和完善创新型工程科技人才的培养模式，主动适应多元化和多样化的外部人才需求变化，核心是培养创新能力强、适应国家经济社会发展需要的各类优秀工程科技人才。无疑，这些讨论是适时、敏锐、深刻的。

实事求是地看，改革开放30多年，中国能够实现工业化建设的快速推进，是20世纪50和60年代我国高等工程教育大发展带来的巨大“红利”，当今我国工程科技各行业的领军前辈很多是在这个时期接受的高等教育。可以说，没有20世纪50和60年代高等工程教育的发展，中国80年代以后的工业化建设就会受到很大的影响。从这个意义上讲，加紧培养一批创新意识强，能够适应经济和社会发展需求的各类工程科技人才，提高科技创新能力，对于加快经济发展方式的转变、实现未来我国经济社会的持续发展，具有重要意义。

根据统计资料显示，到2008年，全国开设有工程类专业的高等学校达到981所，占普通高等学校总量的43%；工程类在校研究生、本科生和专科生规模达773.3万人，占当年全国高校在校生总量的36%。全国的工程科技人员总量也超过1400多万人。我国已经成为名副其实的工程教育大国。然而，大而不强、多而不精，工程教育普遍缺乏创新性和实践性，一直是困扰我国高等工程教育改革与发展多年的难题。如何能够让中国的工程师“卓越”起来，如何能够让中国培养出具有国际竞争力的工程科技人才，是我们下一步要着力的方向。

当下，适应外部环境的迅速变化，培养和造就出能够满足经济社会发展需求的高水平工程师，已成为工程教育界乃至全社会普遍关注的问题。进入新世纪，我国的高等工程教育改革面临着巨大的挑战。我国经济发展方式转变和产业结构转型，以及加快推进创新型国家建设，要求科技界、教育界及产业界必须解放思想、加快探索创新型工程科技人才培养路径。过去，我们的高等工程教育模式深受前苏联、美国以及德国等诸多国家的影响，现在我们在借鉴国外优秀经验的同时，更需要主动探索适应我国国情的工程科技人才培养模式。

国际金融危机以后，美国等发达国家将“再工业化”作为重塑竞争优势的重要战略，通过大力发展先进制造业，重新回归实体经济，创造新的经济增长点，带来新的就业岗位，摆脱当前危机。发达国家实施“再工业化”战略将对我国的工业化产生巨大的影响，我国与发达国家之间的竞争将更加激烈。美国麻省理工学院前任校长、现任工程院院长查尔斯·威斯特（Charles Vest）指出，“拥有最好工程人才的国家占据着经济竞争和产业优势的核心地位”。很多国家都将工程科技人才培养提升到国家的战略高度。

面对我国工业界的需求和国际高等工程教育的前所未有的发展趋势，如何加快推进高等工程教育改革发展；如何构建布局合理、结构优化、类型多样、主动适应经济社会发展需要的、具有中国特色的社会主义现代高等工程教育体系；如何思考和解决我国工程教育教学中存在的弊端与问题；以及我国作为世界上总人口最多、劳动力人口最多、教育人口最多的国家，如何从把工程技术人力资源大国转变为工程技术人力资源强国，等等。这些问题既有来自教育内部的问题，也有社会焦点问题在教育中的集中反映。

当然，本书不可能勾勒出一个具有中国特色的工程教育发展路线图，但是在本书的主题下，希望对某些重要议题做些有意义的探讨。笔者希望就如下问题进行探讨：第一，转型期中国经济、社会及文化发展需要什么样的工程师？第二，中国究竟需要一个什么样的工程技术人才培养体系？第三，工程教育教学改革的发展趋势如何？本书对这些问题的考察，既有理论层次上严肃的分析讨论，也有横向的国际比较；既有事实的陈述，也有力图客观的评价。笔者希望这个研究是对国内外工程技术人才教育与培养历程的回顾，也可以成为对未来发展趋势的展望。

循此思路，本书在比较各国工程师职业历史和现状、工程师教育的特征、问题及趋势的基础上，力图以我国工科人才培养机制、工科人才教育中的规律性问题探讨为主线讨论主要问题。

全书包括以下四部分。

第一部分，理论篇。主要探讨工程师职业发展的历史及现状，并延伸到讨论工科人才培养目标问题。本部分可分为三章：

第一章，30 年来工程教育研究的文献综述。作者对改革开放30 年来工程教育比较研究的文献进行了综述、评估和分析，提出了本研究关注的问题，在此基础上确定了本研究探讨的几个主要问题及相关研究方法。

第二章，工程师职业发展简史。工程师是一个具有悠久发展历史的职业，一部工程师史也就是凭借工程科技人才通过一个个工程项目一步步改善人类生活环境、提高生活质量的历史。笔者在对工程师职业发展史进行回顾的基础上，分别对工程师职业的性质与工程知识之特征进行了界定。

第三章，欧美工程师的社会角色和工程教育目标。本章拟从工程伦理学、社会学角度就工程师职业在当今社会文化中的地位和作用，以及世界各国对工程师职业特性、社会角色期待等问题加以讨论，同时探察不同工程文化及其对工程科技人才培养的影响，以及世界主要国家对新型工程师的社会角色期待的异同。

从国际比较视野探讨以上问题，是中国新型工程教育在确定其培养目标时的一个理论基础，是任何工程教育改革需要首先明确的理论问题，这些讨论可以帮助我们回应一些经常在实践中令人困扰的问题。例如，从雇佣技术人员到国家精英，中国的工程教育究竟选择单一目标还是多层次目标问题，如何认识中国工程师成长和工程教育的问题，政府制定政策吸引优秀人才学习工科的必要性问题，等等。

第二部分，体制篇。本部分探讨了中国工科人才培养体系改革问题。这一层次的问题相当复杂，不可能面面俱到，因此本书作者只选取与此相关的两个典型问题在第四、第五章中进行了探讨。

第四章，美、德工程技术人才教育体系的比较研究。德国、美国工程教育几乎同时肇始于19世纪初期，但在发展的过程中形成了不同的价值取向。本章首先概要地梳理了美国、德国两种工程技术人才教育体系分别体现出的“陀螺型”、“不倒翁型”结构特征，进而考察了19世纪60年代至20世纪20年代两国工程技术教育体系变迁过程，探讨形成各自特征的历史制度渊源。本章重点在于阐释上述两种各具特色工程技术人才培养体系的形成，主要是该时期内两国与工程教育的相关利益群体——政府、专业学术团体、产业界、大学——之间利益相互诉求与不断达成共识的结果。据此，作者指出，我国工程技术教育改革逻辑不应是对某个发达国家教育体系的简单模仿，而应立足于我国当前社会转型期产业结构与发展需要来完善自己的工程技术教育体系。

第五章，美、德工程教育专业鉴定的历史制度主义分析。本章旨在从历史制度主义视角梳理德国高等工程教育专业认证制度的均衡系统及其特征。首先从历史制度主义之“历史观”探察该制度创设之初两国独特的社会历史背景，叙述制度发展的史实经过，描述该制度的发展路径；在此基础上，遵循历史制度主义的“结构观”和“均衡观”，分析该制度的利益主体及其参与机制，以及最后所形成的制度均衡系统及其特征。最后，对中国工程教育专业鉴定现状作了介绍，并对其中的相关问题作了讨论，也给出了初步的改进建议。

工程教育的质量保障机制——鉴定制度在美、德两国各有不同，但同样成功。中国的工程教育专业鉴定制度意欲如何？本书采用历史制度主义的分析范式讨论了美国 ABET 和德国的 ASSIN 两种制度的均衡性、稳定性，以及两种制度在本国产生变迁的模式，本书将其分别称为“诱致性”变迁（美国）和“强制性”变迁（德国），本书讨论此两种变迁模式对于两种制度在本国嵌入后的均衡性之贡献，并在此基础上讨论中国工程教育鉴定制度构建中必须关注的问题。

第三部分，课程与教学篇。本部分讨论了工科教育、教学发展史上贯彻始终、持续充满张力的两对矛盾，即“实践”与“理论”、“通识”与“专识”。整个高等工科课程与教学史，就是“实践”与“理论”、“通识”与“专识”的冲突与调和史。不同国家、不同学校对这两对矛盾的处理方式是不同的，体现出他们对工科人才培养规律的认识有所不同。在我国，这两个问题均为改革开放后直至目前我国工程教育界普遍关注、但又始终没有解决得很好的问题。本书分别在第六章、第七章中对这两对矛盾的演变过程、特点、内在规律及趋势进行了深入考察。包括：

第六章,CDIO与工程教育中的"理论"与"实践"问题。作者以目前讨论较多的工程教育中的CDIO教学改革为切入点,梳理了工程行业和工程教育在欧美国家发展的不同轨迹,及其对工程教育的不同影响。无论在欧洲还是美国,工程教育均起源于国家基础建设及军事需要。19世纪末20世纪初,科学被认为是工程的基础,自此后,理论和实践的关系在工程教育中一直是争论的焦点,直到目前还困扰着现代工程教育。工程教育发展历史表明,不同国家处理这一争论的方式有所不同。在美国,教育界在实践与理论之间如同"钟摆"不断寻找平衡;而在欧洲,双元制的工程教育体系分别侧重于工程教育的理论和实践两个侧面。第二次世界大战以后,工程需以科学为基础的观念影响更深、更广,尤其是1960年代后,工程教育甚至忽视了实践、经验等特性,使得"工程"与"科学"、"工程师"与"科学家"界限模糊,工程师在社会中的作用和地位受到质疑。自1970年代始,"回到实践"的呼声强烈。本章指出,CDIO是对当前工程教育困境在"教"与"学"问题上的一种回答。但也指出,CDIO只是应对目前工程教育困境的诸多解决方案中的一种。CDIO对于不同国家、不同层次、不同具体情况的学校可能会有积极的启发意义,但并不意味着它是唯一值得借鉴的做法。

第七章,工程教育中的"通识"与"专识"问题。有关教学的另一个反复争论的问题,是通用知识和专门知识的问题。当前的知识和技能总是在变,哪些是基本的、核心的学科知识?未来工程教育中核心的内容有哪些?相应的,哪些技能可以在学校课程里完成,哪些技能可以在工作岗位上完成?本章的讨论反映出"通识"与"专识"的关系是工程技术人才培养中不能回避的一对矛盾,如何在教学计划中妥善处理好它们的关系，是对现代工科教育、教学一线教师、管理人员的挑战。

第四部分，实践篇。作者选择了中国、美国两所著名工科院校的实践案例，作为对本书前述三个部分中所表述的基本观点和内容的必要补充。其中第八章“独辟蹊径的卓越工程师培养之道”，介绍了美国欧林工学院的卓越工程师教育计划的探索性试验。第九章“清华大学某工科系创新人才培养案例研究”，着重介绍了工业工程专业人才培养中的“深度通识教育”理念。这些案例由本书作者经过长时间的实地调查撰写而成，具有一定的参考意义。

附录篇所收文件是由作者执笔撰写的清华大学考察团赴德国考察工程专业认证的调研报告。一些思考虽然还不够深入，但不乏参考意义。

本论著与同类研究相比，其特色在于：

第一，本书希望深化对某些问题的研究。与其他学科领域相比较，可以发现，工程教育的研究还很不成熟，当然这是教育学科存在的一个整体问题。从目前看，我们对工程教育的研究所取得的研究成果还比较零碎、片面和分散，缺乏内在的有机联系，纵向与横向的综合研究更是少之又少。但是无论如何，就工程教育本身而言，随着工程教育改革和发展的深入需要，在某些基本问题上我们需要更深入的研究。

首先，在已有国外工程教育的研究中，对某些长期的规律性认识提炼不够。学界对外国工程教育研究的发展与改革趋势进行了足够关注，尤其是美国的工程教育发展一直在我们的学术视野中心。虽说教育是一个面向未来的事业，但是也始终有些规律需要深入的探寻。从以往的研究看，我们对国外工程教育的某些比较稳定的规律探讨不够,例如:(1)高等工程教育中的层次划分、规格和学习年限这个基本问题;(2)一国工程教育应该更多地面向其基本工业而培养相应的人才,还是要更多地面向未来工业培养人才?(3)工程教育中的理论与实践(有人说“手”和“脑”)的关系问题,人文知识与工程专业知识的关联问题,有没有处理这些问题的基本原则,分别可能是什么,等等。以上问题可能在不同国家、不同时代的工程教育改革中都会反复遇到,应当有些基本规律蕴藏其中。即使不是规律,我们说也应该有些长期总结的经验。这些经验肯定不是一时一事的。清华大学张光斗先生曾经就工程教育的层次问题说过:“工程教育的5个层次,不是头脑想出来的,它是长期总结的经验,当然什么事情都不是一成不变的,但是长期总结的经验,估计在短期内也不会有大变。”[①]因此,我们在关注工程教育发展的趋势的同时,也要关注某些长期经验的总结。例如仅就工程教育的层次问题而言,1980年代的多项研究[②]表明培养规格不能单一,要有层次。“我们花了30年时间得出这个结论,这个结论来之不易。”[③]这个问题看来在当时已经形成基本看法,可惜在以后的研究中没有深入下去,在国外工程教育的时间和经验研究中也是缺憾。直到今天,仍然是一个实践中让工程教育界困惑的问

① 张光斗:《工程教育结构需要改革》,《高等教育研究》1983年第1期。

② 代表性的有浙江大学时任校长杨士林,副校长王启东、李文铸,浙大电工研究所所长韩祯祥牵头的研究,见《关于我国高等工程教育层次、规格和学习年限的一些看法》,《高等工程教育研究》1983年第2期。

③ 黄辛白在高等工程教育层次、规格、学习年限专题研究会上的讲话(1983年11月29日),鼓励大家来“求”,来研究。所谓“求”,就是实事求是,他认为在多层次、多规格、多种形式的问题上已经有共识,调整要结合自己的基础和现实条件,同时要借鉴国外的有益经验。

题。[①]本书通过对美国、德国工程教育体系发展的历史变迁的回顾，讨论了中国的工科技术人才培养体系构建往何处走的问题；还系统讨论了理论和实践的问题、通识和专识的问题。

其次，对于某些问题的研究不够充分，得到的结论略显得单薄。本书特别在这些问题上予以关注。试举几例：首先，产学研结合的研究。产学研结合是工程教育的一个重要特征，也是工程教育的本质要求。但是，在中国实施起来，历程并不顺利。在对国外工程教育研究中，多数论文都将这一特点作为德国、美国的成功经验介绍，希望中国的高校、企业能尽快携起手来。观点是正确的，但就目前的研究成果对现实的影响来看，却不理想。其实，德国在两次世界大战之间，美国工程院校在19世纪末和20世纪初期也都曾经为工业界对院校工程教育的“冷漠”而苦恼，但是最后都陆续与工业界建立了良好的合作关系，这种良好的合作关系是什么时候开始建立的，是在什么样的事件、什么因素、什么背景下形成的？其中的困难是如何解决的？这些问题多数论文都没有介绍。

又如，关于德国工程教育研究的论文都探讨了德国工程教育的产学研结合、理论实践相结合等显著特点，但是在德国为什么会形成这样的特点？在德国为什么会有两种文凭工程师共存的局面，为什么德国的产学研容易结合？德国为什么就能理论与实践相结合？德国为什么会存在一支教师和工程师相结合的工科教育师资队伍？这些问题我们都不是非常清楚。

以上问题，也许更进一步的探讨会使结论更加具有信服力。

---

① 2007年，朱高峰先生撰长文《中国的工程教育：成绩、问题和对策》，指出工程教育的问题之一，就是“模式单一，竞相升格，层次模糊”。见《高等工程教育研究》2007年第4期。

本书限于篇幅，不可能对上面列举的问题均作探讨（不排除以后继续研究的可能性），而尝试性地以目前正在引起各界关注的“中国工程教育鉴定制度”的建设作为重要研究方向之一，来表明中国对国外工程教育经验和制度的学习并非机械模仿。2002 年后，有关介绍国外工程教育专业鉴定目的、组织管理、具体标准的文章陡然增多，大多数文章都通过直接的启示提出对我国构建工程教育专业的建议。但是，各国工程类专业教育鉴定制度发展到现在其背景和原因，制度变迁的过程和动因究竟是什么？目前该制度的特点与其他社会制度（工程师资格认证制度、高等教育制度、行政管理体制、企业用人制度）是如何嵌入的、如何匹配的？大多数文章并不做这样的探讨。本书从历史制度主义的视角分析了美德两国工程教育鉴定制度的利弊，有效地收缩了我国在讨论这一问题时的目标。

第二，在研究方法上，本书尝试克服工程教育研究对史籍和原材料的关注和发掘不够的缺憾。与以上缺憾密切相关的问题是，以往的工程教育研究，缺乏对工程教育史料、文件进行系统的考察和深入分析。史料作为记录工程教育发展的宝贵材料，是研究工程教育的源头活水。虽然我们在前面也提到过一些优秀的研究成果，但不可否认大多学者还是从别人的记述和理解层面着手，并没有从各国的历史、专业发展史、笔记、官方文件等层面着手。因此，无论是从文献学的角度还是从现代研究方法的角度来说，系统全面地开展对国内外工程教育史籍的专门研究都是一个迫切而重要的课题。

此前研究的另一问题是对于国外工程教育的经验和实践往往褒扬和肯定过多，而对于其工程教育发展过程中的教训关注不够。

例如在已有的文献中，部分研究成果往往在对美国经验和实践介绍之后，就“立刻”、“直接”探讨如何借鉴的问题，甚少结合国情、校情进行分析。这或许也可以解释我们为什么研究虽多，吸纳甚少，而自己在实践中摸索出比较有特色的新思想、新方法更少的困惑。类似的诸多问题都需要在实际研究中作综合的全面考察。

总而言之，国外工程教育经验研究的深化，应植根于中国的国情和社会实践。正如柯俊院士指出的：“异国的教育制度要根据社会发展的现实需要及时做出相应的改革与调整，并保持自己的特色，苏联的教育是这样的，美国的教育也是这样的，而我们恰恰在这一点上做得不好。”①

当前，中国经济的快速发展无疑对中国工程教育发展和工程师成长都具有重要影响，中国工程教育正处于关键期。但愿本书能够为培养高素质、具有较强竞争力的国际化工程科技人才建言献策，能促使大家共同思考和探讨中国工程教育的改革发展，以实际行动支持中国的工程教育发展和我国卓越工程师培养计划的顺利推进。

---

① 张海英：《适应时代发展需求　改革中国工程教育——柯俊院士访谈录》，《高等工程教育》2005年第4期。

第一章　30 年来工程教育研究的文献综述

中华民族素有海纳百川、有容乃大的气度及文化传统，素善汲取外来文化营养，这不但促进了本民族文化不断发展，同时亦使中华民族不致孤立于世界文化之外。吸收外来文化，贵在消化，贵在为我所用。改革开放 30 年来，我国学界对工程教育的研究与探讨正是国人善纳精华、自变求新民族性格之写照。目前，回顾学界如何借鉴国外工程教育实践与经验，如何汲取国外经验以建立具有中国特色的工程教育体系，以及在这一过程中呈现出怎样的特征以及得与失何在，都具有重要意义。这里姑以 30 年的学界如何研究和借鉴国外工程教育研究文献为例而申说之。

1.1　30 年来工程教育研究的阶段特征

工程教育问题一直备受社会各界关注，这与工程技术科学在社会和经济发展中的重要地位有关。20 世纪 70 年代末改革开放后，工程教育界在继承我国已有工程教育传统的同时，欣然学习和接受国外有关工程教育的办学经验。大体而言，经历了如下几个阶段：

1978—1992 年，从改革开放到 20 世纪 90 年代初，为工程教育研究的起步阶段。改革开放以后，为了适应国家现代化建设的需要，高等教育和高等工程教育都面临着一个任务，就是建立具有中国特色的教育体系。众所周知，新中国成立后最初的 17 年，虽然工程教育已经形成了基本体系与模式，但仍然在高等教育发展的“起伏”和“失误”中受到了挫折。改革开放迎来政治经济的稳定发展，工程教育的恢复和发展备受重视。然而，中国教育与外部世界隔离太久，研究人员自然把目光投向比较发达的国外工程教育体系。我国工程界人士想要努力弥补“大跃进”和“十年动乱”的损害，他们的努力给国外友人留下了极深的印象。这一阶段在“部属高等工业学校教育研究协作组”的组织下，对国外工程教育发展进行考察，回答我国工程教育培养什么人——培养目标问题、层次划分以及规格要求等问题。同时也邀请不同国家的学术代表团来华访问，带来各方的动态与信息。研究成果多以考察报告为主。研究目的明确，成果斐然。

1993—2002 年，摸索工程教育教学规律阶段。此一阶段之前的研究，基本从认识上澄清了我国工程教育在宏观上应该是一个多层次、多规格培养体系。这 10 年，研究人员多着力探讨“如何培养工程师”，即探索相关教育教学规律、课程设置原则等问题。此阶段具有标志性的事件是 1998 年中国工程院教育委员会成立，工程院校和工程教育的代表人物也纷纷就工程教育的发展与改革问题表述个人思考和意见，对工程教育问题的思考再次集中，有时甚至发表比较激烈的意见。除了在结合国外经验中继续考察工程教育的培养目标与层次划分问题之外，课程设置、教学传授等一直是研究的热点问题。

2003 年至今，面向新世纪工程教育改革讨论进入全新阶段。2003 年，《高等工程教育研究》创刊 20 周年，借此时机，中国工程院教育委员会、中国高等教育学会工程教育专业分委员会、教育部重点理工科大学教育改革协作组齐聚论坛，回顾工程教育的得失，共商工程教育的未来，实为改革开放以来工程教育研究的盛事之一。此一阶段研究范围扩大，视角逐步拓宽，方法更加多样化，面向新世纪的中国工程教育讨论进入了一个全新阶段。

1.2　30 年来工程教育研究的主要成就

30 年来，国内学者对国外工程教育的研究主要集中在以下四个方面：

1.2.1　国外工程教育发展演变的历史轨迹

关于美国工程教育发展历史，值得一提的是《美国工程教育简史》①一文。此文相当完整地回顾了美国工程教育从 19 世纪初期开端到 20 世纪 70 年代的整个发展历史。作者通过钩沉重要史实将美国工程教育发展进行了历史分期：19 世纪初叶至 1862 年之前的发端过程；1862—1893 年的成长过程；1893—1914 年间，美国工程教育走上了自己的发展道路，专业学会纷纷建立，“被认为是

---

① 〔美〕劳伦斯·P. 格雷森：《美国工程教育简史》，陈惠芳译，《清华大学教育研究》1981 年第 2—3 期。

高等教育里具有特殊意义的领域”[①]；1914—1940 年是美国工程教育的评价时期；1941—1968 年是美国工程教育的“科学化”[②]时期；1968 年以后是“卷入社会”[③]时期。该文信息量大，史实翔实，对美国工程教育整个发展历史勾画得清晰完整。关于美国工程教育的发展历史，海外学者陈干等人有片段回顾[④]，但由于作者志不在史，难免支离。上述提到的论文，在笔者看来，堪称了解美国工程教育的最佳入口。

德国是一个工程教育研究中向来特别受到关注的国家。遗憾的是，我们很少看到专治德国工程教育历史的论文，但是我们也能从一些论文和专著中略知一二。例如陈洪捷在《在传统与现代之间:20 世纪德国高等教育》[⑤]一文中，介绍了 20 世纪的德国高等教育在变化多端的政治和社会背景下经历了曲折的发展过程。他特别从文化层面分析指出，德国大学传统的组织理念是与 19 世纪作坊式的科学活动方式相匹配的，因而大大促进了科学的发展。随着科学由作坊式的小科学向企业化的大科学过渡，建立在传统大学理念之上的德国大学，在 20 世纪受到科学本身的发展和高等教育发展两方面的挑战，由盛转入衰。同时，我们从另外一些资料也可

---

① 〔美〕劳伦斯·P.格雷森:《美国工程教育简史》,《清华大学教育研究》1981 年第 3 期。

② 原译文为“科学时期”，笔者在此重新解读为“科学化”时期，反映美国工程教育这一时期从强调直接对工业有用的实用学科，转向用艰深的数理知识作为工程科学的基础原理以提升工程学科教育与研究水平的变化特点。

③ 原译文为“卷入社会”时期，表明美国工程教育进入一个发展的新时代，从更优先地考虑国家安全防御，转向更多地趋向国家、人民和社会问题。

④ 陈干:《美国工程教育的新趋势》,《科技导报》1980 年第 1 期。

⑤ 陈洪捷:《在传统与现代之间:20 世纪德国高等教育》,《高等教育研究》2001 年第 1 期。

以看到关于德国工程教育的有价值的信息[①]，例如早在19世纪德国大学就成为世界许多国家效法的典范，第二次世界大战以后德国各界取得发展科学及工程教育的共识，原联邦德国1976年通过的"高校总纲法"，刺激了在20世纪六七十年代，相对其他国家已经不那么发达的德国大学经历了一次新的发展。这次发展一方面继承了传统大学的科研和教学的双重职能，继续保持专业教育的特色，另一方面更加强调职业准备。但以上信息仍然难于使我们窥得德国工程教育的全貌。

法国工程教育历史的研究，也得到我国学者较多关注。关于法国工程教育发展的宏观历史，从张光斗等3位先生发表的考察报告[②]中可以看到。1981年，张光斗等出席了在法国巴黎召开的"1980年欧洲工程师培养研究委员会会议"，会后考察了9所理工院校和5个研究所，归国后写成"法国的高等工程教育"报告，介绍了法国高等工程教育的招生、种类、领导体制、指导思想、教学计划、教师、科学研究、实验室和研究中心等。此文虽不是史学研究，但是对于帮助读者全面了解法国工程教育有一定作用。

由上述考察可知，关于德国、法国、日本、英国工程教育历史的研究情况，总体上类似。换言之，从已有研究成果看，对于国外工程教育的历史研究，虽然也涌现出了一些好的成果，但是比较零散，横向的、纵向的比较成果相对较少。

1.2.2 国外工程教育发展的时代特征

对国外工程教育改革和发展趋势进行宏观概括，是学界关注

---

① 有关德国高等工程教育的信息，还可参见：〔德〕汉斯格特·派泽特：《联邦德国的高等教育——结构与发展》，陈洪捷、马清华译，北京大学出版社1993年版，第7、13、129页。

② 张光斗等：《法国高等工程教育》，《清华大学教育研究》1981年第1期。

和重点论述的问题。改革开放迎来了科学和教育的春天，关闭了多年的大门再次向世界敞开。当时我国工业院校的教师，有不少是1950年代从前苏联学成回国的。改革开放后，非常希望了解美国过去10多年工程教育界发生的转变和最新的趋向。这一时期，对于美国的工程教育发展趋势的研究是连续的，最有价值的研究主要是对美国工程教育研究的重要报告进行译介、评述，另有若干国外工程教育的考察报告和论文。

关于美国工程教育发展的时代特征及总体把握。改革开放后，学界的第一份美国工程教育报告是"工程师的教育"("Education of Engineer")。这份报告没有完整译文，仅有作者在文章中引用该报告的主要观点。文中谈及1960—1970年代，美国的城市问题、能源问题、环境问题迭出，经济停滞，美国工程教育一方面应学生之要求，一方面受政府鼓励(NSF资助)，工程教育非常重视为社会服务①。同时，由于工程问题开始与社会问题紧密结合，与人文学科建立联系，因此工程教育的另一个特点是边缘学科的出现②。虽是简介，但对于开放之初人们了解美国工程教育的最新动态来说还是很有意义的。

1980年代初我国学者译介的第二份报告是"八十年代及以后的科学和工程技术教育"。1980年代初期，清华大学组织人员翻译了该报告③。该报告是应卡特总统的要求，为考虑美国长远发展

---

① 即前文论及的"卷入社会"，看来在不同的论文中，对1960—1970年代工程教育的趋势看法是类似的。

② 陈干：《美国工程教育的新趋势》，《科技导报》1980年第1期。

③ 1980年10月美国自然科学基金会(NSF)和联邦教育部(Federal Department of Education)向卡特总统提交了这份报告。此报告较长，分四个部分先后发表在《清华大学教育研究》1981年第3—4期、1982年第2—3期。

的需要而研究的。报告就科技人员的供求、正规大学及学院的科学及工程教育、继续教育以及中等学校的科学和数学教育等几个专题进行了分析。报告的附录里列出了一些材料和论据，包括令人感兴趣的各国科学及工程技术教育的比较等。从报告中可以看出撰稿人对于面临各种挑战的美国科学和工程技术教育深为不安，他们为解决问题提出了各项建议。他们认为，从各个方面加强科学和技术教育是"保持美国领先地位的关键"[①]。

1990年代中期有3份重要的工程教育报告被译介进来。顾建民、王沛民在《美国工程教育改革新动向》一文[②]中着重评介了1994年10月美国工程教育协会（American Society of Engineering Education, ASEE）发布的《面对变化世界的工程教育》，1995年4月美国科学基金会（National Science Foundation, NSF）主持研究并发布的《重建工程教育　重在变革》报告，以及1995年4月稍后由美国国家研究委员会（NRC）主持并发布的《工程教育的主要议题》报告[③]。美国工程教育界经过广泛的研讨，认为未来的工程教育既不是"狭隘于技术"和"技术上狭窄"的工程教育，也不是"唯科学独尊"的工程教育，它将在提供宽广的通识教育的基础上，着重强调基于项目的学习（project-based learning）、交流、设计及终身学习，为维护美国技术优势和增强综合国力作贡献。可见，美

① 史光云、李旭等：《八十年代及以后的科学和工程技术教育》，《清华大学教育研究》1981年第3期。

② 两位作者的观点分别可以参见两篇论文：《美国高等工程教育意欲何往——兼评美国最新的三个工程教育报告》，《高等教育研究》1996年第1期；《美国工程教育改革新动向》，《比较教育研究》1996年第6期。两篇论文的基本观点和内容大体一致。

③ 参见顾建民、王沛民：《美国工程教育改革新动向》，《比较教育研究》1996年第6期。

国开始推行"宽广的"工程教育范式，同时鼓励工业院校与社区、工业、政府建立全方位的合作关系。

1990年代中期另有一份中国国家教委组团考察美国工程教育的考察报告，题为《"回归工程"和美国高等工程教育改革动向》。该工程教育考察团1995年对美国有关高等学校和政府及民间机构进行了考察，认为"大工程观的术语是为工程实际服务的工程教育的一种回归，而与研究导向的工程科学观相对立"，"这就是美国高等教育改革的重要动向——回归工程"[①]，由此引入大工程观的思想。除了在课程重组上强调加强学生实践动手能力的培养，在NSF积极促进学校与企业合作，建立了25个工程研究中心。

进入21世纪后学界热衷讨论美国"2020工程师"的两份报告，即《愿景报告》和《行动报告》。浙江大学研究人员在《建立新世纪的工程教育愿景——兼评美国"2020工程师"(行动报告)》，及《部署新世纪的工程教育行动——兼评美国"2020工程师"(行动报告)》两文中，在评介未来工程实践大背景与工程师关键特征的基础上，提出新世纪工程教育应予关注的六个方面：工程的社会认可，跨学科与知识融合，工程师的领导力，工程与可持续发展，工程人力资源开发，以及对工程教育的研究，以期建立中国工程教育及其改革的愿景。在行动上，建议借鉴《行动报告》所提出的改革动向与发展趋势，诸如夯实工程专业地位、扩大全方位合作、试行工程教育普及化、坚持改革策略系统性等等。作者把这两份报告作为我国工程教育"意欲何往"的两个基本章节来介绍，

① 国家教委工程教育赴美考察团：《"回归工程"和美国高等工程教育改革动向》，《中国高等教育》1996年第3期。

为我国面向创新型国家建设的工程教育改革提供参考。[①] 另外,有多篇论文也在讨论美国工程教育的发展趋势及其对我们的启示,例如认为高等工程教育必须回归工程和实践[②];薛昌明指出一个市场化的社会无疑会促进高等院校与工业界之间的一体化,建议工程教育应该对人才培养过程进行评估和权衡,查验其能否满足为社会提供创新与财富的要求[③]。此类论文较多,毋庸赘言。

对于德、法、英等欧洲国家工程教育总体趋势的了解,我们未见有工程教育改革文件的系统介绍和讨论,但有些考察报告值得参考。值得一提的是张光斗先生 1981 年的考察报告,迄今为止,笔者仍然认为它是了解法国工程教育的最详细的报告[④]。报告对法国工程教育的类别层次培养目标课程设置管理机构等逐一进行了论述,尤其指出了法国工程教育的"基础化"特征,后来的论文和报告均未出其右[⑤]。也有一些论文探讨法国工程教育的"非技术化"、"国际化"等,和将对我国推行高等工程教育改革提供许多有益的借鉴[⑥]。在德国方面,以考察报告为主介绍了德国工程教育的特征,例如德国工程教育重视理论联系实际,重视学生的独立工

① 李晓强、孔寒冰、王沛民:《部署新世纪的工程教育行动——兼评美国"2020 工程师"(行动报告)》,《高等工程教育研究》2006 年第 4 期。

② 时铭显:《高等工程教育必须回归工程和实践》,《中国高等教育》2002 年第 22 期。

③ 薛昌明:《市场导向的美国科学与工程教育的全球化趋势》,《化工高等教育》2004 年第 1 期。

④ 张光斗等:《法国高等工程教育》,《清华大学教育研究》1981 年第 1 期。

⑤ 亦可参见:傅水根:《法国工程教育考察》,《中国大学教学》2004 年第 2 期。

⑥ 熊华军、刘鹰:《法国高等工程教育改革的特点及其启示》,《现代教育科学》2004 年第 6 期。

作，教学和科研紧密结合，学校和工厂企业关系密切等①。

1.2.3 关于MIT等几所名校的教育案例

笔者在文献搜索中发现，学界在研究工程教育问题时，少数几个名校成为研究者的“众矢之的”，其中首推麻省理工学院(MIT)。1979—2007年发表的论文中，有240篇题目中直接包含有“麻省理工学院”。几个重点理工科大学的研究人员在其中担当了重任。中国科技大学黎南秋在《麻省理工独特的教学结构》一文较早介绍了麻省理工“协同课程”②、本科生研究计划(UROP)、独立活动期教学项目(IAP)、跨学科教学以及独特的课程评价制度③。西北工业大学胡沛泉在《麻省理工学院由工学院转化成理工学院的经验值得借鉴》一文中分析了MIT自1930年后在康普顿(Karl Taylor Compton)院长的努力下走上理工结合办学思路取得的成就④。

从1980年代中期始，清华大学有组织地对MIT的教育教学

---

① 参见清华大学访问团：《西德工程教育》，《清华大学教育研究》1982年第2期；蔡华麟：《联邦德国大学工程教育特点》，《常州工业技术学院院报》1990年第2期；余寿文、王晓阳：《中德美高等工程教育的若干比较与思考》，《清华大学教育研究》1996年第1期；张新科：《德国工程教育的发展轨迹和模式特征》，《继续教育》2006年第7期。

② 新生讨论课，一般以50名左右学生为宜，7名左右教师以团队形式协同上课，讨论自然科学、工程技术、人文学科等综合性问题，以培养学生综合解决问题的能力。正如时任院长格雷先生(Paul E. Gray)所言：当一个工程学位可能为专业研究提供最好基础时，适当的专业准备还应该包括其他有关的教育和学习经验，我们的任务不仅仅是要学生立刻理解更多的人文社会科学知识，还需要他们接受在技术、艺术、社会、人文等学科之间发展协同教育。这些课程是由人文学科和自然学科的教师共同教授的跨学科课程。

③ 黎难秋：《麻省理工独特的教学结构》，《比较教育研究》1984年第6期。

④ 胡沛泉：《麻省理工学院由工学院转化成理工学院的经验值得借鉴》，《高等教育研究》1985年第3期。

问题进行关注和研究。1988 年始至今，清华大学的研究人员对 MIT 的研究没有中断过①。

张成林、曾晓萱撰文《MIT 工程教育思想初探》，对 MIT 办学思想和办学精神作了细致的研究。该文的研究方法尤其值得提倡。他们搜集了 MIT 初创时期、1930 年代、1950 年代以及 1980 年代左右一些重要代表人物的谈话、演讲、文章和会议记录，并对其加以整理、分析和述评，以翔实的资料反映 MIT 发展重要阶段的工程教育思想，笔者认为该论文是多年来国外工程教育研究中少见的好论文。曾晓萱的其他论文也依此思路或通过一个院校的发展，或通过一个重要人物的思想来反映工程教育思想的演变，介绍了 MIT 工程教育的几次重大变革，以及 MIT 对于美国科技发展的贡献。

陈希、郑大钟认为我们的教育和教学改革要放到世界科技发展和国际高教体系的环境中去考虑，并汲取国外成功经验的精神。他们深入该校，查阅了上百本有关的文件、材料，先后与五六十位教授和有关人员座谈或单独谈话，力求系统深入地掌握 MIT 在教育发展和改革方面的第一手资料。他们以确凿的材料和朴实的文字，撰写了 MIT 工程教育考察的系列文章，以图促进我国教育改革与发展。作者强烈地感受到 MIT 的办学意识，并将其总结为“LIIP”意识，即“L(Leader，领导者)，I(Initiative，首创精神)，I(In-

① 参见王孙禺、曾晓萱、寇世琪：《从比较中探索高等工程教育——清华大学与 MIT 电类课程设置比较》，《清华大学教育研究》1988 年第 1 期；张成林、曾晓萱：《MIT 工程教育思想初探》，《高等工程教育研究》1988 年第 1 期；曾晓萱：《128 公路创造发明的摇篮—MIT》，《高等工程教育研究》1992 年第 4 期；曾晓萱：《MIT 的奠基者——W. B. 罗杰斯及其教育思想》，《高等工程教育研究》1993 年第 2 期；陈希、郑大钟：《MIT 工程教育的几次重大变革》，《清华大学教育研究》1996 年第 2 期，等等。

dustry,工业界),P(People,人)",可以说这是构成 MIT 工程教育办学意识的几个关键词。这种强烈的"LIIP"意识,在 MIT 工程教育的历史和现状中,在一系列具有广泛影响的实践和创举中无所不在。

另外,还有不少学者也对 MIT 的办学思想、课程设置、艺术教育、体育、开放课程和学科布局等进行了不同角度的研究。

赵婷婷、买楠楠在《基于大工程观的美国高等工程教育课程设置特点分析:麻省理工学院与斯坦福大学工学院的比较研究》一文中,对 20 世纪 90 年代以来,大工程观越来越为美国工程教育界所认可,"大工程观,要求工程教育提供综合的知识背景,强调工程的实践性,培养学生的创造性"等进行了研究。作为全美最好的两所工学院,麻省理工学院和斯坦福大学的工学院,在课程设置上充分体现了大工程观,值得我国高等工程教育借鉴①。

另外,学界对其他名校也有研究。除了上述提到的斯坦福大学,普林斯顿大学工程教育跨学科培养模式也引起了关注。美国首先在国际上提出了跨学科研究的概念,并在跨学科人才培养方面积累了丰富的理论和实践。胡燕海等以机器人与智能系统跨学科学习项目为例剖析了教育质量处于世界顶尖地位的美国普林斯顿大学工程教育跨学科培养模式,并提出了对宁波大学工科教育实施跨学科培养的启示②。另有学者对巴黎理工学校(École Polytechnique)的办学理念、历史沿革和教学成就三方面透视了法国近代高等工程教育的发展历程,例如巴黎理工学校历来具有为

① 赵婷婷、买楠楠:《基于大工程观的美国高等工程教育课程设置特点分析:麻省理工学院与斯坦福大学工学院的比较研究》,《高等教育研究》2004 年第 11 期。

② 胡燕海、叶飞帆:《普林斯顿大学工程教育跨学科培养模式及其启示》,《宁波大学学报(教育科学版)》2006 年第 3 期。

国家服务的强大的荣誉感以及巴黎理工学校工程教育的多科性、多面性，在该文中得到较为具体的介绍①。

1.2.4　借鉴国外经验研究我国工程教育国际化

从已有文献看，早在 1984 年，我国学者就注意到高等工程教育评估问题。罗福午撰文认为我国教育处于一个繁荣与变动同在的时期，教育竞争的国际性也加剧，因此，指出："需要一个能衡量水平和效益的标准……需要一个引导前进的方向和动力……需要一个适应体制改革的制度，教育评估是不断促进工程教育繁荣和进步的驱动力"②。文中介绍了美国工程与技术鉴定委员会对高等工程教育进行鉴定的做法和准则，提出若干值得我国高等工程教育借鉴的地方，如工程教育需要鉴定。

其后，作为原国家教委自 1985 年年底开始评估试点工作的前期准备，原国家教委高教二司组织了中国高等工程教育评估考察团一行 6 人，在 1986 年 11 月底、12 月初间访问了美国、加拿大。这次访问"较深入、较系统地了解了两国高等工程教育评估的制度、组织、标准、方法及政策，特别是实际进行的做法与经验和进一步的发展趋势等，以便更好地借鉴国外经验，逐步建立适合我国国情的教育评估制度"。③

再后，同济大学毕家驹教授作为工程教育专业认证和工程师

---

①　黄春香：《法国近代高等工程教育发展研究：从巴黎理工学校透视法国近代高等工程教育》，《教育研究》2007 年第 3 期。

②　罗福午：《美国高等工程教育的鉴定和一些值得借鉴的地方》，《高等工程教育》1985 年第 2 期。

③　中国高等工程教育评估考察团：《美、加高等工程教育评估考察报告》，《高等工程教育》1987 年第 3 期。

注册制度的积极倡导者，自1995年开始发表了一系列文章介绍和分析国外工程教育专业认证的主要情况，提出我国开展工程教育专业认证制度的基本设想，为后续研究提供了重要的视角。特别是2004年至今，他已发表相关文章10多篇，这些文章介绍了国外当前工程教育认证的基本做法，并在此基础上对我国工程教育认证制度提出了建议。①

1.3 以往研究的不足和努力方向

通过上述分析可以看出，在大批学者的不懈努力下，经过一个世纪的发展，国外工程教育研究取得了较为重要的成就。改革开放后工程教育研究跳出了原有的条框限制。我们曾经大力学习前苏联，那是我们习惯了的路径，但工程教育界在改革开放后的30年里花了较大力气，终于获得与世界相连的视野。改革开放后有关国外工程教育的一些研究也已经相当深入，且颇具眼光和特色。但也应看到，虽然目前的研究已步入新的发展阶段，但其成果还不能令人满意。概而言之，还存在着以下方面的缺憾。

1.3.1 国别研究的不平衡性

以往学界对工程教育的比较研究，就其关注的问题来说，确实是抓住了研究的重点，但也存在研究面过于狭窄的问题。如从国别上来讲，学者们关注的往往是美国、德国、法国、日本等几个发达

① 韩晓燕、张彦通：《高等工程教育专业认证研究综述》，《高等工程教育研究》2006年第6期。

国家，对于发展中国家的经验则明显重视不够。例如，有文献表明，匈牙利是世界上第一个建工学院的，1782 年布达佩斯大学就设立了工学院，但多数人还是倾向把法国视为现代工程教育的发源地。此说确切与否暂且不论，然而，我们发现匈牙利等东欧国家的高等工程教育究竟如何，始终没有引起学界的关注。另外，很多专家都纷纷预计印度会成为下一个知识大国，印度的 IT 产业发展已经受到世界的瞩目，至 2007 年美国已经将 100 万信息、财务会计等服务类白领工作外包到印度。如果说中国是“世界工厂”，印度现在则被称为“世界办公室”。在以后 30 年内美国每年还可能要将 30 万份工作外包到印度，共有 900 万份工作转移到印度[①]。同样，印度的科学工程教育也没有引起国内学界的足够关注。

关于发达国家的工程教育研究，以往研究又非常关注美国的经验。例如，作者利用中国期刊网的“期刊全文数据库”、“硕士论文数据库”、“博士论文数据库”以及“重要会议论文数据库”，以“题名”含“工程教育”、“摘要”含“美国”为条件搜索 1979—2007 年间的文献，查询结果为美国 103 篇，用相同方法分别查得法国 28 篇，德国 17 篇，日本 15 篇，英国 7 篇[②]。固然，美国在第二次世界大战以后（尤其在冷战结束以后）成为经济、文化、科技上的头号强国。然而，就美国工程教育而言，它是在吸纳法国、德国、英国工程教育经验的基础上成长起来的。法国的工程教育中的理论教学比较扎实，经验突出；德国工程师有着突出的独立工作和实际动手能力；而美

① Robyn Meredith, *The Elephant & the Dragon: The rise of India and China and what it means for all of us*, New York, London: W. W. Norton & Company, 2007, p. 70.

② 当然，若用其他方法查询，结果可能会有差异，但不会相差太远。

国的巨大成功使得学界对这些经验产生了不加掩饰的冷落。前苏联工程教育曾经是我国工程教育发展过程中一个重要的参考对象,但是改革开放后对俄罗斯工程教育的研究也非常有限。而且,对于包括美国在内几个国家工程教育的研究,学者们往往偏重于关注当代,对于工程教育的发展历史则往往关注不够。

以往研究还体现出对于国外工程教育的经验和实践往往褒扬和肯定过多,对于工程教育发展过程中的问题和不足关注不够。已有的文献中,有些通常对美国经验和实践介绍之后,就“立刻”、“直接”探讨如何借鉴的问题,甚少结合国情、校情进行分析,这或许也可以解释我们为什么研究虽多,吸纳甚少,而自己在实践中摸索出比较有特色的新思想、新方法更少的困惑。类似的诸多问题都需要在实际研究中作综合的全面考察。

1.3.2 研究结论亟需深化

与其他学科领域相比较,可以发现,工程教育的研究还很不成熟,当然这是教育学科存在的一个整体问题。从目前看,我们对工程教育研究所取得的研究成果还比较零碎、片面和分散,缺乏内在的有机联系,纵向与横向的综合研究更是少之又少。但是,就工程教育本身而言,随着工程教育改革和发展的深入需要,在某些基本问题上我们需要更深入的研究:

首先,在已有国外工程教育的研究中,对一些规律性认识提炼不够。我们能够看到学界对外国工程教育研究的发展与改革趋势进行了足够关注,尤其是美国的工程教育发展一直在我们的学术视野当中。不过即使说教育是一个面向未来的事业,但始终有些规律,需要深入的探寻。例如:(1)高等工程教育中的层次划分、规格和学习年限问题;(2)工程教育应该更多的面向着眼基础工业培养人才,还是要更多面向未来工业培养人才;(3)工程教育中的理论与实践(有人说"手"和"脑")的关系问题;(4)人文知识与工程专业知识的关联问题,处理这些问题的基本原则,等等。这些问题可能在不同国家、不同时代的工程教育改革中都会反复遇到,应当有些基本规律蕴藏其中。即使不是规律,我们说也应该有些经验值得借鉴。这些经验肯定不是一时一事的。张光斗先生曾经就工程教育的层次问题说过:"工程教育的 5 个层次,不是头脑想出来的,它是长期总结的经验,当然什么事情都不是一成不变的,但是长期总结的经验,估计在短期内也不会有大变。"[①]因此,我们在关注工程教育发展趋势的同时,也要关注某些长期经验的总结。例如仅就工程教育的层次问题而言,1980 年代的多项研究[②]也表明培养规格不能单一,要有层次。"我们花了 30 年时间得出这个结论,这个结论来之不易"。[③] 这个问题看来在当时已经形成基本看法,可惜在以后的研究中没有深入下去,在国外工程教育的时间和经验研究中也是缺憾。直到今天,仍然是一个实践中让工程教育界困惑的问题。[④]

其次,对于某些问题的研究不够充分,得到的结论显得单薄。比如,关于产学研结合研究。产学研结合是工程教育的一个重要

---

① 张光斗:《工程教育结构需要改革》,《高等教育研究》1983 年第 1 期。

② 代表性的有浙江大学时任校长杨士林,副校长王启东、李文铸,浙大电工研究所所长韩祯祥牵头的研究,参见《关于我国高等工程教育层次、规格和学习年限的一些看法》,《高等工程教育研究》1983 年第 2 期。

③ 黄辛白:在高等工程教育层次、规格、学习年限专题研究会上的讲话(1983 年 11 月 29 日)。

④ 2007 年,朱高峰先生文《中国的工程教育:成绩问题和对策》。

特征，也是工程教育的本质要求。但是，在中国实施起来，历程并不顺利。在国外工程教育研究中，多数研究都将这一特点作为德国、美国的成功经验介绍，希望中国的高校、企业能尽快携起手来。观点是正确的，但就目前的研究成果对现实的影响看却不理想。其实，德国第一次世界大战、第二次世界大战之间，美国工程院校19世纪末和20世纪初期也都曾经为工业界对院校工程教育的"冷漠"而苦恼，但最后都陆续与工业界建立了良好的协作关系。这种良好的协作关系是什么时候开始建立的，是在什么样的事件、什么因素、什么背景下形成的？其中的困难是如何解决的？也许更进一步的探讨会使上述结论更加具有信服力。

再比如，关于工程类专业教育"鉴定"[①]研究。2002年后，有关介绍国外工程教育专业鉴定目的、组织管理、具体标准的文章陡然增多，大多数文章都通过直接的启示提出对我国构建工程教育专业的建议。但是，各国工程类专业教育鉴定制度发展到现在都各有背景和原因，制度变迁的过程和动因究竟是什么？目前该制度的特点与其他社会制度（工程师资格认证制度、高等教育制度、行政管理体制、企业用人制度）是如何嵌入的、如何匹配的？大多数文章并没对此进行研讨。

还比如，关于德国工程教育经验及借鉴研究。多数关于德国

---

① 英文为 Accreditation，多数人倾向用专业"认证"，确有不当之处。请参阅孔寒冰、邹晓东、王沛民：《工程教育鉴定和职业资格认证初辨》，《高等工程教育研究》2005年第5期。本文的结论是：中国工程教育应当关注专业鉴定（Accreditation），应当借鉴国外的有益经验，在政府和专业界的配合下首先把自己的事情做好；把专业教育计划的鉴定（Accreditation）混淆或扩展为"认证"，积极参与当前既有市场价值的认证（Certification）活动，诸如制定认证规则、组织考试培训、发放职业许可证等，不仅有越俎代庖之嫌，而且有悖于借鉴ABET的初衷，似应慎思、慎行。

工程教育研究的论文都探讨了德国工程教育的产学研结合、理论与实践相结合等显著特点，但德国为什么会形成这样的特点？德国为什么会有两种文凭工程师共存的局面，德国的产学研为什么容易结合？德国为什么就能理论与实践相结合？德国为什么有一支教师和工程师相结合的工科教育队伍？这些问题我们都不是非常清楚。

1.3.3 史籍和原材料的深入关注和发掘问题

与以上缺憾密切相关的问题是，以往的工程教育研究，较少对工程教育史料、文件进行系统的考察和深入分析。史料作为记录工程教育发展的宝贵材料，是研究工程教育现在的源头活水。虽然我们在前面也提到过一些优秀的研究成果，但不可否认部分学者还是从别人的记述和理解层面着手，并没有从各国的历史、专业发展史、笔记、官方文件等层面着手。因此，无论是从文献学的角度还是从现代研究方法的角度来说，系统全面地开展对国内外工程教育实际的专门研究都是一个迫切而重要的课题。被誉为史学界另类学者的黄仁宇曾提倡以“长时间、远距离、宽视野”来重新检索历史，强调大历史观。所谓大历史观，旨在拨开历史迷雾，不为诸家之说所动，不为政治家或当局者的粉饰和立传所惑，冷静地解读历史和人物。可喜的是，工程教育研究领域曾经涌现出很好的研究成果，例如曾晓萱的研究；近来又有学者尝试，例如黄春香《法国近代高等工程教育发展研究——从巴黎理工学校透视法国近代高等工程教育》一文，重在介绍巴黎理工学校的发展历程，未能竭尽揭示法国工程教育的发展历史[①]，虽有缺憾，仍然可喜。

---

① 黄春香：《法国近代高等工程教育发展研究——从巴黎理工学校透视法国近代高等工程教育》，《教育研究》2007年第3期。

总而言之，国外工程教育经验研究的深化，应植根于中国的特殊问题。正如柯俊院士指出的："就是异国的教育制度要根据社会发展的现实需要及时做出相应的改革与调整，并保持自己的特色，前苏联的教育是这样的，美国的教育也是这样的，而我们恰恰在这一点上做得不好。"①

最后，我们从回顾中也发现，研究队伍和方法也是影响我国工程教育研究深度的一个问题。多年来由于专门从事教育理论研究的人员与专门从事工程教育教学工作的教师和教学管理者之间缺乏较为密切的交流与合作，导致教学理论研究与教育改革实践的相脱离局面。目前所做的研究都有待于进一步结合。工程教育这一领域比较特殊，从研究队伍上看，必须是一群多学科的研究队伍，多学科角度、跨学科合作显然是今后工程教育研究中所需要努力的方向。

以上仅是对国外工程教育研究的粗略总结，本书力求在以往研究的基础上有所深入。前述中的某些提法难免失于偏颇，在相关成果的收集和关注上也恐怕有挂一漏万之嫌，恳请诸位博雅君子不吝指正。

---

① 张海英：《适应时代发展需求　改革中国工程教育——柯俊院士访谈录》，《高等工程教育》2005 年第 4 期。

第二章　工程师职业发展简史

工程师，作为一种延续了六千年的职业，这个职业群体对人类文明所做的种种巨大贡献，展现了一幅真实可靠、引人入胜的世界技术发展的绚丽画卷。工程师是技术创新的核心力量。一部工程师史也就是凭借科学发现，实现一个个工程项目以便一步步改善人类生活环境、提高生活质量的历史。20 世纪 50 年代以来中国工程师作为一个整体，在职业发展上经历了举世瞩目的黄金时期①。20 世纪末至 21 世纪初，我们发现“工程师”职业的受欢迎程度在某种程度上有所消退，但这一现象并非中国独有。

本章拟从工程发展史、职业社会学等角度就工程师职业的历史和现状，工程师在当今社会文化中的地位和作用，以及世界各国对工程师职业特性、社会角色期待等问题加以讨论。讨论旨在指出：工程师是一个具有悠久发展历史的职业，工程师在世界各国的教育培养方式、社会尊重程度尽管有所不同，但由于其职业特殊性，工程师的教育和培养应该受到全社会的重视。

---

①　容易被观察家们感知的一个阶段性特征是，中国工程师政治家的出现：中国共产党第 14 次代表大会标志着中国政治从“革命家时代”步入“工程师时代”，这个时代在中共十六大期间达到鼎盛。

2.1 “工程师”词源解析

“工程师”一词源于拉丁文[①]，是从古拉丁文 ingenium 派生出来的。在中世纪，ingeniator 被用来称呼破城槌（battering rams）、抛石机（catapults）和其他军事机械的制造者，但有时也用于称呼其操作者。从16世纪最初在荷兰用于称呼从事建筑的人；在英国，人们起初将从事水利工程行业的专家称为工程师，后来又称铁路建设者为工程师。

在法国，“工程师”是个非常复杂的概念。“工程师”既是一种文凭，也是一个头衔，可以从事各类领域的工作。法国人可以给其他许多职业做出定义，虽然有时候这些定义并不是很确切，比如教师、律师、飞行员、农民等，但却很难对“工程师”给出确切界定。法语中“工程师”（ingénieur）这个词的词源与军事有关，它的词根是génie。Génie 有两层含义：一是指建筑军事地面工程所具备的能力；二是指“天才”、“才能”。总之，从这个词源我们可以发现工程师的工作常常都是要求很高的。在法国，也用“工程师”一词称建筑学者[②]。英语的“工程师”（engineer）一词与法语的发音相似，但其词源却是 engine，也就是发动机，引擎，对应的工作常常是技术性比较强，要求却不是特别高。[③] 到了18世纪，工程师被用来称

① 〔日〕伊东俊太郎、坂本贤三、山田庆儿等：《科学技术史词典》，樊洪业、乐秀成、刁培德等译，光明日报出版社1986年版，第252—253页。

② 〔苏〕曼古托夫：《工程师纵横谈》，李成滋、刘敏译，张后尘校，宁夏人民出版社1985年版，第36—37页。

③ Jean Dorey、刘角文：《法国高等工程师教育解析》，《中国高教研究》2009年第12期。

呼蒸汽机的操作者①。后来,由这个称呼行动者的名词演变出了动词"to engineer"和动名词"engineering"。第一个工程师行业的从业人员组织是 the French military *cops du genie*,于 1672 年在法国成立。中国社会科学院李伯聪研究员翻查了两本古老的英语词典,对"工程师"的界定进行比较后发现,1755 年出版的《约翰逊英语词典》把"工程师"定义为"指挥炮兵或军队的人";1828 年出版的《韦伯斯特英语词典》对"工程师"释义是,"工程师是有数学和机械技能的人,他形成进攻或防御的工事计划和画出防御阵地"。"对比这两本词典,值得注意的是,后者不那么强调工程师是操作者,而更加强调工程师是'形成计划'的人——尽管仍然只限于军事防御工事方面,因而所谓第一本流传于 18 世纪的工程手册是一本供炮兵使用的工程手册,就不难理解了。到了更晚近时期,工程师和军人的联系逐渐弱化。"②

随着时间的推移,法语"工程师"一词也从军事领域扩展到民间。1747 年法国创立了第一所工程师大学——巴黎路桥学校,1783 年巴黎矿业学院成立,这两所大学主要是为了满足法国大革命前国家交通发展和煤炭资源的开发。1794 年,法国又创立了巴黎综合理工学院,它不仅为军队培养人才,而且肩负为各类技术管理机关培养工程师的使命。

世界上第一个称自己为 civil engineer (可直译为"民用工程师",但通常译为"土木工程师")的人是英国人约翰·斯米顿(John

---

① Mitcham, Carl., *Thinking through Technology*: *The Path between Engineering and Philosophy*, University of Chicago Press, 1994, pp. 144—148.

② 李伯聪:《关于工程师的几个问题——"工程共同体"研究之二》,《自然辩证法通讯》2006 年第 2 期。

Smeaton,1724—1792)。1742 年,他到伦敦学习法律,后来参加了皇家学会,开始研究科学,18 世纪 50 年代后期他从事建筑,重建了艾迪斯顿灯塔①。1768 年,他开始称自己为“civil engineer”以便从职业来源和工作性质上都与传统的“军事工程师”相区分。“civil engineer”,所指的范围在英国和欧洲大陆有所不同,在英国范围较窄——指设计道路、桥梁、供水和卫生系统、铁路等等的人;而在欧洲大陆的法国,ingenieur civil 至今仍指那些不是受雇于国家的工程师。②

在汉语中,虽然“工程”一语古已有之。“工程”一词在我国南北朝,常指土木工程,但亦有将“工程”一词泛用的,如在元代《元史·韩姓传》中提到过“读书工程”,以借喻指读书的进度。但工程师——作为 engineer 的译语——却是在洋务运动时期才开始出现的③。

以上是以“词语”为关注中心而进行的词源学分析。如果我们不是以词语为关注中心而是以“现象”和“事实”为关注中心,那么我们会注意到:作为一个特殊的工作和职业群体的工程师,是随着近现代产业革命和经济发展的进程而逐步职业化并发展壮大的。但工程师行业的发展却可以追溯得更早。有关这一点,可从下述有关工程师行业的发展史里找到充分依据。

---

① 英国艾迪斯顿灯塔(1759)。约翰·斯米顿在此工程中发现在工程领域水泥砂浆可用于水下作为灯塔的基础。

② 李伯聪:《关于工程师的几个问题——“工程共同体”研究之二》,《自然辩证法通讯》2006 年第 2 期。

③ 杨盛标、许康:《工程范畴演变考略》,载刘则渊、王续琨主编:《工程·技术·哲学》,大连理工大学出版社 2002 年版。

2.2　工程师行业成长史回顾

2.2.1　古代早期文明中的技术专家

史前时期的人类社会已经拥有负责高难度技术项目的人员。一批大型的建筑工程，如石器时代的建筑安纳托利亚地区的歌卑克里泰普(Goebekli-tepe)[①]，可以证明这一点。此外，组织围猎大形野兽、精心设计住所、发明创造以及有针对性地改良各类农具都需要组织能力和技术创新。

世界上最古老的文明当存之于世界四大文明古国。从气候条件、地理条件来说，这些古国所处的位置显然特别适宜生息，这里诞生了所谓的古代文明，建成了城市、经典建筑、供水系统以及多样的居住样式和带有丰富图案铭文的器物，等等。然而，在已知古老的东方语言中，还没有找到一个合适的词语能和我们现代意义上所指的"工程师"或"技术员"相对应。在《工程师史》一书里，作者凯泽(Walter Kaiser)等辩称道："古代社会并没有对这一人群的自我意识和社会意识做出界定。但是并不是说缺少了这样一个总称，苏美尔、阿卡德、巴比伦和亚述等国家里就不存在技术专家这个群体了"[②]。作者还进一步以"祭师"这一人群的情况进行类比说明，这些语言

---

① 安纳托利亚(Anatolia)高原，位于土耳其东南部，自古即是亚、欧、非洲的交通要道，多元文化汇集此地。"T"型柱时代小亚细亚一代人类建造的祭拜建筑遗迹。这是迄今为止有关人造建筑物的最早考古发现。

② 〔德〕凯泽、〔德〕科尼希：《工程师史——一种延续六千年的职业》，顾士渊译，高等教育出版社2008年版，第8页。

中也没有“宗教”这个术语，可是宗教在各种仪式和神灵学说中却是的的确确存在的。

在古代文献中，对解决实际工程问题的专家在古代文献里究竟有没有记载呢？答案是肯定的。在古代文献里一般用具体工作名称记载的，如河道监理、建筑师等，或者用一个泛指的概念“智者”来表示。可见，技术人员在古代文明中的位置，多少也反映出语言和实践的发展规律。早期“工程师”的工作范围主要集中在建筑、采矿、基础设施、测量、军工、造船、运输和水利等领域。在这些领域里，设计、生产、规划、管理和研制等具体工作又造就了不同的职业群体，规定了不同的工作职责，催生了各种职业名称，与我们今天所说的“工程师”和“技术员”大致相符。

我们再来看看古代技术专家的社会地位。在古代文明国家，工程技术人才通常都是由宫廷和宗教机构从社会中选拔出来的，选拔的标准不得而知，但是估计能否被选中与家庭和社会地位、一定的传统和社会关系等等有很大关系。大多数工程师应当受过理论和实践等方面的教育和训练，例如：基本的读书识字，另外还要学习数学和测量，与现代社会所不同的是，当时文化教育事业不发达，要掌握文字知识、计算测量知识并不容易。因此，并不是每个人都能进入工程技术领域的，只有一定社会关系和经济背景的子弟才有可能。工程技术精英凭借其专业知识在各自领域乃至王宫和社会中享有很高的声望，获得大量贵金属制成的器皿、短剑以及珍贵的织物作礼物。有时候还要接受友好邻邦君主的邀请，出国完成某些工程任务。古代女性虽然在某些领域（例如纺织业）获得较高的声誉，但是她们是不可能进入工程技术领域的。

总之,自公元前4世纪起,古代文明国家出土的文物和图文史料就极其清楚地证明了确实存在大型的工程技术项目。从城市规划、水利设施、建筑工艺、船舶制造和港口建设直到军工技术,无不留下令现代人叹为观止的壮观遗迹,这些工作在今天看来均属于工程师的任务。如此看来,古代语言中始终没有"工程师"这样一个职业名称,而只是出现了表示各种特定技术领域的技术人员和专业人员的名称,但是从出土文物的角度来看,则可以不尽完整地呈现早期工程师的历史。

2.2.2 古典时期的工程师

回顾古已有之的庞大工程是如何完成的,我们可以了解工程师职业发展的早期状态。古代社会早期建造了巨大而辉煌的工程,例如,古埃及的金字塔、古罗马的竞技场和中国古代的大运河、大型水利工程(都江堰)等都是古代的工程奇迹。可是,在古代早期社会,大型工程建设活动都只是(例如修建一座王陵或兴修一座水利工程)以临时征召一批农民和工匠的方式进行的,工程结束后,那些农民和工匠便要回到自己原来的土地或作坊继续从事自己原来的生产活动。所以,从职业或身份的角度看,在古代社会早期的工程活动中,担任工程操作任务的劳动者只能被定性为临时从事工程劳动的农民或手工业者,他们还不是现代意义上的工程师或者技术工人①。

古典时期则不同,此时对工程技术人员和技术精英载入史料

① 关于古代工程师的研究,可进一步参阅 L. Sprague de Camp, *The Ancient Engineers*, Doubleday, 1963。

中的表述已经无可争议。而且在某些工程技术的子领域，比如战争和军事技术、城市规划技术、巨型雕像技术，道路、港口、排水管道技术及水利工程等，都无不彰显出工程技术人员的职责和业绩，均可从史料和考古文物中得到较翔实的确认。

希腊化时期，马其顿王国拥有一批才智过人的工程师，值得一提的是波利伊多斯(Thessalier Polyidos)，据说是扭转式石弩的发明人，他还撰写了很多攻城术的文章。他和他的学生设计了新式的攻城器械"活动台"，此"活动台"可拆卸为多个小部件，便于部队携带，极大地节省了围攻战时现场制造和攻城器械的时间，同时在围城战中还可随时更换位置。亚历山大能攻占坚固的城池，这一技术在军事征战中发挥了关键性的作用。

古典时期西方最著名的工程师当属阿基米德(前287年—前212年)。阿基米德的研究兴趣无疑首先在数学方面，他得以扬名于世主要是因为他抵抗了罗马军队对故乡叙拉古的围攻。作为兵器制造师，独立自主地使用自己试制的作战装备，阿基米德用他制造的抛石机投掷巨石赶走了罗马军队。当然，阿基米德的技术成就绝不仅仅在兵器装备和抛石机的制造方面。

希腊的建筑和巨型雕像在公众之中赢得很高的声誉，可以在西顿的安迪帕特罗斯(Antipatros von Sidon)的碑铭中窥得一斑：

> 我看见巴比伦雄伟的城市，战车在城墙上奔驰。我看见阿尔菲欧斯(Alpheios)河畔的宙斯神像。我看见太阳神巨像和空中花园，还有尼罗河畔雄伟的金字塔和摩索拉斯(Maosolos)巨型丰碑。

中国是文明古国，在与欧洲古典时代同时期，伟大的水利工程数不胜数，无论是郑国渠还是都江堰，还有至今仍震撼世人的万里长城、秦始皇兵马俑，都是当时工程师伟大贡献的珍贵证物。

长城是有史以来唯一在太空中可见到的三度空间建筑物。以现代科技来修筑都不容易，而我国竟能于两千多年前的春秋战国时代建筑完成，实在难得，令人无不叹服先民开疆拓土的艰难。

都江堰建于公元前256年，是中国战国时期秦国蜀郡太守李冰及其子率众修建的一座大型水利工程，是全世界至今为止，年代最久、唯一留存、以无坝引水为特征的宏大水利工程。2200多年来，至今仍发挥巨大效益。李冰治水，功在当代，利在千秋，不愧为文明世界的伟大杰作，造福人民的伟大水利工程。成都平原能够如此富饶，被人们称为"天府"乐土，从根本上说，是李冰创建都江堰的结果。都江堰建成，使成都平原"水旱从人，不知饥馑，时无荒年，天下谓之'天府'也"[①]。2000多年来，李冰父子凿离堆，开堰建渠为天府之国带来的福泽一直为世人所崇敬、感激。

2.2.3　中世纪及近代的"工程技术人员阶层"

西方历史上的中世纪和近代早期大约指公元五世纪末期到公元17世纪中期期间，在中国历史上大致相当于封建社会这一发展阶段，当然经不起精确的历史分期考量，但是不影响我们探讨工程师问题。这一时期的工程师，无论在中国，还是在西方，还谈不上是一种接受过系统教育、懂得基本科学原理以及拥有自身社会地位感的职业。不过，也可能正是因为缺乏系统性、模式化的训练，

---

① 引自《史记·河渠书》。

而使中世纪和近代早期的工程技术成就和工程师的个人经历更有吸引力。这一时期的“工程技术”主要是具有一定审美因素的大型实用建筑。这些工程技术包括要塞建筑、攻城器械、道路、桥梁、运河、堤坝以及碾磨机、汲水器和起重机等力学机械。要想了解中世纪工程师的作用,就需要首先着眼于侧重设计和组织方面的项目:城市攻防战、中世纪时期的城市大型建筑项目以及机械力学技术。

欧洲中世纪,大量的军事征伐,尤其是十字军东征,刺激了对军工知识的需求。攻城战更依赖于技术的进步。战争需要木制攻城台、掷射兵器、掩护棚、新一代抛石机等,从这些军事建筑、兵器制造的过程看,中世纪的军工技术人员不仅包括手工作坊里的实际操作人员,还包括相当数量的宫廷学者,形成了一个获得特殊社会地位的军工技术阶层,毕竟军工技术涉及生死存亡问题。

在欧洲中世纪早期,农业社会中积累起来的相关知识主要用于大型修道院和城市基础设施的建设,这是技术知识应用的另一领域。中世纪早期就有教堂和修道院的建设,如查理曼大帝在亚琛(Aachen)修建的皇家教堂等大型建筑;在中世纪中期和晚期,不断扩大的城市成为技术知识的中心,在很远的地方就能看见城市的传统标志——哥特式教堂。中世纪时期对建筑的外观要求越来越高。在哥特式建筑中,建筑师对尖形穹顶、加肋十字拱和扶垛等建筑元素进行全新组合,获得了建筑艺术的极高成就。这些元素创造了高大、明亮的空间,成为新审美效果的基础。中世纪欧洲还建设了大量的市区道路、桥梁、运河、大型喷泉等城市供水工程等基础设施。

欧洲中世纪时期技术知识积累的第三个领域是机械力学技术。他们发明了碾磨机、汲水机以及齿轮钟表。中世纪的碾磨机与古典时期相比，有了很大进步，如风动碾磨机便采用了新的动力源，工艺复杂的碾丝碾磨机被应用到纺织业。十三世纪，开始了机械钟表的制作，著名的如斯特拉斯堡大教堂的天文钟，该钟除了显示时间以外，还显示许多天文学数据，钟表上还有自动游移的人物以及圣经故事作为外部装饰，巧妙绝伦。

当然，据史书记载，这一时期的技术知识在欧洲之外的世界各地都得到了前所未有的发展。尤其是中国，在水利工程、防御建筑建设方面的设计、施工、组织早在秦汉时期就制度化了。否则，像大运河、庞大的皇家园林建筑等大型工程是不可能完成的。

总的来讲，无论是欧洲中世纪，还是古代中国，负责建造这些工程和设施的专业人员是中世纪和近代早期的“技术人才”，其中包括建筑工程师、工具制造师、金属冶炼师和化工专家等。无论是从现代的角度看还是从当时角度看，这些技术人员的工作领域就是工程师的工作领域。

2.2.4 工业革命后职业工程师的出现

如果从另一角度看，古代工程也是必须有人进行设计和管理的，所以，我们也有理由把在古代工程活动中从事设计和技术指导与管理工作的人员看作为“工程师”，因为他们的角色已经相当于当今的工程师。正像虽然“科学家”这个名词迟至1833年才出现，但是古代就有“科学家”这个事实从来都是毋庸置疑的。

工程师作为一个专门的职业是如何出现的？毫无疑问，职业工程师的出现和形成是近现代社会经济发展、工程活动规模扩大、科学技术进步、社会分工细化的结果。人们看到，中世纪的工匠在近现代进程中发生了一个意义重大的职能和职业的分化。在现代的工程活动中，由于工匠的分化和许多其他因素共同作用的结果，逐渐形成和出现了现代社会中的工人、工程师、资本家、管理者等不同的阶级或阶层。

在工程师职业形成的过程中，除了其他因素外，18 世纪末、19 世纪初工程教育（特别是高等工程教育）的兴起和发展发挥了非常重要的作用。第一个授予正式工程学位的学校是于 1747 年在法国成立的法国路桥国立大学校（法国路桥学校，简称 ENPC）。伦斯勒多科技术学院（Rensselaer Polytechnic Institute，简称 RPI）位于美国纽约州首府奥尔巴尼附近的特洛伊，由哈佛大学的毕业生斯蒂芬·万·伦斯勒先生于 1824 年创办，它是美国最早的工科大学。

如前所述，最早的“工程师”几乎都是在军队中服务的修筑防御工事、研制火药、枪支的工匠和学徒。第一次产业革命后，机器生产逐步取代了手工生产，规模较大的工程活动方式逐渐取代手工生产方式而成为社会的主要生产活动方式。从 18 世纪起，在先进的工业化国家开始大量兴建大型民用设施、公共设施，以及城市化的需要都刺激了对工程师和熟练工匠的大量需求；同时，由于技术的发展，工厂制度迅速发展，大公司日益增多。在这个过程中，高等工程技术学院也应运而生，那些在院校接受过高等工程教育知识训练、并拥有专门技术和工程知识的工程师阶层日益壮大，工程师与仅仅具有实际操作技能、而缺乏系统学院教育的工匠（craftsman）或工人（worker）成为了两个不同的职业和阶层。

以美国为例，美国工程师人数在第一次产业革命之后显著增加。工程师人数的急剧增加则基本上发生在第二次产业革命及其以后时期。莱顿（E. T. Layton，Jr.）认为可以把工程师职业在 19

世纪美国的发展历程分为两个阶段①。1816年美国大约只有30名工程师，后来由于运河、铁路等大规模民用公共工程的兴建，到了1850年，美国已经有了2000名工程师；1880—1920年是美国工程师职业发展的黄金时期，推动这个时期对工程师职业需求的主要是工业界的大公司。在这40年中，工程师的人数增加了约20倍——从7000人增加到136000人。到了20世纪，1950年美国工程师的人数超过了50万人，1990年更高达200万人。在1900年，美国每10000名工人中就有13个工程师，而1960年增加到了每10000名工人中就有128个工程师②。工程师已经成为美国社会中一个庞大的、不可忽视的职业群体。其他发达国家的工程师群体发展也经历了一个大致相似的过程，此处不再赘述。

2.3 工程师职业及工程知识问题

中国社会科学院研究员李伯聪指出，在现代社会，工程师在社会、经济生活中发挥了非常重要的作用，可是，对"工程师"行业或者从业人员的哲学研究、历史研究和社会学研究却极其薄弱③。李伯聪在2006年"关于工程师研究"一文中列举下列数项事实来佐证他的基本观点。1961年，当《工程社会史》一书出版时，有人

---

① E. T. Layton, Jr., *The Revolt of the Engineers*, Baltimore: The Johns Hopkins University Press, 1986, pp. 12—13.

② T. S. Reynolds (ed.)., *The Engineer in America*, Chicago: The University of Chicago Press, 1991, p. 173.

③ 李伯聪：《关于工程师的几个问题——"工程共同体"研究之二》，《自然辩证法通讯》2006年第2期。

评论说，这本书涉足了一个“被一般历史学家令人震惊地忽视了的领域”[①]；又有法国学者雅各·佩兰说：“在法国……除了极个别的情况外，那些声称专门研究科学技术史的研究中心把95%的精力花在了科学上，花在技术上的只有5%。”[②]我们的研究结果也完全支持这一观点，这种状况显然是不能满足目前工程师行业的发展现实及未来要求的。

2.3.1 工程师的职业性质与工程知识

工程师究竟是做什么工作的？如果从词典里寻找关于“工程师”一词的解释，我们可能会发现这样的解释：

> “工程师是运用科学知识识别和解决实际问题的人。”[③]
>
> “每一件工程产品都需要设计、制作，工程师就是从事这一工作的。”[④]

美国国家航空航天局（NASA）在“工程师是做什么工作的？”这个问题上，更详细地描述了工程师的工作内容：

> “工程师用数学及科学知识设计新的物品、构思新技术以

---

① Armytage, W. H. G. , *A Social History of Engineering*, London, Faber & Faber, 1961，见封面折页。

② 转引自舍普等：《技术帝国》，三联书店1999年版，第89页。

③ 摘自 *The American Heritage Dictionary of the English Language*。

④ 摘自 Samuel Florman, *The Civilized Engineer*, New York: St. Martin's Press, 1987。

解决新的实际问题。”[①]

从这两个简短的描述中，其实很难确切了解工程师的工作内容。我们再来看看工程师解决实际问题的过程：

(1)确定需求或者问题(Identify the need or problem)；

(2)研究需求或问题(Research the need or problem)；

(3)提出各种解决方案(Develop possible solutions)；

(4)选择最佳解决方案〔Select the best possible solution(s)〕；

(5)制造模型(Construct a prototype)；

(6)测试、评估解决方案(Test and evaluate the solution)；

(7)沟通解决方案(Communicate the solution)；

(8)重新设计或者改良最初设计(Redesign to improve your original design)。[②]

以上从对“工程师”的工作描述，能够帮助我们初步理解工程师的工作内容。工程师的职业性质和特点究竟是什么？这是一个复杂问题，学界对这个问题的讨论，常常离不开将工程师与科学家作对比，离不开讨论工程知识与科学知识的差异。在此，我们也遵

---

① http://ksnn.larc.nasa.gov/k2/m_whatEngineer.html，2008年8月21日登录。

② http://ksnn.larc.nasa.gov/k2/m_whatEngineer.html，2008年8月21日登录。

循这个路线进行分析。从各自知识的特征区分来看工程师与科学家的关系，主要有两种观点：

第一，并列论观点。工程师的工作离不开科学知识，其工作与科学家有着某种天然的联系。从上述过程中，我们可以看到，工程师工作的核心是"设计"，换句话说，他们的主要工作是利用数学和科学知识，不但帮助我们理解这个世界，而且利用他们所掌握的知识解决问题。

按照实证主义知识论立场，知识科学、技术、工程技术二元架构论的基本观点[①]。科学知识作为描述性知识，其目标与意图就是在于理解世界，描述世界的存在方式；工程技术作为造物行动中的情境化知识，是行动的程序性和规范性知识，其目的在于解决实践过程中"做什么"和"怎样做"的问题，在于人工制品在现实中的成功建造。二者有着本质的区别，但存在着十分紧密的联系[②]。

这种观点认为科学家拥有的知识主要是科学知识，而工程师拥有的知识主要是工程知识——包括设计知识、工艺知识、研发知识、设备知识、生产加工知识、技术管理知识、安全生产知识、维修知识、质量控制知识、产品知识、市场知识、相关的社会知识等等。这两种知识是不同的。正如美国技术哲学家皮特(J. C. Pete)所说，"工程知识和一般说的技术知识构成一种离散的不同于科学知识的知识形式"。[③] 在《工程师知道什么》一文中，皮特明确指出：

① 另一说为科学、工程、技术三元架构，这种分歧不影响本文基本观点，故在此不作进一步讨论。

② 邓波、贺凯：《试论科学知识、技术知识与工程知识》，《自然辩证法研究》2007年第10期。

③ 转引自张华夏、张志林：《技术解释研究》，科学出版社2005年版，第133—138页。

"没有事实根据说科学和技术每一个都必须依靠另一个,同样也没有事实根据说其中一个是另一个的子集。"[①]他甚至认为:"相对于科学知识来说……工程知识被证明要比科学知识更加可靠得多。"[②]所以,工程师和科学家也成了两种不同类型的社会职业和工作岗位。我们将这种看法称为"并列论"。

这种观点明确地承认工程知识与科学知识是"相并列"的两种不同类型的知识,各有特点和重要性,人们可以不必在工程知识和科学知识之间强行划分"高下"或"哪个更可靠"。这里可举非常简单的实例来说明两种知识,只是用途上有差别,如工程师利用他们已有的"光"的知识——科学知识,开发激光和光纤技术,应用到了现代通信技术上改善了电话机、传真机、电子邮件等的性能,这些则属工程知识。

第二,"附属论"观点。科学家和工程师都是知识劳动者,但是又是两种不同类型的社会职业和工作岗位,这是由工程知识的独立地位所决定的。但是有一种流行观点可以称之为"附属论",认为:在现代社会中,工程知识仅仅是科学知识的"应用",科学知识才是工程学的基础和支撑。二战以来,这种观点占据主流。但也有专家学者认为,这种观点在很大程度上否认了工程知识的独立地位。

回顾以上两种观点,笔者对工程知识有以下几点看法:首先,不能同意"附属论"的说法。早在古希腊,柏拉图和亚里士多德就曾经关注过工程知识独立性问题。这些观点在很大程度上已经提

---

① 转引自张华夏、张志林:《技术解释研究》,第133—138页。

② 同上。

出了对工程知识的独立地位的认识。

柏拉图在各种对话中一再谈到技艺知识问题，并试图探究出技术活动的主要特征。他在《高尔吉亚》(*Gorgias*)中认为，工程师应掌握一门专业知识，并能在应用的过程中对其加以拓展，弄清楚来龙去脉。他坚决反对把缺乏知识基础的工作列为技术学科。

柏拉图在对话《斐利布斯》(*Philibos*)中提到，一个忽视算术、丈量术和称重术的工匠总是自以为是，只凭经验做事；相反，如果在造房屋时使用了上述工具，就会获得更精确的结果。从这个意义上来说，与数学有关以及使用数学和几何工具就成为技术学科的一个重要特征。在参观古希腊罗马时代的古墓地时，人们常常会发现，尺、圆规、量角器和铅垂等工具的图形会出现在少数墓碑上。经考古学家判定，这些墓碑是工程师的墓碑。

在柏拉图去世后，亚里士多德也在多部著作中试图对技术活动的特征加以理论概括。在《形而上学》中，他谈及知识问题以及经验知识和理论知识的区分：根据同样的理由，我们认为，负责指挥工作的工程师比工匠享有更高的威望，具有更多的知识，也更聪明些。因为工程师知其所以然，而工匠就像一些没有灵魂的物品一样，不了解自己所做的究竟是什么，就像不了解火焰为什么烧一样……由此可见，工程师并不一定擅长实际操作，但他拥有理论知识，知道事情的由来。

在古典时期，由于科学技术发展的局限性，柏拉图和亚里士多德很难在技术知识之独特性上进行更深层次的探讨，他们能够看到技术学科的一般特点是难能可贵的。也就是说，即使在当时的条件下，他们主张工程技术知识是在掌握一门专业知识的基础上，并在应用过程中加以拓展出来的知识。古典时期尚且如此，近现代以来，大量涌现的工程知识发展更有力地印证了这一观点。

美国学者哥德曼(S. L. Goldman)认为，工程活动提出了一系列新的认识论问题，工程合理性不同于科学合理性，工程有自己的知识基础，绝不应和不能把工程知识归结为科学知识[①]。他指出：不但在认识史上科学不是先于工程的，在逻辑上科学也不是先于工程的；不但古代是这样，现代社会中也是这样[②]。因此，对工程知识独立地位的肯定应该是我们探讨工程师问题的基础前提。

其次，我们反对某些鄙视"工程知识"的不正确看法。皮特在《工程师知道什么》一文中观点鲜明地批评了那些在贬义上讽刺工程知识是"烹饪手册(cook-book)知识"的错误观点。皮特认为可以把工程知识说成是"烹饪手册"形式的知识，但这绝不意味着这是"低级"的或不可靠的知识。他指出，工程知识的基本性质和基本特点是"它是任务定向的"，"因为它是任务定向的，并且因为真实世界的任务都会碰到各种各样的意外，如材料、时间构架、预算等问题，我们知道什么时候一项工程任务是成功或者是不成功，工程知识在'真'的某种意义上说必定是真的"[③]。莱顿(E. T. Layton, Jr.)说："从现代科学的观点看，设计什么也不是；可是，从工

---

① P. T. Durbin (ed.), *Critical Perspectives on Nonacademic Science and Engineering*, Bethleham: Lehigh University Press, 1991, pp. 121—142.

② P. T. Durbin (ed.), *Broad and Narrow Interpretations of Philosophy of Technology*, Dordrecht: Kluwer Academic Publishers, 1990, pp. 142—143.

③ 〔美〕皮特：《工程哲学：工程师知道什么》，彭纪南译，载美国《技术》杂志第5卷第3期，2001年春季刊。

程的观点看,设计就是一切。”[1]他的这个经常被引用的观点尖锐地指出了科学知识和工程知识是两种不同性质的知识,它们具有不同的评价原则和评价标准。这两种知识只有性质、作用的不同,而没有“水平”与“高下”之分。

以上有关工程知识和科学知识的讨论,首先在于明确工程知识在人类的知识“总量”和知识“宝库”中,是有着独立地位的一类知识,它不但是与工程实践联系最密切的知识,而且它还是工程实践赖以进行的思想前提和知识基础,对于人类的生存具有头等重要的意义,这种工作角色首先要求工程师必须拥有专业性很强的工程知识。工程知识应包括设计知识,这是作为一个合格工程师首先应具备的知识;其次,工程师拥有工程知识还应包括工艺知识、研发知识、设备知识、生产加工知识、技术管理知识、安全生产知识、维修知识、质量控制知识、产品知识、市场知识、相关的社会知识等等。

当然,工程知识还远不止于此,北美著名技术哲学家卡尔·米切姆(Carl Mitcham)把工程哲学作为自己的研究核心,他在多篇论文中探讨了工程知识、工程哲学、工程师的问题,把“工程界定为一种特殊的人类行为——制造,并以此为前提分析了科学、技术、工程之间的异同,进而探讨了工程知识、工程设计、工程伦理等问题。”他甚至指出:“工程师是后现代世界的未被承认的哲学家。”[2]

---

① E. T. Layton, Jr., *The Revolt of the Engineers*, p. 41.

② 参见米切姆的下列论文:“Engineering as Productive Activity: Philosophical Remarks”(1991)、“Thinking Through Engineering”(1994)、“Engineering Design Research and Social Responsi-bility”(1997)、“The theories of Engineers: from Occupational Role Responsibility to Public Co-responsibility”(2000)。

这从一定意义上说明了工程师的工程知识的广泛性。

我们再来看工程师与科学家的联系及区别。工程师和科学家都是知识劳动者，使命有所不同。一般来讲，工程师和科学家可能都有探索世界运行规律、设计新物品的兴趣，也都负有这样的使命。但是，他们之间又有区别。换言之，科学家可以设计新物品，但是其使命和任务首先是探索世界的运行规律，工程师也可以探索世界运行规律，但是其使命首先是设计新物品。因此，科学家和工程师两种职业之间虽有无法人为的断开的联系，毕竟还是有明确的使命分界。

同时，由于工程合理性与科学合理性的差异，使得科学家和工程师在成果的最终判据上有所区别。科学家只要寻求到自然界运行的规律，对于从业者本人来说，那就是最高的职业回报；而工程不仅需要熟练掌握自然科学知识基础，而且要掌握与工程实践最密切的知识，这类知识是工程师解决问题赖以进行的思想前提和知识基础，一件工程是否对人类的生存具有头等重要的意义是工程师从业人员的最大回报。这一点又是有别于科学知识的。

其次，工程师是一个具有不可替代意义的专业性职业，随着工程行业的迅速发展至现代，工程师是典型白领的知识劳动者，然而在现代社会中，工程师的“多样化”复合身份已经十分明显，工程师不仅是设计者，而且是现场施工的技术指导者、技术管理者与技术操作者，同时也是工程知识的主要“创造者”和“负载者”。总体而言，工程师是最有创意的群体，他们构思、呈现、协调、改良、翻新、合成新产品。需要指出的是，工程师的工作不仅区别于科学家，还区别于艺术家，例如，艺术家的设计也需要创意，但是艺术家的创意对象是思想和情感，但是工程师的创意对象是产品，包括大型工程产品或者小型用具等。

2.3.2 工程师的职业困境和职业伦理

上文探讨的工程师职业性质及特点问题是一个广泛涉及和影响到哲学、历史学、教育学、经济学、心理学、社会学等许多方面和领域的大问题，也是讨论工程师职业的核心问题。了解工程师职业性质另一个维度是职业伦理视角。

工程师的职业困境首先表现为，工程师在身份认同感上的“游离”①。工程师目前已经成为一个从业标准明晰、基本上获得国际互认的职业。但是从历史上看，工程师群体在认识自身的“职业性质”和“职业定位”时曾经反复出现过身份认知上的“游离”现象，它一直与几个相关的职业群体之间保持着若即若离、似是而非的关系，例如：工人、资本家、科学家、政治家等。他们又与律师、医生、教师同为专业性知识工作者群体，但是又远远不及这些群体（尤其是律师、医生两个知识工作者群体）的社会地位和社会声望。

第一，工程师既不是工人，又不是资本家，但是又和他们离得很近。工人和资本家处于经济利益对立的两极，因而双方都不会在“自身”的“阶层认同”上出现左右摇摆的情况，可是工程师却既不是工人又不是资本家。“从社会学和社会哲学的角度看，工程师不但在整个社会的网络关系中而且在工程共同体的内部网络关系中都处于吊诡性的关系和地位，这就使得不但工程师自身而且使

① 此处参考了李伯聪教授的观点，具体参见李伯聪：《关于工程师研究的几个问题》，《自然辩证法通讯》2006 年第 2 期。

其他人在认识工程师的真正‘位置’和社会作用问题时都容易陷入某种眼光迷离、左右摇摆、莫衷一是的地步”[①]。

第二，工程师既不可以说是政府官员又不完全等同于科学家。比德尔(S. Beder)把工程师称为“边缘人”(marginal men)，因为工程师的地位“部分的是作为体力劳动者，部分的是作为管理者，部分的是科学家，部分的是商人(businessmen)”[②]。莱顿说：“工程师既是科学家又是商人。”“科学和商业有时要把工程师拉向对立的方向”[③]，这就使工程师在“自身定位”时难免会陷于某种困惑。从近现代历史上看，科学家和商人在认识自己的社会目标时都没有出现“游离”的情况，而在工程师那里，屡见不鲜。

工程师的职业困境，与医生、律师等行业相比，还表现为工程师的“弱职业伦理”问题。法国著名伦理学家爱弥尔·涂尔干认为：“任何职业活动都必须得有自己的伦理，倘若没有相应的道德纪律，任何社会活动形式都不会存在。”[④]但是，工程师的职业伦理的生成经历了一个从“无”到“有”的过程[⑤]。

至少在 19 世纪末之前，工程师职业与其他专业性职业在职业伦理上有着不同的特征。原因在于，伦理和道德向来关注于处理和调节人与人之间的关系，而工程师则是在工程活动中利用技术手段来解决人与自然之间关系的，他们的工作对象是物(自然之物

---

① 李伯聪：《关于工程师研究的几个问题》，《自然辩证法通讯》2006 年第 2 期。

② S. Beder, *The New Engineer*, South Yarra: Macmillan Education Australia PTY Ltd, 1998, p. 125.

③ E. T. Layton, Jr., *The Revolt of the Engineers*, p. 11.

④ 爱弥尔·涂尔干：《职业伦理与公民道德》，渠东译，上海人民出版社 2001 年版，第 171 页。

⑤ 龙翔：《工程师伦理责任的生成及其表现》，《科技管理研究》2008 年第 6 期。

和技术产品),而不是人。所以,在19世纪末之前,工程师职业甚少提及伦理责任。从另一方面看,这又是无可厚非的,由于19世纪末之前的工程师掌握的知识有限,拥有的技术力量还不够强大,范围也狭小,他无论是在社会上,还是在从属的组织里,既没有高的地位,更没有多大权力,所以,在当时的情况下,把责任强加在工程师的头上也是不切实际的。

但是,人类社会进入到19世纪中叶产业革命之后,社会发展需要工程师在职业伦理上显示明确的职业自觉,但是,耐人寻味的是,与工人阶层在19世纪初发生过"自身觉悟"的卢德运动[①]类似,工程师群体在20世纪初发生了所谓的"工程师的反抗"(the revolt of the engineers)。从时间上看,后者比前者晚了大约一百年;从斗争形式上看,前者采取了经济斗争和社会对抗的形式,后者采取了在"美国机械工程师协会"中进行"制度内"斗争的形式。但二者都成为了标志一个特定阶层在"职业自觉"方面的重要事件。库克(Morris L. Cooke)领导了"工程师的反抗","革命性"地提出了工程师的社会责任和职业自主问题,他认为"忠诚于大众和忠诚于雇主是对立的","工程有着伟大的未来,可是,工程被商业主导却是对社会的可怕威胁"。可是,由于多方面的原因,上述"运动"最后以失败告终了。[②]

应该强调指出,在美国机械工程师协会中出现的"反抗"不是偶

---

① 19世纪,许多工人认为自己的不幸遭遇是机器带来的。据说,英国莱切斯特郡的一名叫卢德的工人,第一个起来破坏机器,发泄对资本家的不满,其他工人群起效仿。后来,人们就把这种破坏机器的运动称为"卢德运动"。

② E. T. Layton, Jr., *The Revolt of the Engineers*, p. 159.

然的事件。意义更加深远并且值得人们更加关注的是，在大约同时出现的以泰勒（他曾任美国机械工程师协会主席）为代表的“科学管理运动”[①]和苏联出现的以帕尔钦斯基为代表的“专家治国”运动[②]，后者的失败更加沉痛，因为许多工程师因此付出了生命的代价。

上述事件虽然在直接意义上看起来失败了，但是足以表明：自20世纪初开始，工程师在认识自身的职业性质、职业责任和职业伦理原则方面进入了一个新阶段——工程师不但应该“忠诚”于雇主而且更应该“忠诚”于“全社会”，这个原则应该被明确地加以讨论。与以往“默默无闻”相比，工程师的社会作用和社会责任的问题被空前地突出了出来。

那么，当代需要工程师有伦理责任吗？应该说，社会的发展对工程师的职业伦理要求日益迫切。产业革命的洗礼，科学技术的迅猛发展以及工程师技术能量的大大提高，人类社会财富的创造和人们生活水平的提高已经离不开工程师掌握的专业技术。工程师的社会地位、职业权力也随之加强，“事实上，技术力量在工程领域的扩张，使得这个领域产生了伦理责任的问题”[③]；另一方面，在工商业需求的刺激下，技术广泛应用到军事之外的各个产业领域，工程师设计发明出来的军事设备、武器以及结构复杂的生产设备和产品（比如蒸汽机、电器、药品）等，其技术也越来越专业和复杂，

---

① 参见 E. T. Layton, Jr., 1986; S. Beder, 1998。这两个运动都发生在社会转型时期，其后果不仅在于以更科学的管理方式切入社会变革，而且在社会转型中培育并形成了新的社会阶层。

② 万长松、陈凡：《苏俄技术哲学研究的历史和现状》，《哲学动态》2002 年第 11 期。

③ 卡尔·米切姆：《技术哲学概论》，殷登祥等译，天津科学技术出版社 1999 年版，第 73、87 页。

普通用户越来越难以判断和识别机器和产品的性能和安全性究竟如何，即要求制造者甚至发明者对产品使用造成的伤害或事故负责。

伴随着20世纪初物理学革命序幕的拉开，科学研究已经深入到了分子、原子等物质的微观结构，在微观物理学理论的基础指导下，技术及技术产品的物质形态也发生了根本性的变化。对于普通人而言，这些现代技术和现代技术制造的产品过于复杂和专门化，甚至包括许多非本专业的工程师，都难以认识和掌握现代技术原理和产品的结构性能。因此，工程师在道义上有责任、有义务向广大普通消费者介绍技术和产品的信息，凭借他们的专业知识和经验向社会公众解释和说明存在的危险和潜在的危害性。①

1998年，比德尔在《新工程师》一书中说："工程职业好像到了一个转折点。它正在从一个向雇主和顾客提专业技术建议的职业，演变为以既对社会负责又对环境负责的方式为整个社会(the community)服务的职业。工程师本身和他们的职业协会都更加渴望使工程师成为基础更广泛的职业。雇主也正在要求从工程师雇员那里得到比熟练技术更多的东西。"②

应该承认，关于工程师究竟应该在社会进步中发挥什么作用，以及工程师怎样才能把忠诚于其雇主的要求、与对大众的责任统一起来，都还不是已经完全"解决"了的问题。可是，这并不妨碍我们肯定自20世纪初期以来，在工程师的社会责任和伦理自觉方面，

① 参见：〔美〕P. Aame Vesilind, Alastair S. Gunn:《工程、技术与环境》，吴晓东、翁端译，清华大学出版社2003年版，第62、601页。

② S. Beder, *The New Engineer*, p. x.

世界各国已经在认识上和制度上取得的重大的、实质性的进步。

很显然，作为一个群体，如果要获得与医生、律师、科学家、教师等知识劳动者群体一样的社会地位和社会声望，工程师群体必然要深入追问自身究竟应该承担何种社会责任，他们或许必须且直面“忠诚于雇主”和承担“独立的职业责任”和“真正的社会责任”的冲突。

2.4 当今工程师的社会声望和社会地位问题

工程塑造了现代社会的物质面貌，创造了许多古人无论如何也想象不到的人间奇迹。在现代化和全球化的进程中，在建设现代社会的过程中，工程师发挥了无可置疑的关键性作用，从而工程师也为自己赢得了不可否认的肯定和赞誉。但是，如果从另外一个角度和根据另外一个标准观察问题，我们又会看到在社会上存在着工程师的社会作用被忽视和低估的现象。[1]

2.4.1 工程师社会声望和社会作用被低估

谈到工程师，许多人大概都会情不自禁地想到科学家或企业家。由于多种原因作用的结果，目前的实际情况是社会在对待企业家、科学家和工程师的问题上出现了明显的“不平衡现象”。在理论研究方面，工程师的重大社会作用被严重忽视和低估了；在社

① S. Collins et al., *The Professional Engineer in Society*, London: Jessica Kingsley Publishers, 1989.

会声望和社会影响方面，工程师工作的性质和意义未能被社会充分了解和理解，工程师的社会声望被严重地“折扣”和“转移”了。

几个世纪以来，德国的技术力量一直雄冠全球。但就在近些年，厌恶工科的德国年轻一代却显著增多，根据德国工程师协会(VDI)2006 年的数据，当年德国的工程师缺口高达 1.8 万人，比上一年多了三分之一。在德国，工程师的社会地位已大不如从前。根据德国工程师协会的数据，在 20 世纪 60 年代中期，41%的德国人向往工程师这个职业，但是到了 2001 年，这个数字已经下降到了 22%。

事实上，从 20 世纪 70 年代开始，德国工程师的数量就开始减少。那时候，随着环境保护运动的开展，人们开始质疑快速发展的高耗能技术对社会和环境的影响。根据德国工程师协会的数据，10 年前，德国大学里的工科学生是如今的两倍。①

1980 年，英国发表了芬尼斯通报告(the Finniston Report)。该报告尖锐指出，在英国，尽管工程师对社会福利和财富有很大贡献，可是他们却缺少应有的承认。美国工程院的一项调查发现：许多人未能区别科学家、技术员和工程师，不能自然而然地把工程与技术创新联系起来。尽管阿波罗飞船实实在在是工程成就，然而许多人仍然把这些成就归功于科学家而不是工程师②。

我国著名的技术哲学学者陈昌曙教授说：“在一些场合，人们常常把科教兴国的‘科’就看作是科学，技术不过是科学的应用，工程不过是技术的应用。与之相关，人们也往往把尊重人才主要看

---

① 转引自卧松译：《德国现工程师人才危机》，《北京人才市场报》2006 年 6 月 23 日，原载美国《基督教科学箴言报》。

② S. Beder, *The New Engineer*, p. 19.

作是重视科学家，或还要敬佩杰出的发明家，工程师则可能不很被看重，通常是名不见经传。即使是高级人才，教授的名声常大于'高工'，工程院院士的威望略逊于科学院院士。在教育观念上，不少人自觉地认为，一流人才应学理，二流人才可学文，三流人才去学工。"[①]。

这并不是危言耸听之说，中国工程院徐匡迪院长在2002年科协学术年会讲演时说："今天，当孩子们被问到长大想做什么时，很少有孩子说想当工程师，这件事情本身就值得我们忧虑。"[②]徐匡迪回忆说，上世纪五六十年代，我国许多青少年都热情向往将来成为优秀的工程师，许多工科院校也以能够成为"工程师的摇篮"而自豪。"工程师"对广大青少年的吸引力下降，这样的现状令人忧虑。我国应高度重视并充分发挥工程师的作用，努力提高工程师的能力和水平，采取有力措施提高工程师的社会声望和待遇，使工程师成为对青少年有吸引力的职业。

当然，这或许与我国工程技术人员的社会地位有某种内在联系。中国工程院此前对全国5000名工程科技人员做了一项调查：超过80％的被调查者认为目前工程师职业的社会地位"一般"或"偏低"，对个人收入的满意度仅为53.75％。而在2009年7月，中国科协5年一次的"全国科技工作者状况调查"则显示，有近半数的科技工作者表示如有机会更愿从事企事业管理、公务员等其他职业。[③]

---

① 陈昌曙：《重视工程、工程技术与工程家》，刘则渊、王续琨主编：《工程·技术·哲学》，大连理工大学出版社2002年版，第28页。

② http://news.sohu.com/59/86/news203018659.shtml，2007年12月摘引。

③ 潘云鹤：《教育规模远胜水平 工程科技人才创新能力不强》，《中国工业报》2008年7月3日。

上述情况表明，当前在世界上——包括我国在内——还严重存在着工程师的社会作用不被了解和理解、社会声望偏低的现象，工程师未能成为对青少年有强大吸引力的职业。

2.4.2 工程师社会声望偏低的原因探讨

在当前我国，尽管三峡工程、神舟飞船、青藏铁路等都是实实在在的伟大工程成就，然而许多人却仅仅把这些成就归功于科学家而不是工程师。许多人错误地认为：技术不过是科学的应用，工程不过是技术延伸。应该指出：这种状况如果不能扭转，其后果将是十分严重的。为何出现这种现象呢？这是有其深刻、复杂的理论原因的。

从理论方面看，一些似是而非的观念则相当流行，对于工程活动的本性和工程师的社会作用等重大理论问题还远未“正本清源”。许多人都习惯性地把技术说成是科学的应用，又把工程说成是技术的应用，于是前述中工程学的“独立地位”就被否定了，工程成为了科学的“二级”“附属物”。在这种观点的影响下，有些人只承认科学的创造性（这一点是必须承认并且也是无人能够否认的），而几乎完全否认了——至少说是严重低估了——工程活动中的创新性和创造性。在许多人的心目中，工程活动只是一种乏味的、执行性的、没有创造性的活动，而这种对工程活动和工程师工作性质的严重误解正是产生许多“派生误解”的重要原因。如果我们不能明确地从理论上解决工程活动的创造性、创新性、“本位性”、“本原性”问题，则工程活动是很难不被误解为科学的“二级”“附属物”的。

应该承认，造成工程师社会地位和社会声望偏低的原因是多方面的，从工程师自身方面看，也确实存在不少问题——包括业务水平、职业伦理等多方面的问题。工程师如果不能认真解决自身队伍中实际存在的资质混杂、职业道德混乱等弊病，工程师的社会地位和社会声望问题也是不可能真正解决的。《社会中的职业工程师》一书认为，工程职业迄今还没有完全满足成为一种“真正的”职业(a “true” profession)①。

然而，工程师的社会作用和地位的问题绝不是工程师自身的私利或小团体的私利的问题，它是一个事关国家发展前途的大事。我们应该深入研究和正确阐明工程师的社会作用和地位问题，应该使工程师像企业家和科学家一样在社会中获得应有的声望，我们应该从理论研究、政策导向、教育和舆论宣传等多个方面来扭转当前实际存在的某种程度的轻视工程师的现象。只有“当优秀的青年愿意将现代工程师作为他们的职业选择时，一个崇尚科学、热爱科技、推进创新的实现现代工业化的发展目标，才有坚实的人力资源的保证。现代工程教育的成功是可以预期的，它需要工程教育工作者的长年的辛勤耕耘。”②

---

① S. Collins et al., *The Professional Engineer in Society*, p. 132.

② 余寿文:《中国需要研究型大学培养现代工程师》,《高等工程教育研究》2005年第1期,第9页。

第三章 欧美工程师的社会角色及工程教育目标

工程师作为白领阶层的一个亚群体，在欧美社会中属于新中产阶级，即专业与技术人员阶层。该阶层人群被普遍认为是一个将日益扩大而处于主导地位的社会群体，其所掌握的知识将成为他们发挥影响的核心竞争力，他们被看作是欧美社会革新与制定政策的源泉[①]。事实上，当前在欧美工程界，不同程度地存在着对工程师所处的社会地位不满的现状。对于工程师究竟应该在社会中扮演怎样的社会角色，学术界也论争纷纭。本章拟介绍欧美社会关于工程师文化形象和社会角色的相关争论，以及目前的现实状况，这些争论对于反观我国工程师的社会生存状态及其教育培养具有一定的启发意义。

3.1 欧美社会有关工程师社会角色的对立观点

对于工程师的研究，历来我们可以参考马克思的阶级分析论点，与此相对的是美国的经验和其所引发的分析，或可称为"美国

---

① C. Wright Mills, *White Collar: the American Middle Classes*, Oxford University Press, 1977, p. 16.

模式”。它的关键概念是“中产阶级”(middle class)。现代社会涌现了一个庞大的现代中产阶级,它的兴起取代了原来的资本/劳动两极分化,先是缓和了后两者之间的矛盾,稳定了资本主义社会,继而形成占社会最大多数的阶层,成为现代社会形态的主要特征性概念之一。提出这一观点的经典著作是米尔斯(C. Wright Mills)的《白领——美国的中产阶级》。书中首先描述了米尔斯所谓“旧中产阶级”(其含义接近马克思分析中的“小资产阶级”)在世界经济大萧条后的20年中的快速衰减。其一是美国“家庭农场”的从业人员在减少,在19世纪初期约占全国就业人员的3/4,后期仍占1/2,但到1950年,已经缩减到1/8。主要原因在于:大农业公司的兴起;机械化和农业劳动生产率提高导致农业从业人员减少;经济大萧条下农产品价格的持续降落;市场垄断势力下农业生产用具价格的偏高,等等。① 其二是城镇小生产者让位于大产业公司,以及小买卖让位于或受制于越来越统一整合的全国市场中的超市(supermarkets)、百货公司(department stores)和直接销售自家品牌的大产业公司。这样,剩下来的小资产者只是少量的小商业主和服务业人员。② 而取代这一“旧中产阶级”的,则是被称为“白领”的“新中产阶级”。

在米尔斯看来,“新中产阶级”是个比较宽泛的范畴,包含企业经理、高层技术人员、政府机关和企业办事人员、商店普通销售员,等等。到1940年,这个“新中产阶级”在所有就业人员中所占的比例(25%)已超过“旧中产阶级”(20%)。米尔斯认为,他们将完全

① Mills, C. Wright, *White Collar: the American Middle Classes*, pp. 15—20.

② Ibid., pp. 20—28.

取代旧小资产阶级。[①] 到20世纪末，以这样的“白领阶层”为主的“中产阶级”早已成为美国社会最大的阶层，主要集中在所谓的“第三产业”，约占全部就业人员的3/4。[②] 对于工程师社会角色的讨论，无论下面提到的激进派抑或悲观派，都绕不开“中产阶级”这一概念。

3.1.1 以贝尔、弗罗曼为代表的激进派观点

激进派对工程师文化形象和社会地位的看法认为，在后工业社会（或称之为知识社会、后资本主义社会、技术电子社会、超工业社会，等等），中产阶级（包括工程师）将继续壮大，其以知识为基础、而不是以财产为基础的权力将随之扩大，他们应该成为一个在政治上有更大的话语权的阶级，甚至应该作为统治阶级一部分行使管理国家的权力。因此，激进派主张和鼓励工程师朝着“国家精英”的方向发展，代表人物有丹尼尔·贝尔（Daniel Bell）、萨缪尔·弗罗曼（Samuel Florman）。

3.1.1.1 贝尔的技术精英治国论思想

1973年，哈佛大学教授丹尼尔·贝尔作为社会学学者，根据自己对欧美国家社会发展的长期观察以及当时美国社会发生的变化，提出用“后工业社会”这一概念图式来预测未来的社会形态。从根本上说，后工业社会思潮是认识资本主义未来的产物。他认

---

① Mills, C. Wright, *White Collar: the American Middle Classes*, p. 63.

② 米尔斯的“旧中产阶级”（以农民为主）大致相当于所谓“第一产业”，“工人阶级”则大致相当于“第二产业”，而“新中产阶级”则大致相当于“第三产业”。到20世纪末，以商业和服务业为主的“第三产业”已占全人口从业人员中的最大比例（74.5%），约3.3倍于工人阶级（22.9%），28.7倍于农业从业人员（2.6%），成为美国（和大部分其他西方先进国家）社会中最大的阶层（《中国统计年鉴2005》，第906页）。

为后工业社会的主要特征是：生产理论知识和技术的服务部门的扩展，专业技术人员、科学家和工程师日趋支配性地位，理论知识在组织决策和指导变革方面处于中心地位，人们对技术发展的规划和鉴定能力增强，新的智能技术的发展提高了人们对复杂系统决策的可靠性，可以看出贝尔非常强调知识和技术的关键作用。

贝尔的观点在世界范围内引起了很大的反响，并且成为一种重要的社会思潮，被众多东方、西方学者追捧，提出许多类似的名称表示一个旧时代的结束和一个新阶段、新类型社会的开始。关于未来社会的研究和预测在20世纪80年代的中国也曾一度成为热点问题，但是这里它不是我们关注的重点。坦率地讲，笔者同意丹尼尔·贝尔对二战以来资本主义社会一些变化的判断，但是，对后工业社会作为一种新的社会形态能否成立持保留态度。因此，我们在此只关注他对于未来社会阶层变化的一些判断，并从中探寻他关于工程技术人员阶层社会角色的预测。

贝尔认为，我们身处其中的社会，或者未来社会的发展目标是以服务业为基础的后工业社会，随着服务性经济的发展，后工业社会的职业分布和权力结构也会产生相应变化。社会冲突将集中于"专业人员"和"民众"之间：

> 如果说资本家和工人在工厂里的斗争是工业社会的标志的话，那么专业人员和民众之间在组织内和社会内的冲突，便是后工业社会中冲突的标志。[①]

---

① 〔美〕丹尼尔·贝尔：《后工业社会的来临》，高铦、王宏周、魏章玲译，高铦校，商务印书馆1984年版，第144页。

在职业分布上，贝尔认为，后工业社会中的专业与技术阶级会处于主导地位。贝尔认为确定后工业社会定义的第二种方法是根据职业分布的变化，即不仅要看人们在什么地方工作，而且要看他们做什么。因此，在很大程度上职业是划分社会阶级与阶层的最重要的决定性因素。在后工业社会中，成长最快的集团是受过高等教育专业技术阶级，他们在社会中起支配作用。在这个结构中，专业人员处于最高地位，在其之下的是技术人员、半专业人员等，最下面是蓝领工人。专业人员阶级由四大阶层组成：科学阶层、技术阶层、行政阶层和文化阶层。虽然总体来说他们由共同的精神气质所联结，但本质上并无相同的内在利益。

同时，作为一个知识社会，后工业社会将成为一个“能者统治”、“科技治国”的社会。“科技治国”观点的根源是社会职能与财产的分离，即个人私有财产失去其社会目的，而阶级也不再意味着是一个特殊的人群，而是把取得、掌握和转移不同权力及其有关特权的程序制度化的一种体系。

在后工业社会知识技术中轴原理的作用下，新的社会权力基础从财产标准或者政治标准转移到知识标准。原先工业社会中处于统治地位的企业家，不得不让位于新的人物，即掌握新的智力知识技术的科学家、专业人员和工程师。大学和研究所将成为权力的所在地与动力源。权力的手段将是由科学家提供的理性的技术力量与权力精英运用的政治力量间的平衡。显然，在贝尔构筑的后工业社会理论王国中应当是科技治国。这里，专门技术是取得权力的基础，教育是取得权力的方式，统治者是科学家和研究人员，是知识分子阶层。

无疑，二战以后的西方发达国家，特别是在 20 世纪 60 年代以来，在经济、社会、政治、文化领域发生了巨大的变化，认识这些变化成为学者们极为关注的问题。丹尼尔·贝尔发表了《后工业社会的来临》、《意识形态的终结》等著作，探讨了技术性决策在现代社会的作用，探讨了科技治国论思想与政治的关系。他认为，美国家庭资本主义解体之后，在权力与社会阶级的关系之间正在发生无声的革命，即"经理阶层的兴起，这意味着权力不再继续掌握在一个特定的特殊集团手中，权力的连续性体现在机构职位方面。统治权大部分掌握在技术—知识中坚集团手里，这包括公司经理和当时占据机构职位的政治领导人。"①

3.1.1.2　弗罗曼的工程师参政治国论

我们还可以从弗罗曼的系列文章中了解美国一般民众的看法。弗罗曼，本职是一名土木工程师，同时是美国一家大规模建筑公司负责人，由于他在技术与文化方面的长期研究的广泛影响②，1995年被推选为美国工程学会会员。他经历了二战这个工程繁荣时代，对于工程师这个职业在一般文化中的地位和作用思考良多。他注意到，二战后科学家和工程师在美国社会中的地位举足轻重。太空竞赛、环境污染、计算机时代的到来等一系列事件，使得工程职业迎来了繁荣时代。斯各蒂（James B. Reston）③对这一时期的政治家作过一个非常大胆、又家喻户晓的评论，他说道："政

---

① 〔美〕丹尼尔·贝尔：《后工业社会的来临》，第44页。

② Samuel Florman，美国土木工程师协会会员，纽约科学学会会员。半个多世纪之前，他从达特茅斯学院获得了土木工程学士学位，后又从哥伦比亚大学获得文学硕士学位。

③ James Barrett Reston（1909—1995），美国人习惯上又名其"Scotty"，他是1930年代到1990年代最具影响力的新闻记者，供职于《纽约时报》（*The New York Times*）。

治家所作的所有事情不过是在争夺由科学家和工程师创造出来的各种武器、农业和工业方面的革新。”[①]弗罗曼非常赞成斯各蒂的观点。

而且，他进一步认为，正因为这样，“工程师应该走到政府部门的领导岗位上来。对于个体工程师而言，也不能仅仅总处于寂寞无名，他应该变成明星式的人物，应该摆脱‘雇佣技术人员’传统角色”[②]。“雇佣技术人员”这个对工程师的称谓，是由前文提及的才华横溢而英年早逝的社会学学者米尔斯在 1956 年出版的《权力精英》(*The Power Elite*)一书中提出来的。[③]

弗罗曼重申了工程师应该作为公职人员被政府雇佣，或在政府任职这一思想。这不仅是发展的趋势，而且在工业化国家也已成为事实。他考察了法国工程师职业的发展史，指出法国在 200 多年以前就是如此，法国人创立了大学校，培养出来的人形成一个精英阶层，成为政府、工商界领袖；而且欧洲大陆、拉丁美洲、俄罗斯和新兴亚洲国家都希望通过工程教育培养出权力阶层。他很不理解全世界只有在英国和美国是迥然不同的情况。

他还梳理了美国工程界和联邦政府的关系，说明工程师参与政治的良好效应。他指出，尽管美国国会议员中工程人员人数较少，但是他们创立的机构发挥了极大的作用，这些机构由工程人员自己管理，而且每年有大量的经费资助。例如，美国自然科学基金会(NSF)就是一例。其起源可以追溯到 1945 年，MIT 工学院教

---

① Samuel Florman, "Facing Facts about the Engineering Profession", *Alpha*'44, FALL 2007 THE BENT OF TAU BETA PI.

② Ibid.

③ 〔美〕米尔斯:《权力精英》，王崑、许荣译，南京大学出版社 2004 年版。

授凡尼瓦·布什(Vannevar Bush)领导了战时科学研究与发展办公室,他给杜鲁门总统建议成立一个联邦机构,资助科学技术研究,5年之后,经过多方协商妥协,通过了《第507号公众法》(Public law 507),创建了NSF。NSF最初资助额度不大,但是后来,民主、共和两党都认为科学技术对国家有巨大利益,因此目前的资助金额已经达到60亿美金,每年有10000个项目获得NSF的资助。它也辅助性地资助科学和工程教育项目。很多权威人士希望NSF能够成为主管所有科学和工程研究的中央机构。当然,类似的机构还有美国宇航局(NASA),美国国防部高级计划局(DARPA)等。

除此之外,美国工程师在政府智库中更是无处不在。在专业团体和辩护演说团体中,工程师的意见和声音在国会大厅里到处传播。美国国会认为最值得信赖的科技建议来自于三个学会:全美科学学会(National Academy of Science),美国工程学会(the National Academy of Engineering),美国医药学会(the Institute of Medicine)。他们共同支持了国家研究委员会(National Research Council)的运作。

工程师在工业界、学术界以及国家事务上起着如此显著作用,如此多的工程师已经在国家事务中发挥着他们的博学、才能和想象力。因此,弗罗曼认为他们理应成为"国家精英"。

3.1.2 以米尔斯为代表的悲观论观点

这一派以社会学者们的观点为主。他们认为工程师们作为智库内成员,且只能作为智库成员服务于国家事务,对于他们来说,这样可能是更好的服务方式。持此观点的人从社会分层理论来探讨工程师的社会角色，中产阶级(包括科学技术专业人员)不会成为政治上一支独立的力量，他们可以成为大资本与产业工人之间的平衡集团，为企业与社会提供一种内聚力，成为不同阶级之间平衡与安定的主要力量。但是，他们执意认为，中产阶级不可能成为统治阶级或者国家治理阶层。代表人物有米尔斯、克拉克·克尔(Clark Kerr)、约翰·邓洛普(John Dunlop)等。

克尔和邓洛普在《工业主义与工业的人》中指出：中产阶级在社会形式方面是多样的，在物质利益方面是相互矛盾的，在意识形态方面是歧异的。所以，在中产阶级内不可能存在一个共同政治运动的基础与共识。在整个社会结构中，他们是依赖于更高一层阶级或阶层的一个变数。在危机中，他们总是选择站在就要获胜的一方。他们自己本身不可能成为一个独立的集团或党派，因为他们本身缺乏这种凝聚力。

> ……在所有的工业化社会中，管理阶级既没有能力也没有意志来成为占支配地位的统治集团。经理的性质就是股东们、国家官僚们的代理人，或者在某些情况下是工人委员会的代理人。由于他们一心关注企业的内部事务(企业变得越来越复杂了)，因此管理阶级的成员们容易成为适应形势的人而不是社会大事的领导人。①

米尔斯是美国20世纪50年代天才的社会学学者，他一针见

① 转引自丹尼尔·贝尔：《后工业社会的来临》，高铦、王宏周、魏章玲译，高铦校，商务印书馆1984年版，第108页。

血地指出了中产阶级的弱点，认为它面临的最大问题是其无根性。它形成的历史是短促的，由于没有坚定的信仰，中产阶级作为个人在道德上毫无防御能力，作为群体，在政治上无能为力；他们没有自己的文化可以依靠，为了安全的利益，他们需要有一个组织或社团可以依靠，但在美国社会中却没有这样的社团或组织可以为中产阶级提供这种安全感。①

在实际的社会生活中，社会学家发现中产阶级对政治的兴趣甚为淡漠。虽然他们处于政治的中心，为代表本集团的利益办事，但他们却对政治的斗争与冲突毫无热情。这可以说是中产阶级的一个鲜明的特点。

弗罗曼总结了美国第 110 届国会会员的知识背景，发现美国执政者的在校教育的知识背景与世界趋势相反：美国政府的领导者几乎都没有学习过工程，在目前的第 110 届国会会员当中，具有科学与工程背景知识的人很少：有 1 个工程师(只有 1 个)，3 个化学家，2 个物理学家和 1 个微生物学家。在这些"技术人员代表中"，我们还能发现有 11 个医务工作者(其中牙医 3 人、护士 3 人，兽医 2 人，心理学家 1 人，验光师 1 人和药剂师 1 人)。令人惊讶的是，44%的国会成员拥有法律学位，其余成员中绝大多数是"商业"或者"公共服务/政治学"学位。在以往国会成员结构中也发现类似的情况，在州一级、市一级议会也是如此。②

以上数据不仅表明工程人员在政府机构中缺位，而且似乎印证了公众的一般观点。一般公众倾向认为，"工程气质"不适合进

---

① C. Wright Mills, *White Collar*.

② Samuel Florman, "Facing Facts about the Engineering Profession", *Alpha*'44, FALL 2007.

入公共生活领域，仅有的几人，进入了公共管理岗位，最终只落得饱受讥讽之名，例如：工程师总统胡佛（Herbert Hoover）和接受过工程教育的卡特总统（Jimmy Carter）[①]。此例也是对上述观点的佐证。

回顾美国二战后的科技史，也能够发现，不仅当今执政者中的工程技术人员很少，而且技术人员在政府中的任职经历也是非常不愉快的。以往的事实告诉人们，工程师即使作为技术顾问也只被联邦政府勉强接受。的确有不少政府有所谓的著名的科学顾问，但他们与政府的关系常常并不顺畅。影响较大的事件有：越战期间，尼克松总统因为反弹道导弹项目受到批评，他非常生气，武断地取消了白宫科学顾问职位；1976 年，福特总统创建了科学技术政策办公室，但没能坚持多久；乔治·布什总统希望选择一位主要处理全球变暖和干细胞研究方面的问题的科学顾问——专门对总统本人服务，但很多科学家反对他的这种做法，他也把科学技术政策办公室列在白宫之外，就像前两任一样，遭到很多科学技术专家的反对。

另外，美国国会也有一个类似机构——科技评估办公室（Office of Technology Assessment，OTA），它的使命是“提供充分而及时的信息，独立发展，对科技应用产生影响”。1972 年建立以来，提出了大量高质量的研究报告。但政治是非常复杂的，1995 年却遭到关闭。其后国会每年在其工作人员里，仅保留 1—2 位技术专家，和一个由 30 多位工程师与科学家组成科学技术团体。总的来说，工程师离国会山很远。

---

① Samuel Florman，“Facing Facts about the Engineering Profession”，*Alpha*’44.

现实社会中，即使在美国，伟大的工程师甚少为人所知，创造了技术奇迹的人值得人们铭记，例如百年前的工程师电话之父贝尔(Alexander Graham Bell)，飞机工程师莱特兄弟(the Wright Brothers)，柯达之父乔治·伊士曼(George Eastman)，西屋电气的创始人西屋(George Westinghouse)，甚至布鲁克林大桥的建筑者约翰·奥古斯都·罗布林 (John Augustus Roebling)等，都应该在公众中享有盛誉，但事实并不令人鼓舞。

当然，爱迪生(Thomas Edison)是"最值得崇拜的美国人"。近来的电子革命让我们熟悉了比尔·盖茨、史蒂夫·乔布斯、惠普等名字，但人们记住的更多是他们在商业上的成功，技术上的光辉给人留下的印象反不如前。相比之下，谁能记起来杰克·科比(Jack Kilby)和罗伯特·罗伊斯(Robert Royce)——单片集成线路的发明人、电子革命最关键技术的发明者？谁能知道涡轮式发动机、卫星技术、光纤学、第一台网络计算机、全球定位系统的发明人、互联网的发明人？而这些人大多数都是德雷珀奖(Draper)的获得者。德雷珀奖是工程界的诺贝尔奖，奖金多达50万美金，但德雷珀奖激昂的颁奖仪式上媒体寥寥，可能因为得奖者的人格魅力欠缺之缘故，他们小心谨慎，谨慎得不能引起大众的注意力。更具有讽刺意味的是，诺贝尔先生可算作工程师，可是他在设立诺贝尔奖时，工程却不在其列。

另外，技术常常在与科学的对比中感到非常尴尬。例如，科学家爱因斯坦是一个神话般的名字，技术界无一人可及。恐龙、彗星和DNA永远具有比工程详细得多的报道价值。二战末期，几个发明了原子弹的科学家——奥本海默、波尔、费米、特勒等人的大名广为流传，但工程界的引领人物则鲜有报道。因此，多数社会学者认为，对于默默无闻的工程师来说，实现工程师政治家（国家精英）的理想还比较难。

3.2 现实中两种观点的温和折衷

3.2.1 “英美模式”与“大陆模式”下工程师的差别

历史地看，美国工程师职业的发展在许多方面以英国为榜样。除了在文化、语言和历史上联系紧密外，这两个国家在工程师职业、科学技术和工业方面的概念和机构都十分相似。这一切都说明英国工程师和美国工程师之间有着不可分割的亲缘关系。由于他们之间的关系如此密切，所以历史学家常常将两者统称为“英美模式”（或“盎格鲁撒克逊模式”）。与此相对的是以法、德为代表的“大陆模式”。我们在此对两大模式下工程师的社会出身和职业生涯方面的差别略作讨论。

在英国，工业化早期的工程师原本基本上都是磨坊技工、建筑工人或其他手工业者。从一定程度上说，英国工程师行业是由基层发展而来，并未得到来自上层的太多帮助。英国早期的著名工程师，其中包括运河建造师詹姆斯·布林德利（James Brindley），机械制造师和工具滑块的发明者亨利·莫兹利（Henry Maudsla）以及铁路建筑师的先驱乔治·斯蒂芬森（Goerge Stephenson），他们都出身平凡，但从最底层开始干出了一番事业。

工业化早期是这种情形，但到 19 世纪中叶英国工程师曾经被看作民族英雄受到崇高的礼遇。此时英国的三大工程师布列坦尼亚桥的建造者罗伯特·斯蒂芬森（Robert Stephenson）和约瑟夫·洛克(Joseph Locke)以及火车头之父伊桑巴德·K.布律内尔(Isambard Kingdom Brunel),在1859—1860年不到一年的时间内相继逝世。英国公众用纪念王公贵族或民族英雄的方式向他们表示悼念。布律内尔被安葬在英国最古老的公墓——肯萨尔(Kensal)绿色公墓,地位显赫的同事以及几千名铁路工人一同出席葬礼,向他致以最后的敬意。斯蒂芬森得到的是国葬的待遇,他在西敏寺(Westminster Abbey)找到了最后的栖身之所。这样的葬礼对于早期英国的工程师来说是不可想象的。它们不仅记录了19世纪中期英国工程师所得到的崇高荣誉,而且宣告了一个时代的结束。在此后的几十年中,英国工程师的社会地位不断下降,大约一个世纪以后,也就是第二次世界大战结束时,英国工程师的社会地位跌到了令人忧心的低谷。

英国工程师教育和经济落后的争论很多。比较一致的看法,是19世纪最后三四十年间英国工程师的社会地位下降了。19世纪中期,由技术人员组成的社会群体,包括有发明能力的手工艺者、工程师、企业家和实业家,代表人物有瓦特、斯蒂芬森、布律内尔等,他们似乎可以用自己的价值观影响英国文化。但是,随着传统精英们——乡绅、贵族和英国圣公会在文化、经济、政治和社会机构中的统治地位日益强化,成功的实业家和工程师如果要进入这个精英圈子,就必须付出代价,例如通过购置房产、成为绅士并追逐工业世界以外的名利方可进入精英阶层。

这对中产阶级的教育和事业选择产生了影响,越来越多的父母愿意把孩子送到传统精英教育的学校,科学、工程、技术这些实用的东西则遭到轻视。这意味着愿意成为工程师的人越来越少,受过良好教育的工程师人数变少,工程师职业逐渐缺乏吸引力,二者形成了恶性循环。对于工业发展来说,这意味着英国弱化了它的技术创新机制。

19 世纪末 20 世纪初是美国社会的巨变时期。这种历史性变化改变了农村与城市生活,改革了旧的生产方式。19 世纪中期和后期,随着公司经济的发展,诸如弗吉尼亚州赛勒斯·H.麦考密克(Cyrus H. McCormick)发明的粮食收割机、查尔斯·古德伊尔(Charles Goodyear)发明的使橡胶硫化的工艺、F.莫尔斯(Samuel F. Morse)发明的发报方式、伊莱亚斯·豪(Elias Have)发明的缝纫机等等一系列重大技术发明的出现,极大地改变了美国人的生活。工业化浪潮催生了城市化的进程,美国在 19 世纪后期发展成工业大国和农产品出口大国。从 1869 年至 1899 年,全国人口增长了几乎 3 倍,农业生产增长了 1 倍,制造业生产总值增长 6 倍。美国社会成长为一个以大生产、高消费为特征的城市工业社会。

社会学学者研究发现,全美从事农业生产的人口从 1820 年的 3/4 降至 1880 年的 1/2,而到 1949 年只剩 1/8 了[①]。这些数据表明:美国大多数的小企业主到 20 世纪中期已失去资产,转而为仅占人口 2%或 3%、拥有美国 40%或 50%财产的人而工作。在这些人中产生了新中产阶级,即依靠薪水生活、以知识与技术提供服务的白领阶层,美国成了一个雇员国家。对于大多数人来说,占有资产已不可能;在劳务市场上,他们不是以对资产的占有,而是以收入、权力、威信得到人们的认可,工程师位列这些人当中。

美国社会的发展除了与庞大商务和庞大政府的兴起有关,与

① C. Wright Mills, *White Collar*, p. 16.

现代社会结构以及官僚机制的增长有关，更与科学技术飞速发展有关。据贝尔调查，在美国社会中专业和技术人员在1940年有390万人，到1964年就上升到860万人。根据《财富》杂志(1994年8月22日)报道，随着信息时代——兹比格纽·布热津斯基把这称之为技术电子社会[1]——的到来，专业与技术人员的人数自1950年以来，已增加近300%，达到2100万人。美国劳工统计局(BLS)预言，专业与技术人员(techno-competents)将成为美国就业最多的群体，占总就业人数的1/5[2]。据2004年统计数据，美国整个专业和技术阶级的增长率是劳动力平均增长率的两倍，而科学家和工程师的增长率却是劳动人口增长率的三倍[3]。美国工程师成为新兴中产阶级的一部分。

与前述英国工程师的境遇不同，在19世纪的大部分时间里，美国工程师，特别是机械工程师，通常都来自社会中上层。因此，工程师在英国社会不愉快经历在美国从未发生过，尽管有的工程师一开始并没有较高的社会地位，但通过个人努力取得成功的工程师不仅不会受到轻视，反而会受到人们的钦佩。在英国，直到19世纪末期学校引入了工程师教育后，才开始有较多的中产阶层选择工程师行业。而在美国，工程师学校的迅速普及反而让更多的中低阶层的人有机会加入工程师行列。这样的发展趋势以及工程师数量的激增，不少工程师成为工业界的领军人物，有的后来成

---

① 布热津斯基说，“技术，特别是电子学……越来越成为社会变革和改变社会习俗、社会结构、社会价值观以及总的社会观点的决定因素。”见《两个时代之间：美国在技术电子时代的作用》，纽约1970年版，第9页。转引自丹尼尔·贝尔：《后工业社会的来临》，第64页。

② 《幸福》(*Fortune*)1994年8月22日，第46页。

③ 杨永生编：《哲匠录》，中国建筑出版社2005年版。

为政府机构和工业界的领导层，似乎技术职位成为升入企业高层管理道路上的一块垫脚石。[①]

法、德模式的共同特征就是制度化的工程师教育，可以说这是法、德模式的鲜明特色。早在18世纪，法、德两国面临工业化带来的新挑战，都把大力兴建技术学校作为应对措施，法国较早一些，德国起步略晚一些。

法国工业化早期，工程师属于国家公务人员。法国的工程技术学校是法国技术公务员培训体系中的重要承载机构。具体来说：未来的建筑公务员进入巴黎路桥学校，矿业公务员进入巴黎矿业学校。法国工程师学校采取了完全不同的招生政策，工程师学校最初把入学人数限定在几百人规模，只有最优秀的学生才可以进入这些学校学习。这样一来，学校不仅为国家提供公务人员和技术人员，也进行了一次社会阶层甄选。

因此，法国工程师和德国有着不小的差异。首先，数量上存在巨大差异。例如，在20世纪30年代，德国拥有工程师20多万名，法国只有5万多名，即使把两国的人口和不同的经济结构一并考虑在内，其工程师的数量差距也是惊人的[②]。其次，也造成了与德国工程师在文化形象和社会角色上的差别。虽然两国的工程师培养都非常重视理论教育，但德国工程师以服务工业生产为宗旨，目标是培养设计师，受过高等教育的学生运用所学广泛知识的能力，设计高品质的产品。法国工程师则为国家部门服务，直到19世纪后期，才开始有少量工程师为私营经济体服务。

---

① 〔德〕凯泽、科尼希：《工程师史——一种延续六千年的职业》，第151—152页。

② 同上，第227页。

3.2.2 工程教育现实中的温和折衷趋势

关于激进派的“专家治国”论由来已久，这种思潮可以追溯到培根、圣西门和孔德，圣西门则被西方学界视为技术专家治国论之父。这同样也是福柯和萨特的长期争论所在。专家治国论是一种主张专家政治，由科学技术专家或按照科学技术专家提出的原则进行统治的意识形态。技术专家治国论认为，在当今社会(后工业社会)，知识成为新的权力基础，掌握新的智力技术的科学家、数学家、经济学家和工程师将成为统治人物，而这也被专家治国论者推崇为一种比较完善的社会道路解决方案。

相反，悲观派论者则认为，庞大的社会官僚机构与体制剥夺了知识分子的理性与自由，使得知识分子变成了将整个社会组合在一起的权威的链条中可随意变换的部件，在道德上毫无防御能力，而在政治上无能为力的中产阶级。正是由于中产阶级这种社会历史地位，中产阶级没有可能成为新的政治力量的中心。

然而，在当前工程界，欧美各国对工程师的文化形象和社会角色的看法更现实、更温和，以德国经济学家、社会学家埃米尔·莱德勒(Emil Lederer)、美国麻省理工学院前校长，现任美国工程院院长威斯特(Charles Vest)等为代表的温和派观点更能够被广泛接受。

首先，他们看到并承认工程师作为新中产阶级的消极特点，但仍然强调他们是改变社会结构和社会文化的重要群体。莱德勒在1912年一篇论文中最早将白领薪给职员称之为“新中产阶级”。莱德勒称他们为“新中产阶级”，是因为“这种位于两个阶级之间的中间地位，一种消极的特点而不是肯定的技术职能，就是薪给职员的社会标记，这确立了他们自身认识上的和社会评价上的社会性质”。[①] 虽然中产阶级的界限模糊，但研究美国社会与文化的学者历来对其十分重视，因为作为一个社会群体，他们对任何人不造成威胁；作为社会中的个人，他们奉行独立的生活方式；但作为社会存在，他们却改变了美国的社会结构、社会的价值观念和社会心理，影响了美国的文化。

其次，他们强调面对全球化的现实挑战，提倡提升全球工程师(global engineer)的卓越领导力。根据1985年《中产阶级的机制》一书把工程师们称为“依赖于公司而存在的有稳定工资和稳定职业保证的附庸”[②]。全球化使得工程比以往更加重要，同时又使得工程作为谋生手段更加不稳定。威斯特曾经无不担忧地说道，我们号召很多学生来上工科，结果他们最后都变成为生计而劳碌的苦工，屈从于公司经理们的反复无常的怪念头。经济全球化无情地把公司变成了吝啬、低劣的雇主，工程专业没有任何吸引力而言。当英特尔公司的董事会主席被质问“为什么要把工作外包”的时候，“我们必须为股东负责，我们需要为他们做最好的工作。”他还说，他正在寻求相关公共政策的引导，也就是说，没有相关公共政策，外包不可能停止，因为公司要实现利益最大化，而且还可以获得税收上的好处；而工程师得到的只是微不足道的再教育补贴，除此之外没有任何实际意义的行动。全球化带来的竞争，使得工程师的工作安全受到极大威胁。美国工程界指出，美国企业不要

① 埃米尔·莱德勒：《现代薪给职员的问题：它的理论与统计偏向》，转引自丹尼尔·贝尔：《后工业社会的来临》，第80—81页。

② Zussman, Robert, *Mechanics of the Middle Class: Work and Politics among American Engineers*. Chicago: University of California Press, 1985, p. 2.

仅仅把工程看作赚钱的行业，要看到工程师行业及其人群还有更重要的意义。

再次，他们主张提升工程师的社会责任感，增强他们在个人道德上的防御能力。弗罗曼和斯各蒂都认为，工程领域应该发展出与法律和医学一样的文化形象来。也就是说，工程师应该发展出像医生和律师那样的专业文化来：质量合格的专业教育、严格的执业资格认证、职业伦理规范和专业学会。今天的工程职业在专业教育、专业学会以及执业资格认证上都有了长足发展。在长期为公众所诟病的职业伦理规范方面也出现了一些新特点，传统上，工程师在与大自然有关的事物上具有建议性，是“自然的顾问”。随着志愿者精神的提升，工程师对公共福利承担了越来越多的义务，公众和业内人士对工程师职业的态度也会有所改变，描述工程师的词语将越来越多的包括利他、善行、同情、博爱、仁慈等。

例如，一些工程界人士有感于“医生无国界”组织(Doctors without Borders)①的成就，认为医生的人道主义援助可以跨越国界，为什么工程师不可以做到呢？事实上，世界各地的工程师作为个体都有参与过和平组织或者其他的志愿者组织的经验，但并不广泛。

2000年，美国土木工程学教授伯纳德·阿马蒂(Bernard

① 无国界医师组织(法文作 Médicins Sans Frontières，缩写是 MSF)是一个非营利组织(NPO)。无国界医师组织于1971年12月20日在巴黎成立，最初的成员皆为“深信世界人类都有获得医疗权利”的法国医生。但目前成员已遍及全世界，共有2000多位医生在80个国家和地区中服务，是全球最大的独立医疗救援组织，总部设于比利时的布鲁塞尔，五个主要的行动中心则都位于欧洲，分别是巴黎、布鲁塞尔、阿姆斯特丹、巴塞罗那和日内瓦。此组织的目标是“不分种族、国家与宗教背景，义务协助战火和自然灾害中受伤的人类得到医治”。无国界医师组织经常深入战乱地区，生命和义务工作等也常受到威胁。

Amadei)在科罗拉多大学博尔德分校学生和朋友的帮助下，于2000年创建了工程师无国界组织。最初，阿马蒂教授带领一批学生为伯利兹的水利工程提供帮助。此后，工程师无国界组织逐渐发展成了一个国际性非营利组织。截至2005年，工程师无国界组织在45个国家和地区有大约300个工程项目。工程师无国界组织主要在发展中国家从事技术含量低的项目。比如，该组织在地处喜马拉雅山脉的尼泊尔安装了一台太阳能动力计算机，与加德满都的一所学校进行联络并提供技术支持。在危地马拉，工程师无国界组织的志愿者为社区修建了10座桥梁，让被雨季切断交通的社区能够走出去。该组织在肯尼亚建造风车，提高那里的农作物产量。工程师无国界组织还在卢旺达重建了那些在1994年种族屠杀时期被毁坏的工程。

工程师无国界组织现有8000名成员，其中一部分是在校大学生，他们把参加工程师无国界的志愿活动当作大学学习的一部分。在职专业人员和退休工程师还在美国各地建立了地方分会。目前已经成立了66个大学分会、77个地区分会。其他工程师组织正在演变，不断地在世界各国向需要的地方提供工程援助。

图 3.1　工程师无国界组织的标识

美国工程界还非常强调把为公众服务作为工科大学生学习的一部分。在美国的工程院校里，服务性学习(service learning)已经立稳脚跟。1995年美国普渡大学(Purdue University)的社区服务工程项目在同类院校中成为示范，他们以团队工作、跨学科地为社区服务而知名。美国国家工程院也一直在提倡工科学生的服务性学习；美国工程荣誉学会（Tau Beta Pi）成立一个多世纪以来，一直支持学生的服务学习项目，支持学生以各种方式服务社区；美国工程师学会（National Society of Professional Engineers，简写为 NSPE），积极鼓励工程师获得职业资格，并促进政府官员和公众把工作分配给工程师。为了一个更美好的世界，这正在成为工程专业人员继续工程领域的动力所在。

最后，他们还强调，工程师职业应该获得更好的经济回报。“我还希望年轻一代选择工程教育，不仅是因为它对社会重要，而且还有较好的经济回报和工作上的安全性”。[①]

以上各种观点已经引起世界各地越来越多的工程教育机构及相关人士的关注。我们相信在不久的将来，工程师的社会地位及职业吸引力会有一定的改观。

3.3 变化世界中的中国工程师

3.3.1 中国有工程师职业吗？

“中国有工程师职业吗？”这是戴维斯（Michael Davis）在 2006 年 9 月写的论文题目，在文中他质疑中国工程师的职业是否已经真的形成。这样的质疑，有其片面性。每个国家工程师的具体生

① Charles M. Vest, “Educating Engineers for 2020 and beyond”, *The Bridge*, Volume 36, Number 2, Summer 2006.

存形态与相应定义，总是与其社会经济形态相关联，因为工程师这个职业总是与经济直接打交道。政府主义下的法国工程师，福利主义下的北欧工程师，集体主义下的日本工程师，他们与美、英工程师生存形态和定义也是有所不同的。

中国工业化这么多年的实践努力，这么多工程成果的产生，怎么会没有形成自己的工程师职业呢？只是我们的工程师的生存状态与国外工程师的确不同。

如果说我们的工程师职业定义与英美有一定差距和差别，那么笔者认识到道德的经济理性是这种差距的主要体现之一。经济理性是工程师道德理性中必须包含的一部分，这方面我们还不够成熟。这种不成熟的表现又是多种多样的，但主要表现在两个不同的甚至对立的方面上。例如，我们拥有的工程师队伍，论个人的道德水平并不在西方工程师之下，在正当经济理性缺位的情况下，他们用义务论的个人奉献精神、为人民服务精神支撑了几代人的努力。但是，工程师作为一个群体整体性道德理性几乎不存在。

以上，我们探讨了西方关于工程师的社会角色的各种争论，以及西方社会对工程师社会角色的几种代表性观点。那么，我国的工程师职业有什么特点？工程教育是如何配合工程行业的发展需要的？

在中国古代，掌权者阶层主要是文人。在中国当代，尤其是新中国成立后，科技人才在中国社会异军突起，中国工程师参政现象甚至被国外媒体称为“工程师王朝”。改革开放以来，工程师成为国家创新体系的主力军。但是，近年来，由于企业技术改进中对引进的消化吸收创新不重视，对科技成果转化不积极，工程师难于成长，工程师的创新能力也难于提高。这些无疑影响到当前工程师在中国社会中的地位。

3.3.2 工程师职业尚需获得更多的理解和尊重

中国工程师社会地位令人堪忧。中国工程院副院长杜祥琬院士对全国5000名工程科技人员的一项调查显示，超过80%的被调查者认为目前工程师职业的社会地位"一般"或"偏低"。对个人收入的满意度仅为53.75%[①]。另一个不太令人鼓舞的调查结果来自2005年中国科协所作的中国公众科学素养调查报告，在14个可选职业中，希望自己子女将来从事科学家职业的比例为41.7%，从事医药职业为43.4%，而希望从事工程师职业的仅有17.7%。这些统计数据表明，我国尚没有建立尊重工程师职业的社会文化，工程师职业的吸引力较弱。

上海市教委统计上海高校各专业设置比例显示，工科类专业设置比例近年来呈下降趋势，工科类5年前占专业总数比例39.7%，目前比例为32.5%。上海市教委主任沈晓明认为，工程教育地位较低，社会认可度不高已成为当前工程教育发展面临的瓶颈问题，一方面学校工程专业一次性投入大，教学成本高，办学的积极性不高；另一方面学生急功近利，不愿选择需要潜心研究、慢工出细活的工程类专业岗位；相对于经济、管理、法律等专业，家长也不愿意子女选择工程类专业。[②]

总而言之，在当前各种各样的工程活动中，工程师就好比是"发动机"，理应拥有较高的社会地位和声望。但是，近十年来工程师的

---

① 杜祥琬：《如何培养创新型工程科技人才》，《光明日报》2007年11月12日。

② 此处的数据和沈晓明的观点引自：叶锋、王蔚：《我国未来的工程师在哪里?》，《工人日报》2007年11月13日。

社会价值被严重地“低估”和“转移”，尽管三峡工程、神舟飞船等都是实实在在的伟大工程成就，许多人却把这些成就归功于科学家而不是工程师，错误地认为，技术不过是科学的应用，工程不过是技术的延伸。工程师职业淡出了广大青年的理想追求，20世纪五六十年代青少年对工程教育的热情难以再现。这是一个值得我们认真思考的现象。

3.3.3 高等工程教育面临的问题和挑战

工程科技人员对当前我国工程教育和培训体系的评价较低。中国工程院副院长杜祥琬院士主持的调查还显示，21.8%的被调查者认为高校培养的学生完全不符合或基本不符合国家技术发展需要，52.4%的被调查者认为工程专业学生质量一般。①

中国工程院副院长潘云鹤院士进一步分析认为，我国工程教育的规模远远大于其他国家。有关资料显示，截止到2006年，全国开设的工科专业的学校数有1653所，占普通高校总数的88.5%；工科专业在校生为600多万人，占普通高等教育在校生总数的34.6%。但是，工程专业学生的创新能力不强，重论文、轻设计、缺实践。专业目录与课程体系设计落后，学科交叉欠缺，导致创新与实践双向不足，得不到产业界的认同和重视。②

关于中国高等工程教育存在的问题，从20世纪90年代中期以来，工程界的领军人物就不断地呼吁各界关注。中国工程院原副院长朱高峰院士认为：工程教育定位不明确，学科专业划分过细，学生

---

① 杜祥琬：《如何培养创新型工程科技人才》，《光明日报》2007年11月12日。

② 同上。

知识面太窄，科学基础不坚实并缺乏工程实践的基础训练；培养层次、结构体系和人才类型与企业需求存在一定程度的脱节，缺乏综合运用知识解决工程问题能力的培养；对继续教育重要性的认识不足，继续教育与产业和企业结合不够紧密，培训需求与供给的矛盾比较突出。上海市副市长沈晓明强调，产学研结合存在体制性障碍与机制性瓶颈。这些问题都提得切中时弊。

我们已经观察到，工程师在中国的地位远低于商人、科学家，比医生、律师、公务员要低；更有甚者，有部分国外的工商业界把工程师当作“日用品”，工程师技能过时就可能遭到解雇，若海外有成本较低的工程师资源供给，就可能采取离岸外包。由于工程师的职业安全受到直接威胁，很多父母也审慎地不建议自己的孩子学习工程专业了。

另一方面，我国在工程师数量上要多于其他国家，但大部分没有机会从事高层次的工程技术工作，这阻碍着工程师职业声望的提升。例如，据统计，最近几年内，美国每年平均培养 85000 名工程师，中国为 35 万名，印度为 17 万名。美国每年培养的工程师占不足世界的 8%，但他们在质量和价值链上表现更好[①]。因此，对于我国工业界来说，应尽快把工程职业放在产品设计、产品开发和创新上，提升工程师在价值链上的地位。

同理，对于政府而言，应采取协同一致的行动，否则我国在技术创新方面与其他国家的差距将会被拉大，从而削弱在工程上的竞争力，继而使得国家安全和社会健康发展受到威胁。从这个意义上

---

① 徐匡迪：《工程师——从物质财富的创造者到可持续发展的实践者》，《北京师范大学学报（社会科学版）》2005 年第 1 期（总第 187 期）。

讲，我国教育部于2010年6月23日启动的“卓越工程师教育培养计划”是促进我国走新型工业化发展道路，建设创新型国家和提供高质量工程人才和研究服务的战略举措，具有重大的意义以及高层次的引导作用。

高等工科院校应在“卓越工程师教育培养计划”中起到缓冲器的作用，应该协调各方利益需求，努力为学生提供更加有趣、更具吸引力的工程教育。我国的工程教育应努力避免“在19世纪的学校里，用20世纪的课程，培养21世纪的工程师”的做法。培养创新型工程科技人才，需要重视工程设计、创新和系统集成；继续改革课程计划，在课程中添加全球化意识、企业家创业精神以及综合知识的教育内容等；需要推进终身学习计划等。

下面六章笔者将在国际比较的视角下，探讨如何建设我国工程技术人员教育体制（第四章、第五章）以及高等工程教育中的课程与教学的改革与发展问题（第六章、第七章、第八章、第九章）。

第四章　美、德工程技术人才教育体系的比较研究

德国、美国工程教育几乎同时肇始于19世纪初期，但是在发展过程中形成了不同的价值取向。本章首先概要地梳理了美国、德国两种工程技术人才教育体系分别体现出的“陀螺型”、“不倒翁型”结构特征，而后考察了19世纪60年代至20世纪20年代两国工程技术教育体系变迁过程，并探讨形成各自特征的历史制度渊源。重点在于阐释上述两种各具特色的工程技术人才培养体系的形成，主要是该时期内两国与工程教育的相关利益群体——政府、专业学术团体、产业界、大学——之间利益相互诉求与不断达成共识的结果。据此，本章指出，我国工程技术教育改革思路不应是对某个发达国家的教育体系的简单模仿，而应立足我国当前社会转型期的产业结构与发展需要来完善自己的工程技术教育体系。

4.1　背景与概念界定

现代意义上的中国工程技术教育已经有100多年的历史。工

程与技术向来是国民经济发展中比较敏感的领域[①],因此在我国经济与社会的快速发展过程中,工程技术教育存在的问题也不可避免地受到特殊关注。工程技术教育如何促进经济和社会有效发展?近年来,部分研究人员根据功能主义、人力资本理论的著名观点,认为工业产出的增加与教育系统之间存在函数关系,建议不断扩大工程技术教育的规模,培养更多的工程技术人员,认为这是解决经济发展问题的根本途径[②]。但是,近年来英国经济下滑、俄罗斯以及东欧国家的经济状况低迷都表明上述观点不能完全成立。况且,目前我国工科招生规模、在校生规模已经是世界第一了。

比较而言,目前一些制度政治学的探索性研究引起了学术界的注意[③],他们强调不同领域(例如企业组织、就业制度、福利制度等)之间制度的相互嵌入性将维持市场经济的多样性[④]与社会经济的繁荣发展。按照这样的观点,前述问题就变成国家是否发达不能仅仅依靠有多少大学毕业生,而在于一个国家有什么样的运

---

① 2008年1月15日,美国新闻报道,美国劳工部在2008年度斥资1000万美金用于提升科学—技术—工程—数学(STEM)领域工作人员能力提升与建设。美国国家科学基金会(NSF)指出,STEM相关行业在过去50年内对美国经济增长的贡献大约为50%,尽管STEM只占所有劳动力的5%。美国所以斥资改善STEM队伍的整体水平,意在担心未来STEM高层次人才的流失。

② Deh-I Hsiung, Barbara M. Olds, Jane Chu Prey, 2004. Issues in Engineering Education in China and the U. S. A. A Preliminary Comparative Study. Proceedings of 2004 International colloquium.

③ 维克托·尼保罗·英格拉姆(1998/2004):《嵌入与超越:制度、交换和社会结构》,载薛晓源、陈家刚主编:《全球化与新制度主义》,社会科学文献出版社11月第1版。摘自 Mary Brinton and Victor Nee 主编:《社会学中的新制度主义》,中国社会科学出版社1998年版,第19—45页。

④ 〔美〕彼得·豪尔、罗斯玛丽·泰勒:《政治科学与三个新制度主义流派》,何俊志译,载《经济社会体制比较》2003年版,第5页。

作制度、工作组织以及有什么样的教育系统和技能结构。因此,呈现在我们面前的问题,可能除了研究工程教育毕业生总体规模如何合理增长之外,同时还要研究我们需要一个什么样的工程技术教育体系,或者一个什么样的工程技术人员的技能结构和水平结构。

本章使用的"工程教育"(Engineering Education)一词,据文献显示,早在1925年在美国开始使用,但在同一时期的欧洲大陆却找不到直接的对应词[①]。这一时期,"技术教育"在欧洲大陆用得更多一些,其英文为"Technical Education",常被用来指对技术、工业类专业人才的培养过程。"技术教育"在德国或者在其他欧洲国家用得非常宽泛,指对不同种类、不同层次的与工业有关的人才培养过程[②]。后来,还有一个相似的概念,即"科技教育"(Technology Education),指的是学生学习科学技术的知识和过程,目标是普及公民科学技术知识,一般通过学生参加各种不同程度的实验室工作来完成学习目标[③]。

随着工业发展,工程教育的含义也逐渐得以充实。在美国,工程教育指在中学、学院和大学不同层次院校中,为那些旨在以从事工程职业为目的的人,或者为了普及科学技术知识,通过科学、数学和动手实践来增加学生对技术职业的兴趣进行的教育、教学活

---

① Wickenden W. E. ,"A Comparative Study of Engineering Education in the States and in Europe",in *Report of the Investigation of Engineering Education*,1930, SPEE,Pittsburgh:p. 751

② 参见 Wickenden ,上引书,第 751 页;Ahlström,Gøran. ,*Engineers and Industrial Growth*,London,1994. "Die Ausbildung von Ingenieuren an Fachsculen und Hochschulen in Deutschland,1770—1990",in Lundgreen,Peter und André Grelon (Hg.), *Ingenieure in Deutschland 1770—1990*,Frankfurt. Campus Verlag。

③ 参见 Wikipedia,the free encyclopedia,http://en. wikipedia. org/wiki/Technology_education。

动。美国的工程教育一般通常指从K—12的技术教育课程开始,一直延续到学院和大学的技术教育活动中。一般来讲,目前工程教育明确地分为三个层次:高等、中等和低等①。可见,这个定义与欧洲早期技术教育含义基本一致。因此,本章使用的“工程教育”一词兼具欧洲传统的“技术教育”和美国“科技教育”的含义。笔者理解工程教育通常从K—12的技术教育课程开始,一直延续到学院和大学的技术教育活动;而且它是一个包括不同层次、不同类别技术人才的培养体系:把培养**科学家**和**工程师**(指具有大学本科及以上学历和不具备上述学历但有高、中级职称的人员),称为工程技术教育的高级层次,把培养其他科技人员②的大专、中专层次分别称为中等和初级层次。

美国和德国在国际上都有着举世瞩目的经济体系和强大的工业经济实力,他们以工程为基础的经济都享有盛誉,人们愿意归诸于两国先进的工程教育体系。诚然,这两个国家在国际上代表着两种典型。笔者把美国工程技术教育体系的特征归结为“陀螺型”,其体制是一个高级工程技术人才的体系,重视和依赖传统大学体系,忽视工匠、技工的培养。美国工程技术教育体系是从传统大学内生长出来的一个体系,与其他较低层次的工业技术人才培养有明显的界线。德国工程教育体系几乎与美国在同一历史时期形成,却是一个很不一样的工业技术教育体系,分成完整的高、中、低三个层次,相对独立于传统大学。工程技术人才,分为不同层次、不同类型,但彼此之间地位平等,是一个相互配合、一体化的体

① Wikipedia,the free encyclopedia,http://en.wikipedia.org/wiki/Engineering_education.

② 国家统计局,教育、科技和文化,统计指标解释。

系，是“更完备的”、“最平稳、和谐的”，英文为“more comprehensive”，“balanced”[①]。笔者称之为“不倒翁型”。

亚洲近期工业化国家以及其他欧洲国家纷纷把美国、德国的工程教育体系视为两种可以借鉴的模式。具体到中国工程教育改革与发展，曾经深受前苏联、美国、德国等国家的影响，改革开放以后，工程教育界同其他领域一样，对美国、德国的工程教育经验和实践尤其关注。因而，研究这两个国家工程教育体系的特征及其形成过程，以历史视角探讨两国工程技术教育体系的发展过程，有助于理解我国工程技术教育体系改革逻辑及其收敛的目标。

4.2　美国的“陀螺型”与德国的“不倒翁型”

德、美两国的工程技术教育体系在结构上呈现出两种明显不同的特征。美国的体系是“头重”、“不平衡”，而德国被认为拥有比美国更加完备、层次更丰富的工程技术教育体系。美国工程教育体制也有低等、高等之分，一般来讲，低等部分被称作“职业的”(vocational，career and technical education)教育，高等部分被称作“专业的”(professional)教育。在美国的工程教育体系内，相对于高等层次而言，其中等部分和低等部分均比较弱，有人甚至认为没有中间层，也就是说，在美国，职业教育和专业教育衔接松散。相反，在德国，工程教育的层次相当清晰、完整。因此，以往研究者在评价美国工程技术教育体制时最频繁的词语就是“头重”、“不平

---

① William H. Dawson, *The Evolution of Modern Germany*, London: T. Fisher Unwin, 1919, p. 103.

衡”，属“陀螺型”，而德国的工程教育常常被认为是“更全面”、“最和谐”①，属“不倒翁型”。

4.2.1 美国工程教育体系的“陀螺型”结构

陀螺，是中国古代传统玩具之一，英文称之为“SPINNING TOP”。传统古陀螺大致是木或铁制的倒钟体（倒圆锥），现代已有各式各样的材质与形状出现。在《新华词典》中，陀螺的解释是：“木制的儿童玩具，形状像枪弹头，用绳子从尖脚（可用竹、铁制成）绕向上部，再以尖脚向地抛下，快速抽拉绳子，陀螺就会直立旋转。”它从形状上看，像枪弹头，即所谓“头部大”，顶端大。本书遂取其状来描绘美国工程教育体系结构。

在美国，职业和技术教育（Career and technical education），通常也称作职业教育（Vocational education），这是美国工程技术教育的最低层次，向来比较薄弱。正如菲舍（Berenice M. Fisher）指出，美国的职业技术学校是一个“骇人的盲点，直到 1917 年 Smith Hughes 法案（关于 vocational education）通过后，之前联邦政府对职业学校几乎没有提供任何援助”。② 在现代，美国人自认为其职业与技术教育是“庞大的事业”，有“上千所综合高级中

① 参见：Carnoy, Martin and Levin, Henry M., *Schooling and Work in the Democratic State*, Stanford, Ca: Stanford University Press, 1985. Chamberlain, Arthur Henry, *The Condition and Tendencies of Technical Education in Germany*, Syracuse, N. Y.: C. W. Bardeen Publisher, 1908. Cooley, Edwin G., *Vocational Education in Europe. Report to the Commercial Club of Chicago*. Chicago, Ill: The Commercial Club of Chicago, 1912。

② Fisher, K., “Wanted. Low-income high achievers,” *Chronicle of Higher Education* 53(21), 2007. A18. http. //chronicle. com/weekly/v53/i21/21a01801. htm. Accessed 1 June 2007.

学、职业和技术中学、地区性职业培训中心，社区学院都在提供职业教育课程。事实上，几乎所有的高中学生都选修了至少一门职业教育课程，有四分之一的学生选修了至少3门课程”[①]。在2004年7月公布的“职业和技术教育国家评估报告”[②]中，几乎97%的中学生选修了职业技术教育课程，差不多半数人得到3个学分。虽然如此，欧洲学者及大多数美国本土学者认为用自由选修作为初级工程技术人才培养手段，其人才储备是没有根本保障的，因此向来也被认为是美国工程技术教育中最薄弱的部分。

至于中等层次的工程技术教育，以往研究者认为美国的体制缺少这个层次，但从我们看到的资料来看，这种说法值得商榷。第一个职业教育法通过至今已经有90多年的历史了，职业技术教育已经不再完全是过去那种把高中毕业生直接输送到工作岗位的教育了，它发生了很多变化，目前有很多中学后教育机构也参与到职业技术教育之中。例如，有三分之一的大学生参与了职业教育项目，大约有4000万成人参加了短期的中学后职业教育项目；另外，社区学院的数量迅速增加，发展很快，“部分地”承担着工程技术教育的任务。这里说“部分”，原因在于这些学校是学生进入四年制院校的“桥梁”，部分科学和工程专业的学生在社区学院里拿到相

---

① http://www.ed.gov/about/offices/list/ovae/pi/cte/index.html，2008年6月16日。在2004年公布的National Assessment of Vocational Education，Final report to Congress：Key findings报告中，几乎97%的中学生选修了职业技术教育课程，有差不多半数人得到3个学分。

② National Assessment of Vocational Education，Final report to Congress：Key findings，2004.

应的学分，目的是以便将来转入四年制院校[①]。当然，公司和企业所属学校也承担了一部分中低层次的工程技术教育。尽管如此，从总体上来看，美国工程技术教育仍然没有能够改变“头重脚轻”的特点。这里，我们以 2005 年有关学位颁发的数据[②]再看看美国科学与工程教育“陀螺型”结构特点。

美国工程技术教育的最高层次，即高等工程教育，无论从承办院校的数量上看，还是从授予学位的数量上看，都显示出它是美国工程技术教育中最重要的组成部分。美国高等教育系统中，高等院校的类型和层次很丰富，能够满足学生的各种需要[③]。根据 2006 年出版的统计资料，2005 年，美国共有授予学位的高等学校 4300 多所，其中 71％的学校授予学士及学士以上学位，29％ 的学校授予协士学位[④]。[⑤] 2005 年，所有高校共授予学士及以上学位 200 万，其中科学和工程学位计 614000，占 30.7％；同时，当年授予协士学位 641000，科学和工程有 46000 个学位，占 7.2％。也就

---

① http://www.aacc.nche.edu/Content/NavigationMenu/AboutCommunityColleges/Trends_and_Statistics/Trends_and_Statistics.htm. 当然，社区学院提供的课程，部分是补课性质的，部分是职业训练课程，补课性质的课程大多数是年龄大的成人在选修。

② 美国把科学和工程习惯上放在一起统计，作者也尝试将工程剥离出来，但是因为数据源有限，很难剥离。这个困难对准确性有一定影响，但是不影响基本观点的证明。

③ U.S. Department of Education. 2006. A Test of Leadership: Charting the Future of U.S. Higher Education. Washington, DC. http://www.ed.gov/about/bdscomm/list/hiedfuture/reports/final-report.pdf. Accessed 7 August 2007.

④ 协士学位(associate degree)，通常由社区学院(community colleges)、初级学院(junior colleges)、商学院(business colleges)等颁发的学位；也指在授予学士学位的大学里，完成两年制课程学业授予这类学位。

⑤ National Center for Education Statistics (NCES). 2005. Undergraduate Financial Aid Estimates for 2003 - 04 by Type of Institution. NCES 2005—163. Washington, DC.

是说，2005 年，美国共颁发科学和工程学位 66 万个，但该年度 93％的科学和工程学位是学士及学士以上学位，只有 7％ 为协士学位①，足见其顶端大、底部小的陀螺型特点。

再回看 2001 年数据，我们发现，几乎美国高校都有科学和工程的学位课程，但研究型大学和博士学位授予型大学仍为主体，它们授予了 78％的科学和工学学士学位，以及绝大多数的科学技术类的硕士和博士学位②。

如上所述，博士学位授予型大学/研究型大学是科研活动非常集中的大学，这类院校在美国尽管数量较少，却是学士、硕士、博士学位的主要生产者。

从数量上看，社区学院是美国高等教育体系里最大的一块。2004 年，社区学院接受了 630 万学生入学，其中有 60％是部分时间制学生。社区学院广泛地满足了美国对熟练技术人员的需要，但社区学院并不是颁发科学和工程学位的主要渠道，它们提供了科学和工程领域课程教学，这些课程的学费相对便宜，以补习性质为主，同时也可以获得转学认可的学分。如果学生无法支付其所在的地区学院教育所需的高昂学费，一般也会选择社区学院。另外，对于很多家庭的第一代大学生而言，社区学院也通常是他们获得初始高等教育经验的地方。由于这些特点，社区学院的教育对于那些希望继续进入和攻读四年制学院的学生来说，是进入更高

① U. S. Department of Education. 2006. A Test of Leadership: Charting the Future of U. S. Higher Education. Washington, DC, http://www.ed.gov/about/bdscomm/list/hiedfuture/reports/final-report.pdf. Accessed 7 August 2007.

② U. S. Department of Education. 2001. A Test of Leadership: Charting the Future of U. S. Higher Education. Washington, DC, http://www.ed.gov/about/bdscomm/list/hiedfuture/reports/final-report.pdf. Accessed 7 August 2002.

层次教育机构的“桥梁”。社区学院提供的科学和工程领域的教学在普及和培养公众科学工程认知方面扮演着重要角色。正因为如此，据 2001 年统计资料表明，1995—1996 学年入学的社区学院学生，大约有 29%转入到 4 年制学院[①]。社区学院是授予协士学位(associate degree)的两年制院校，但它们授予的工程和科学学位历年不超过 10%。

综上所述，就美国工程教育项目的院校层次看，美国以研究型大学和博士学位授予大学为主[②]。2005 年，在美国，科学和工程领域，学士学位是最普遍的，在所有科学与工程领域授予的学位中，学士学位占 70%，硕士、博士和协士加起来占 30%；在过去 20 年内，科学与工程领域的学士学位一直占所有学位总和的 1/3。以上有关科学和工程学位在不同层次的院校的分布情况，过去 30 年来一直大致如此[③]。由此可见，美国科学和技术教育不仅是高等

---

① Berkner L., He S., Cataldi EF. 2003. Descriptive Summary of 1995—96 Beginning Postsecondary Students. Six Years Later. NCES 2003—151. Washington, DC. National Center for Education Statistics.

② 在讨论美国的工程教育陀螺型结构之前，我们先来看看一个与之有关的问题——卡内基高等教育分层体系。2005 年版的卡内基高等教育机构分类体系比以往版本更加复杂，增加了不少新名词、亚类以及分类的新标准。院校的类别归属是以其所颁发的最高学位，以及最高学位的层次、研究活动的情况等为准的。在这个版本中，有几个分类聚合在了一起，为了便于统计，博士学位授予大学，每年至少颁发 20 个博士学位，根据研究活动的层次和水平又可以包括三个亚类：高度集中、水平很高的科研活动；高水平科研活动；博士/研究型大学。其次，硕士型学院或者大学：每年至少授予 50 个硕士学位，且不超过 20 个博士学位的大学或学院；再次，本科生学院，学士学位占到至少 10%以上，且 50 个以下硕士学位、20 个以下博士学位的学院。协士学院包括那些所有授予协士学位(associate degree)的大学，本科学位授予量少于 20%。专门学院(Special focus institutions)是那些至少 75%的学位都集中在一个领域或者相关领域的学校，专门学院是美国印第安人高等教育协会成员。

③ Science and Technology indicators, 1966—2001. http://www.nsf.gov/statistics/nsf04311/sectb.htm.

教育的主体之一[1]，而且集中在高等教育的高层部分，这就是所谓的“头重”。

4.2.2 德国工程教育体系的“不倒翁”型结构

如果要对德国技术教育体系特征做最简单的概括，最显著的特征莫过于它的“综合性、全面性”，“任何工作都有与之相对应的教育”，他们相信“对于工人来说受过教育的一定比没有受过相应教育的要好”[2]。到1910年，德国就完全形成了双轨道、三种层次的技术教育体系，无论是以实用为导向的技术教育，还是以学术为导向的技术教育，从低级、中级、高级都有三个不同层次。而且，在德国，非学术的实用型工程师与学术型工程师地位没有高低分别[3]。

探查德国工程技术人员的教育体系，需要先从其普通教育体系说起，因为双轨制的开始跟普通教育体系有关。德国的普通教育年限为12年至13年，为义务免费教育。由于德国是一个联邦

---

① 另一个不能忽略的情况是，远程教育在美国已经有60多年的历史，在20世纪90年代得到迅猛发展。仅仅从1997—1998年到2000—2001年，远程高等教育的注册人数和课程提供的数量就翻了一番，入学人数从130万增长到290万，课程数量从47500增加到118000。在2000—2001年度，56%(2320)的二年制和四年制的院校提供远程教育课程。然而，提供远程教育的学校大部分是公立院校。总体上讲，美国有90%的二年制和四年制公立院校在提供远程教育，私立院校(包括二年制和四年制)里有16%。但是参加远程教育项目的学生里，科学和工程生不足10%。无论如何，这也应该算是美国高等工程教育的一个不可小觑的部分。

② Dawson, William H., *The Evolution of Modern Germany*, London: T. Fisher Unwin, 1919, p. 103.

③ Chamberlain, Arthur Henry, *The Condition and Tendencies of Technical Education in Germany*. Syracuse, N. Y. C. W. Bardeen Publisher, 1908, p. 8; Lawrence, Peter, *Managers and Management in West Germany*, New York. St. Martins Press, 1980, p. 96.

制国家，教育体制的立法权属于各州，因此在德国，中学教育的学校形式在各个联邦州的情况并不完全一样。学生进入中学学习无需进行统一考试，依据小学的成绩、教师的鉴定和家长的意见，决定学生升入哪一类中学学习即可。德国中学教育分为两个层次，第一初阶含有职业预科(Hauptschule)、实科中学(Realschule)以及文理高中(Gymnasium)和综合学校(Gesamtschule)。第二进阶也可称为"高级阶段"(Oberstufe)，其中主要包含职业教育体系的双元制度以及文理中学的高年级。

第一初阶的四种学校形式：(1)成绩较好的学生通常选择文理高中就读，共9年，是进入高等教育必经之路。文理高中结业文凭(Abitur)在各个联邦州通用，文理高中高级部具有大学预科的性质。其必修与选修课程分成基础课程(Grundkurs)及专长课程(Leistungskurs)两类，必修课程包括语言、文学、艺术、社会科学、数理与科技、宗教、体育等，选修课程通常即为大学各学科的基础课程或入门课程。学生必须修两门以上的专长课程，其中一科必须为语文、数学或自然科学。此外，为扩充选修课程的范围与深度，也加入心理学、法学、社会学、经济学等课程。

(2)成绩次好的学生常常会进入实科中学，学程约5—6年。学校以培养中等的工商业界、政府机关的实务人才为主。其课程以社会科学、自然科学和语言类为主，特别强调科目的实用性，其中必修部分又可归纳为下列五类：①外语(常为英文)；②自然科学(数学、物理、化学与生物)；③社会科学(历史、经济学与地理)；④家政；⑤音乐艺术。到了7年级有选修科目，如自然、工艺与第二外语(常为法文)。学生可以选择必修科目中的两至三门参加结业考试；毕业生大多会选择继续接受全日制的高级职业技术教育，少部分接受职业训练。

(3)成绩再次的学生则就读五年制的职业预科，学生所学的课程内容较简单，课程有宗教学、德语、地理、历史、音乐、工艺、经济学、英文、数学、理化、生物及体育，毕业生大多继续进入二元职业教育体系(Duales Ausbildungssystem)，完成学徒训练，并以从事手工业、制造业为主。

(4)此外，有些州设立综合高中(Gesamtschule)，综合学校是上述三种传统学校类型的组合，通常包括5或7—10年级，有些综合学校也开设高中部，类似于文理中学的高中部。综合学校实施因材施教的原则，学生可以根据各自的能力选择较高要求的或较简单的课程，教学大纲也包括职业教育课程。所有联邦州都承认综合学校的毕业资格。近年来，综合学校以其教育组织的灵活性深受学生和家长的欢迎，成为德国学校教育体制中除文理中学以外的第二大支柱。

第二进阶：(1)文理中学高年级。从第11年级开始进入文理中学的高年级阶段，依据各州的规定不同为2年至3年的时间。在这个阶段，授课方式采取课程制(Kurssystem)，也就是学生可以依据其喜好与发展方向自由选择学习课程与重点科目，以此作为进入大学院校的准备。文理高中与综合高中的高年级均具有相同的资格条件进行高中的毕业考试。除此之外，因为越来越多文理中学毕业生选择进入职场工作或是继续接受职业教育，所以许多文理高中也针对新兴职业或热门工作的需求，对教学科目进行了改革，缩短了学生在校学习的年限。

(2) 职业学校。德国职业教育的类型，依据不同专业的需求有着不同新发展，而德国义务教育的年限是18岁，因此为了符合工作领域上的各项专业以及强制学习年龄的要求，有许多针对不同的情况所设立的学校，例如：职业学校（Berufsschule）、职业专门学校（Berufsfachschule）、专科学校（Fachschule）等。除此之外，文理高中也顺应社会需求增加了各种相关的职业教育，例如，以科技教育为主轴的高中（Technisches Gymnasium）、以经济领域为主的高中（Wirtschaftsgymnasium），还有高级专业学校（Berufsoberschule）等，由此毕业的高中生可以领取高中毕业文凭（Hochschulreife）。

从上可见，德国在初级工程技术教育层次上的情况是：一个普通的德国孩子6岁上学，四年小学上完以后就进入中学阶段教育，也就是所谓“分流”时期。德国中等教育体制将中学分为四类，包括中等—现代中学、中等学校、文法中学、综合中学等，更多的考虑是为了满足学生的兴趣和天赋之间的差异性。这些中学既有学术性的，也有职业性的，例如中等现代中学是中等技术学校，施行双轨制的职业技术教育，现代中学这种低级技术训练机构，是为蓝领工人和工头在职学习的职业学校。

由于普通教育体系在设计上关注了学生发展潜力的多种可能性，而高等教育又是包含了强大的教育培训的学校体系（后面会继续讨论），为青少年进入第三级教育入学创造了很大的可能性，因此德国第三级教育入学率很高，与美国和日本相比，日本约有40％—50％的大学入学率，美国有60％左右的学生可以进入大学接受通向工作的专业技术教育，而在德国，约有90％的人在接受各种资格的第三级教育①。以上回顾，我们可以看出德国的教育

① OECD. April, 1997. *Themetic review of the first years of the tiertiary education, country note*. Germany, Paris.

体系在初级技术人才培养上的巨大包容性和综合性。

德国学生的基础教育是13年,这比其他欧洲国家多一年,参加完大学入学资格考试(Abitur),就可以进入高等院校就读。德国目前共有300多所大学(Universitat),其中包括220所应用技术大学(FH,Fachhochschulen,universities of Applied Science)。

在德国,学生参加完大学资格入学考试之后,如果对工程和实用技术感兴趣,原则上讲,可以通过两个轨道来接受他(她)感兴趣的教育,也就是说,如果学生要接受工程技术教育可以通过两个可能渠道获得。一个渠道是在大学里学习,这类大学是德国传统的高等教育形式,一般以研究为导向,教学科研紧密结合,在德国这类大学有102所,大多数大学都提供几乎所有学科的教育,其中有些大学侧重于科学技术教育与研究,被称作Technische University(TU)或者Technische Hochschule(TH)。如果申请进入TU/TH学习,需要受过13年(西部州)或12年(东部州)基础教育,综合中学毕业。进入TH/TU后,学习9—10学期课程(实际上都会拖后至12—14学期),经过基础学习、中期考试、专业学习、项目研究及论文等学习环节,可以得到工程专业大学毕业证书(Diploma,Ing.)。在技术大学的学习过程没有实习,但要求学生在进入大学之前需要6—8周的与工业有关的经验。

另一个渠道是应用技术大学FH,高专在德国的历史还是很短的。1969年,在高等教育普及化的浪潮中,首批在弗伦斯堡、基尔和吕贝克,设立三个高专,全在北部。今天,高专已开设了220所,这个数字还在继续增加。这类大学偏重于未来工作实践能力培养,学科领域包括技术、商业、设计和社会科学,但不可以在此学习医药和法律,或无法获及博士学位。总体上,有四分之一学生在高专就读。不过短短的30余年时间，现在德国工程师中已有一半以上是高专毕业的，经济工作者中也有三分之一毕业于高专。

FH，不是以基础研究为导向的，同时这类学校里助理教师、助理研究员和科研设备也没有TH那么多，因此，开设的课程都与实际联系比较紧密，研究也以应用研究为主。学生以小组学习（大约15—30人一组）为主。学生要持中等职业学校的毕业证（12年连续学习之后，或者10年学习之后加3年职业技术训练）。FH要求学生经过6—9学期的学习（实际上平均达到8—10.2学期）。上课形式有讲课、讨论、实践课程、实践训练等，分为基础学习和高级学习两个阶段，最后获得工程专业大学毕业证书。大量的非学术性工程师就来自这类院校。除了TH和FH，综合大学里也有FH，前2—3年是基础学习，最后一年可以选择留在FH或者离开FH，也称作Y-model。[①] 从1890年代以来，综合大学中的FH所培养的非学术性工程师就一直填补着高级技术教育和低级训练之间的空白。这也是有别于英美国家工程技术教育的明显之处。

以上我们梳理了德国的教育体系，对于任何一个孩子来讲，他们从10岁左右开始，在理论上就可以根据自己的天赋、特质来选择自己所受教育种类和层次，而且在制度上是可以实现的；或许孩子们还需要时间进一步明确自己的想法，待年龄稍长时，再确定例如从学术性转向应用性教育，例如在什么阶段离开学校进入职场就业，这些问题都可以在中学学习过程中逐步确定。德国的教育

① http://www.bath.ac.uk/ewl/ewlbkger.htm#Fachhochschule，2007年12月29日。

体系在制度上保障了学生在较大范围内的教育选择自由，也为德国经济发展培养了多种类、多层次的人才，它的丰富性和多元性保障了德国不同层次、不同种类工程技术人才的培养，这是人们为什么说德国拥有世界上最完备的工程技术教育体系的证明，“不倒翁型”特点亦体现明显。由于这样一个稳健的工程技术人员培养体系，因此无论在人才的数量上，还是规格上都为德国经济发展提供了良好的支撑。

4.3 两种不同体系的历史渊源解释

4.3.1 学徒制渊源角度的解释

德国和美国技术教育的主要框架都是在 1870 年左右形成的[①]。从 1830 年代到 1840 年代的数百人，到 1850 年代，德国高级技术学院(大专)的在校生上升到 1000 人到 2000 人之间。到 1860 年代，在校生急剧上升，在 1871—1872 学年达到 5000 人，到 1875—1876 学年超过 6600 人[②]。随后，在 1903—1904 年达到 12576 人，1914 年达到 11541 人，之后趋于平稳。同时，非学术性工程学院的学生数从 1880 年代的 1400 人增加到 1910 年的 11000 人[③]。

学徒制在各自体系中的作用及影响不同。在美国 20 世纪初

---

① 除了德国的技术中等学校，这些学校是 1990 年代才建立起来的。

② McClelland, Charles E., *State, Society and Uniuersity in Germany 1700—1914*, Cambridge University Press, 1980, p. 241.

③ Jarausch, Konrad H., *The Unfree Professions. German lawyers, teachers, and engineers, 1900—1950*, NewYork: Oxford University Press, 1990. p. 18.

期，由于更广阔的市场和大众化产品战略，对高端管理型技术人才需求量开始增大，例如，西奥多(Struck F. Theodore)认为“1905年以前，美国工业专业化程度的发展已经抹煞了所有行业的学徒制，仅仅在机械、印刷和建筑行业还存在非常有限的学徒制”。①按照这种观点，美国工业是以市场为驱动力的，所以在技术教育体系中是上端(指高等工程教育)比较重。德国则在中端、下端需要更多的技术工人，尽管上端也需要人才。

西奥多还强调说，德国的工业技术教育体系是在学徒制非常强盛的时候建立起来的，在那个时候大大小小的作坊遍布德国，而与此同时的美国，生产方式已经比较专业化了②。美国的工程技术人才由于学徒制的消失，而不得不依赖新出现的工程院校来供给，而德国尚可利用遍布德国各地的、发展良好的学徒制来培养所需的各级各类工程技术人才，这也是美国工程技术教育体系顶端比较大的历史原因之一，这个观点也可以同样用来解释美国和德国工程技术教育在结构上的差异③。

4.3.2 移民政策角度的解释

另一种解释则认为，美国是一个典型的移民社会。例如，19世纪从欧洲移入的技术移民，还有大量的工学专业的辍学生都等着做技术员等中低等职位；20世纪从亚洲等国家大量涌入的技术移民，

---

① Jarausch, Konrad H., *The Unfree Professions. German lawyers, teachers, and engineers, 1900—1950*, New York: Oxford University Press, 1990. p. 18.

② Struck F. Theodore. *Foundations of Industrial Education*, London, John Wiley & Sons, 1930, pp. 91.

③ Robertson Paul L. 1981. “Employers and Engineering Education Britain and the United States 1890—1914”, *Business History*, Vol. 23, No 1, pp. 48—56.

大部分是工程技术专业的毕业生，也在填补着中低等技术岗位所需要的人才。因此，美国本土不需要一个庞大的中、低等工程教育体系。

德国的发展趋势从另外一个方面佐证了移民政策是影响美国、英国、澳大利亚、加拿大等发达国家工程技术教育体系发展的影响因素之一。例如近年由于全球化的影响，一向以工程技术人才保障良好的德国也出现工程师的暂时短缺现象，形势的变化使得德国移民法于 2005 年正式颁布实施，这标志着德国成为欧洲唯一的移民国家，从而为吸引外国科学技术人才在德国工作和居留提供了法律依据和机会。

4.3.3 政府关系角度的解释

政府的特殊功能在于，它可以把社会中各种利益相关者及其与其他组织之间的关系“制度化”。所有行动者如何参与社会都取决于“政府”。麦克尔(Burrage Michael)辩称“因此，政府对于专业知识和专业服务的决策和政策是非常关键的。在专业知识和专业服务领域，政府是一个具有优先地位的参与者，因为它可以在种种冲突之间优先选择谁是赢者，谁是败者”。[①] 政府有关的法令制度具有广泛而深刻的影响力。拿汽车工业来说，一个国家可不可以开办自己的汽车产业，或者说教育系统和专业领域必须为此做什么样的保障，政府都有相关的法制规章。德国与美国之间的基本区别是，德

① Burrage Michael, “From practice to school-based professional education. patterns of conflict and accomodation in England, France and the United States”, in Rothblatt, Sidney and Wittrock, Björn, *The European and American University since 1800*, Cambridge University Press, 1993, p. 222.

国政府鼓励工业界的合作以鼓励发展汽车行业。而美国政府则鼓励竞争,并且规定有某几种合作行为被视为非法。这相应也会对教育系统产生影响,因为早期的美国大学就是独立法人,大学不得不直接面对产品市场和劳动力市场的冲击。因此,有关汽车行业的法令制度、大学与工业关系就会对德、美两国之间工业发展、教育发展等产生不同的影响。

美国的技术教育并不由美国的政府机构控制。威肯登报告认为,这是一个棘手的问题,"把所有的事情都交给某个相关机构或团体,而又没有协调性的政策,这使得美国没有一个国家性的全面的技术教育系统"[①]。沃尔夫冈(Streeck Wolfgang)认为这是美国、英国市场经济起主导作用、自由社会的内在问题[②]。

阿恩特(Sorge Arndt) 着重分析了德国、法国、英国三国政府在技术教育体系中形成的作用,他从职业学校教育、工程教育、管理教育三个维度进行了分析。三国政府在不同层次的技术教育中作用是不同的。在英国,职业技术学校没有发展起来是因为大多数雇主根本就不信任职业技术学校。[③] 对于公司而言,那是一种不负责任的想法,如果职业技术学校能够给公司成功的员工训练,职业学校就是在出卖公司的商业秘密。[④] 这就说明,为什么教育应该放在普通

---

① Wickenden W. E. ,"A Comparative Study of Engineering Education in the States and in Europe",in *Report of the Investigation of Engineering Education*,SPEE,Pittsburgh,p. 823.

② Streeck Wolfgang,"Skills and Limits of Neo-Liberalism",and "The Enterprise of the Future as a Place of Learning",*Work*,*Employment* & *Society*,Vol. 3,No 1,pp. 90—93.

③ Sorge,Arndt,"The management tradition. A continental View",Fores,M. and Glover,Ian,*Manufacturing* & *Management*,London,1978,p. 51.

④ Ibid.

学校和大学里，而职业训练则应该由公司来承担。这里明显地体现出对以学校为基础的技术教育的反对和厌恶。但在欧洲大陆则不同，法国认为，在三个层次都需要以学校为基础的技术教育，尤其在最高层次更需如此。德国的技术教育是一个“国立学校和行业协会主办学校的混合体”①，国家在高层次技术教育中占据主导作用，专业协会在较低层次占据支配地位。由于德国对职业和实践教育并不像英国那样反感，所以与工业界的关系得到较好的发展，工业界也有较强的意愿利用教育系统的资源并愿意雇用工程技术专业的毕业生。

德美之间最大的差异，就在于美国没有类似于德国的合作中介机构，尤其是直接代表工业界利益的机构。德国后来的专业教育模型的基础在于各个专业协会，但是又经过与工业界的不断协调修成正果。随着工业界的人士和从业者强烈要求改革，专业协会一贯固有的学者派头十足的特点渐渐“消失”。原因在于，德国的工程师专业协会与美国工程师同行相比，在历史上一直就处于相对较弱的地位。然而，学术化的结果却使得德国工程师地位上升，相反美国同行的地位下降了。我们似乎可以说，美国商界、工业界人士缺乏影响教育体系的系统方式。难道应该由美国工程行业的传统业主制度对此负责吗？其实，很难有一个机构能够对那么多不同单位、部门进行统一管理，即使那些业主无论在行业协会还是高层管理方面是多么具有影响力。

在政府主导型和非政府主导型的区别上，德国和美国还可以作

---

① Sorge, Arndt, “The management tradition. A continental View”, Fores, M. and Glover, Ian, *Manufacturing & Management*, pp. 52—53.

一些比较①。然而,可能造成的误解是,认为德国技术教育体系的形成是国家政策的结果,而美国的体制是对英国的一种复制或模仿。威廉姆(Dawson William)描述了萨克逊技术教育的发展,认为它是在传统工艺和行会价值观之上的社会运动。相反,吉斯本(Gispen,C. W. R.)认为德国工程行业是一种新型的、更自由的行业,它是在与"旧秩序"的斗争中形成的。这就说明,在德国,政府的作用也不是直接的,政府行动所起的效果在强政府国家(例如德国)和弱政府国家(例如美国)中其实相差无几②。

4.3.4 教育传统角度的解释

与工程技术教育体系特征紧密相关的另一个附带特点就是,美国的工程技术教育具有偏重于科学—管理(science-managerial Based)的特征,或者说其毕业生的知识和能力结构是偏向于科学的;与此同时,德国则偏向于工程实践能力的培养(Engineering oriented)。美国和德国工业革命几乎同时发生,为什么对工程教育的理解有这样的差异?我们从工程教育发展历史中可以略作探幽析微。

威肯登认为美国的工程教育体系形成于1870年代以前,其标志是赠地法案颁布后,一系列新型的学院和工程教育项目创立。

① 参见 Nettl,J. P.,"The State as a Conceptual Variable",*World Politics*,XX,1968,pp. 559—592;Birnbaum,Pierre. *States and Collective Action*,Cambridge. Cambridge University Press,1988。

② 参见 Gispen,C. W. R.,"German Engineers and American Social Theory. Historical Perspectives on Professionalization",*Comparative Studies in Society and History* 30,3 (Summer 1988):pp. 550—574;Dawson,William H.,*The Evolution of Modern Germany*;Evans,Peter B. et al.,*Bringing the State Back in* New York:Cambridge University Press,1988。

这些赠地学院和工程教育项目的"主要创始人是科学家、政治家，而不是工程师"①。由于这个事实，也就是说大部分开办者都没有工程实践背景，因此他们依赖早年从德国引进的"科学"模式来建立工程教育，也正因为如此，他们与工业界从业者和专业领域的协会的疏远关系也不足为怪。在美国工程教育体系建立的初期，美国的工程教育专家，如果自己的教学科研事务能够运转良好，就不愿面对其他更广泛的社会流动。然而，在他们不得不面对快速发展的工业化和一个混乱的外部发展环境时，他们的应对方式就是，进一步对"科学"模式的工程教育不断升级改进，而这个模型的最初原型是德国式的。

另外，从社会分层流动的理论看，像德国的工程领域的先驱一样，美国学院派工程师也渴望在美国社会精英阶层确立一个位置。"院校文化和厂店文化之间的冲突开始于1860年代晚期，那时候为了培养机械工程师的第一批工程学院开始建立"②。为了对抗工业界的"业主主义"和"做中学"文化中成长起来的"绅士"精英阶层，美国的工程教育建立自身的品牌——管理型(managerial professionalism)工程师。

19世纪60年代到20世纪20年代是美国工程师的黄金年代，确切地讲，是因为有很多工程师都变成了著名的企业家。在美国，建立了行业协会的人在社会地位上得到保证，他们的协会使他

---

① Wickenden W. E., "A Comparative Study of Engineering Education in the States and in Europe", in *Report of the Investigation of Engineering Education*, SPEE, Pittsburgh: p. 818.

② Calvert, Monte A., *The Mechanical Engineer in America 1830—1910*, Baltimore, John Hopkins Press, 1967, p. 281.

们既具有机械工程师的职业，又有企业主的社会身份，按照布尔迪厄的理论，就是把经济资本转化成了社会资本①。但是，这也是工业界大型公司的黄金年代，也是把科学用于工业的黄金年代。因此，随着原有"业主"文化不断过时，新的"业主"的文化资本来自于新的专业教育项目和新的院校。到1890年前后，这个冲突趋于紧张。但是从长远来看，学术性工程师是工程类毕业生中的一种，工程教育中的这种动力强化了精英学校的影响力，因此经过一段时间的反省和妥协，从1905年起院校派开始居于上风。这使院校派倡导的工程教育理念有了得以存在的社会环境。

从专业学会方面来看，美国的专业学会在历史上就把对工程教育的控制权交给了学院派——大学工程教育专家和教师，这也是为什么美国的工程教育具有科学型特征的原因之一。劳伦斯(Grayson Lawrence)和麦克吉文(James Mcgivern)都认为美国工程教育促进委员会(The Society for Promotion of Engineering Education，成立于1893年，简称SPEE)使得对工程教育的控制掌握在教师手中②。瑙贝(David Noble)在这个问题上看法则不同，认为工业界逐渐控制了SPEE及其衍生组织工程师专业发展委员会(Engineers Council for Professional Development，成立于1932年，简称ECPD)。他的一个主要依据就是一篇评论性文章上讲到，从1912年开始"教师和工商界人士的数量急剧增加"。其

---

① Calvert, Monte A., *The Mechanical Engineer in America 1830—1910*, Baltimore, John Hopkins Press, 1967, p. 281.

② Grayson, Lawrence. E., "A brief history of engineering education in the United States", in *Engineering Education*. 68 (December 1977), pp. 246—264; McGivern, James G., *First Hundred Years of Engineering Education in the United States (1807—1907)*, Spokane, 1960, p. 166.

实从会员的分布情况可以看出，瑙贝的论断是不确切的，绝大多数会员是教师。会员的分布情况每年都公布在《工程教育促进会简报》（*Bulletin of the Society for the Promotion of Engineering Education*，即后来的 *Journal of Engineering Education*）上。统计数据表明，在1908—1923年15年间，教师一直主导着这个协会，其中有5%—6%是"工业界的长官"。在1910年以后，工业界的从业者人数略有上升，但是在1914年以后，SPEE认可机构可以作为会员加入，工业界增加的会员职位又被缩减[①]。

在SPEE的第一次会议上，70人中有58人是来自各个工程学院的教授，3个工程实践一线的工程师和2个来自国外的代表[②]。ECPD是工程实践领域工程师、工程教育专家在课程鉴定方面的正式发言人。格雷森（Grayson, L. E.）认为，该组织的成立"标志着公司内的工程师和他们所代表的行业的大胜利"，"以往从未像今天那样，技术教育变成……公司工业教育系统的一部分"[③]。然而，他的关于ECPD的成立意味着在教育专家和实践者之间权力大转移的说法，也过于勉强，因为ECPD之后成立的大多数协会都与该组织有紧密联系，而在这些组织里最有权力的还是院校的学术带头人和教师们[④]。

---

① Zaret Matthew Elias, *An Historical Study of the American Society of Engineering Education*, Ph. D. thesis School of Education of New York University, 1967, p. 87.

② Ibid., p. 54.

③ Grayson, Lawrence. E., "A brief history of engineering education in the United States", in *Engineering Education* 68(December 1977), p. 243.

④ Zaret, Matthew Elias, *An Historical Study of the American Society of Engineering Education*.

在德国历史上，普鲁士政府在高等教育责任规定中，给予教授在利用私人资金和行业捐助中保有一定的自主权。这就意味着，他们依赖于政府，作为公务人员他们有责任遵守并执行政府的政策。有人可能认为，已经牢固确立的为公众服务的观念和 *Bildung*[①] 的思想已经渗透到德国早期的工程教育里了。正如上面所提到的，这并非事实。早在工业革命之前，工程作为科学的一个分支，就发展起来了。那个时候的德国同美国不一样，占据支配地位的团体不是企业主，而是学术界以及政府的工程师或者其他公务人员，他们均受过良好的综合性教育(bildungsbürgertum)。工业界的工程师和工程领域的教授通常不被允许进入这些职位。正是由于这个原因，这些人不得不把注意力转向于更具实用性的工商业，这些职业的地位较低 (Wirtschaftsbürgertum)[②]，因此把工程学术化，也是他们提高工程师地位的一种策略[③]。在 1899 年，TH (Technische Hochschule)被批准培养博士，虽然之后他们还在为拥有与传统大学相同的地位做努力，但是无论如何，学术型工程师的地位在德国社会早已得到普遍认可，因为从 1850 年代以来，工程师运用他们的文化—科学资本取得了自己不断提高的社会地位。

但是，当工业革命在德国发生的时候，学术型工程师及其教育家们面临着来自于工程实践的从业者、教师和工业家们的强烈要

① "Bildung"的含义由中世纪神学"人神同形"，即"按上帝的形象塑造"的概念逐渐演变为启蒙运动之后的"教育"、"修养"、"发展"的含义，强调对人的德行和理性的塑造。

② Lash, Scott, "Coercion as Ideology—the German case", in Abercrombie, N. et al. *Dominant Ideologies*, London, 1989, p. 70.

③ Manegold, Karl-Heinz, "Technology Academised", in Krohn, Wolfgang et al. *The Dynamics of Science and Technology*, Doordrecht, Holland, 1978.

求改革的声音，显然，他们不认为学术型工程师是符合现实的、正确的模式，也不认为公司里所有的职位都应该由这些人垄断，他们逐渐地接受一种新的、中级的、独立的技术学校体系的出现。这也是德国的技术教育体系为什么比美国的技术教育体系更加注重工程的实用性的原因之一。

在德国，实用型工程师和学术性工程师同属于一个专业协会。这就意味着，在德国人看来，体力的、管理的、理论的工作不能被分属不同的文化，它们同属于技术文化。德国人用"technik"一词指制造、知识、技能等一切与之相关的东西，这在英文里又没有对应的词汇。在英文中，与 art 和 science 相比，engineering 和 technology 是较"低级、处于从属地位的"①。在德国情形却相反，在魏玛共和国和第三帝国时期，工程师和技术专家是呼吁强调"文化政治"(cultural politics)的主力。近来的一些研究更是类似观点，表明德国的技术工人、工头、熟练工人的身份地位与其他工程技术人员身份并无分别，而且认为他们同属于技术文化。德国人普遍认为工程技术人员是技术的实施者，是推动社会进步的力量。由于德国对职业和实践教育并不像盎格鲁—撒克逊文化那样反感，所以与工业界的关系得到较好的发展，工业界也有较强的意愿利用教育系统的资源并愿意雇佣工程技术型的毕业生②。

---

① Snow, C. P., *The Two Cultures and the Scientific Revolution*, Cambridge University Press, New York.

② Sorge Arndt, "Engineers in Management. A study of British, German, and French System-what are the Policy Implications for the US?", *International Journal of Comparative Sociology* (Vol 37 No. 1—2), pp. 52—53.

19 世纪后半期，美国大学最先建立起来的专业教育之一——机械工业专业教育显示出强劲的优势，引起了它的“第二祖国”德国同行的关注。美国大学工学院课程的“实用性”特征迅速地在德国工程界掀起了一场更加具有实用性的运动[①]，德国工业界领袖、教师以及学术领头人直接效仿美国工程学院的实验室教学和其他更为实用的教学方法。这也是德国工程教育在吸取美国的做法之后，使得自身的工程性、实用性特色更为突出。

在 1862 年的莫里尔法案（Morrill Acts，又称毛利尔赠地法案）前，工程师通常不是大学教育系统培养出来的。1862 年的莫里尔法案颁布后，大量的大学通过法案提供的土地和金钱成立起来。在这些院校中，工程是选修课程。但是当时的“职业教育论”认为，工程师所受的是职业教育，是“接受过某种特定培训的工人”，处于较低的社会地位。于是一些教育者提出应该修改课程体系，加入更多的文化元素，期望能以此提高工程师的社会地位。

4.4　美、德工程技术教育体系的基本差别

在 1880 年以前，美国工业界的团体未能主导各个工程协会，而是教育界的专家。在美国逐渐形成社会等级结构时，由于教育政策上“能力不足”，以及对资助的合作项目的厌恶，正是因为这种无能，使得新兴工业界的业界人士创立了他们自己的学校，而没有

① Gispen, C. W. R., “German Engineers and American Social Theory. Historical Perspectives on Professionalization”. *Comparative Studies in Society and History* 30 (Summer 1988): pp. 115—121.

依赖于原有的教育系统。

美国政府机构与英国相比，在高等技术教育体系中所负的责任比英国大，赠地学院是国家直接经由1862年颁布的赠地法案促动而成。但是，政府对职业技术教育的厌恶以至于不愿介入，在这一点上与英国是相同的。然而，菲舍(B. M. Fisher)指出，公司所属职业技术学校是一个"骇人的盲点，直到1917年史密斯—休斯(Smith-Hughes法案)(职业教育法案)通过后才有改观，之前联邦政府对职业技术学校几乎没有提供任何援助。"[①]有的人认为，政府的作用尽管是间接的，但是应该是基本的。工业界、专业协会以及教育系统的实践，都是对政治家以及官僚在技术教育体系中的作用的行动反应，也是对他们关于技术教育的法令框架、战略的行动反应。

德国和美国之间的基本区别是，德国在联邦一级、地区一级都直接参与到高等技术教育体系以及相关的其他学校之中，而美国政府更多的是让专业协会、工业界和教育系统自己去协调。阿彻(Margaret S. Archer)对帝国主义和联邦的发展过程之间进行了辨析：第一种模式中政治精英会寻求财政资助实施他们的国民教育计划；相反，第二种模式是由教育创办者和经营者寻求政治支持以加强他们对教育的控制力。在前者，教育系统是由政府主动发展起来的，然后一点点地向更广的范围延展开来；第二种是从周围创新然后聚集到政府周围。虽然政府在两种模式中都不完全是起强迫式的硬性规定的作用，但是在政府的作用范围和要求上，显然

① Berenice M. Fisher, *Industrial Education: American Ideals and Institutions*, Madison: University of Wisconsin Press, 1967, p. 114.

在德国要更强一些[①]。

4.5 两国发展趋势比较及其对我国的启示

4.5.1 两国工程教育体系的发展趋势

如前所述，本章探讨了德国如何发展了一个更加综合的、更加全面的技术教育体系，而美国的技术教育体系为什么是以学术性工程教育为主的。在美国，建立低等技术教育体系的运动与高等技术教育体系的建立相比并不协调，在低层次技术教育体系形成的过程中，专业协会的思维方式、性质特点很不一致。在德国，在工业教育体系开始发展的时候，学徒制的实力在各种商会和行会的支持下仍然比较强大，而在美国，学徒制却正在消失。在美国，对职业教育感兴趣的是部分传教士、慈善组织和社会改革者；这不像德国，对职业教育感兴趣的是技术人员、政客和工业家。因此，在美国，发展手工训练主要是为了文化、社会的原因，而不是工业的目的。这种模式不是很成功，因此在20世纪初，发生了一场新型的以工业为主要目标的职业教育运动，最后，在1917年颁布了国家职业教育法，使得职业学校的发展最终获得了国家的援助。

然而，第一，这些改革背后的学校举办者是学校教师和工业界人士，他们与专业工程教育协会的关系是疏离的；第二，职业学校和学徒制，与高级工程教育之间的关系不如二者在德国那样联系

---

① Archer, Margaret S., *Social Origins of Educational Systems*, London. Sage, 1979, p. 161.

紧密。学徒制、职业学校没办法直接与高等工程教育接轨，这可能成为对美国高等工程教育以不断地追求以“科学—管理型”为导向的另一种解释。我们可以说美国的工程教育是建立在宽广的通识教育基础上的工程教育，尽管美国工程教育体系“是面向所有职业的，但它几乎是当代世界上最不专业化的工程教育体系”①。

在德国，在传统大学和技术/工业教育之间有一条明显的分界。这个区别早在19世纪50年代就已经分就，德国强调中等职业学校、中级、高级技术教育机构都是工业化的一部分，一系列技术教育机构随之建立，因此构成了全世界最综合、职业技术性最强的技术教育体系。上面提到的四个角色中，政府、教育专家、专业协会、工业界都对这种模式的发展起到各自的作用。然而，其中某些参与者更具有影响力。在德国模式中，较强的政府和公务人员的参与使得专业协会在教育事务中发挥了强有力的作用。“德国工程师协会”是德国技术教育体系形成中的主要力量之一。威肯登认为，德国工业界提供了“原动力”，技术协会起了指导作用，政府利用专业协会来对抗工业界，而专业协会也利用政府达到自已的目的。在1910年左右，工业界、专业协会以及政府三者达成了一致。这是一个长期的政治谈判和不断调适的过程，而且从此以后，有关工程教育问题的解决就一直沿用这样的框架。

威肯登已经从美国教育中做出了一个清楚的论断：“世界上没有其他任何国家的工程教育学院像美国那样，是那样独立于外部控制。他们很少接受政府的管理和指导，而他们的扩展和资助来源供给却是来自国家；他们很少与有组织的工程专业界发生关系，

---

① Collins, *The Credential Society*, New York, Academic Press, 1979, p. 162.

除了接受一些关于教育目的和方法的批评;他们和工业界也很少发生关系,除了希望拓宽毕业生的就业领域。”[①]上面的讨论支持这个论断。在美国,工业界在决策过程中的参与程度不能与德国同行同日而语。在德国,传统上工业界一直就在相互合作的前提下参与到学徒制的训练和教育中。

有迹象表明,美国人事实上希望有一个类似于德国那样的更全面的教育体系。事实上,对美国工程教育体制最常见的批评就是威肯登报告(*Wickenden report*)中指出的“不平衡、头重脚轻”(unbalanced and top-heavy),认为有必要研究德国并逐渐发展出更全面、更理性的体系来。而德国人虽然时常为自己有一个完善的工程教育体系而受到称赞,但是他们也意识到美国的工程教育体制非常具有活力和弹性。美国 NSF 的第十一届主席柯威尔(Rita Cowell,任期为 1998—2004)在分析美国工程教育的发展时,认为:“我们要培养能够在急剧变化的、多元化的、国际化的工作环境下,具有跨文化、跨国界、跨种族工作能力的工程师”[②],这种国际化的眼光正是德国人所拥有的。同时,在“波隆尼亚宣言”的推动下,德国的工程教育体制正在发生着某些变化,这些变化中不排除吸收美国工程教育的合理因素。

有迹象表明,美国在加强社区学院培养工程与科学人才的力度。现在正在采取一些措施来推动社区学院学生更多更顺利地向四年制院校流动,四年制学院和私人基金会正在引导分出一部分

① Wickenden W. E.,“A Comparative Study of Engineering Education in the States and in Europe”,*Report of the Investigation of Engineering Education*,1930,p. 823.

② Joseph Bordogna,*U. S. Engineering education. Enabling the nation's capacity to perform*,2003.

奖学金来促进社区学院学生的转学①，许多州已经明确采用了清晰的政策，例如院校之间的学分共认政策，以鼓励学生从两年制学院转入四年制学院②。

4.5.2 对中国工程技术教育体系发展的思考

本章通过德、美两国工程技术教育体系特点与形成过程的比较，目的在于表达一个基本观点，德国形成了比美国更综合、更平衡的工程教育体系，它们都是两国各自不同制度、经济和社会条件下的产物，但是二者无所谓孰优孰劣，都非常有力地支撑了两国工业化的进程和发展。我国工程教育如何适应新形势的要求，通过改革谋发展，一直是大家非常关心的一个问题。与本章相关的问题我们作以下几点讨论：

第一，德、美两国工程技术人才教育体系中体现出的多样性特征值得我们关注。考虑到社会、个体对教育的需求和国家对人才需求的多样性，培养模式和培养途径也必须多样化，并且可以灵活“转轨”，我们认为德国的工程教育体系比较符合教育规律。美国的多样性体现在美国的工程技术人员市场是一个开放的市场，自由开放的移民政策随时可以为美国工业发展需要补充相应技能的人才。

---

① Fischer K.,“Wanted. Low-income high achievers,”*Chronicle of Higher Education* 53(21). A18. http://chronicle.com/weekly/v53/i21/21a01801.htm. Accessed 1 June 2007; Blanton J.,“2020 scholars”initiative will increase access for more Kentuckians to attend college. *University of Kentucky News*(January 23,2007). Http://news.uky.edu/news/display_article.php? artid=1897. Accessed 20 June 2007.

② National Center for Education Statistics (NCES),Undergraduate Financial Aid Estimates for 2003—04 by Type of Institution. NCES 2005—163. Washington, DC, 2005.

“多样性”的内涵包括两个方面：一方面，多样性首先应该在培养目标上，即体现出“工程技术人员家族的分层”特征。分层是社会学中的一个重要概念。分层的概念通常包括根据价值尺度对较高和较低的阶层进行评价，所依据的价值尺度包括相应的道德观、平等与公正的程度。工程技术人员家族中的每一位工程技术人员，他们具有基本相同的功能。他们多为社会和技术的发展起着不可争议的作用，应该给他们赋予相同的地位。但是现实中，应该在功能上各有侧重。

对于我国工程技术人员的分层，工程界的专家对此一直有研究。例如，早在10多年前，中国科学院技术科学部张光斗院士等组成的专家组就向李岚清副总理提交了有关我国工程教育改革建议的报告，由教育部转发全国有关教育部门。1997年中国工程院在朱高峰、张维院士主持下，在14位院士、31位教授的共同努力下，于1998年5月向国家提交了《我国工程教育改革与发展》的咨询报告。这些报告和其他许多研究都分析、探讨了我国工程教育中存在的问题。例如指出了“工程教育与技术教育，在我国尚未形成具有不同特点的两大系列……建议逐步地把工程和技术分为两个系列。技术系列应有独立的职称体系和院校体系(包括本科、大专、中专等)。”“正规的技术型本科和专科学校应得到加强。”技术类别更强调科学理论知识的掌握，专科更偏向于工程实践。[①]

杨金土也强调，对于高等教育的培养目标，建议以社会实际需求为准绳，既可以是“技能人才”，也可以是“技术人才”，不要单一

① 朱高峰：《专家学者纵论：中国工程教育如何逆势而上》，《科学时报》2007年6月21日。

化。谨防在缓解技能人才紧缺问题之后,又发生技术人才紧缺的现象[①]。

潘云鹤院士也谈到过创新型工程科技人才的多样性问题。他认为中国的工程科技人才传统上分为两类:第一类是理论加技术实践,最后培养出大量解决工程技术问题的技术人才,这主要是学前苏联的模式;第二类是在理论的基础上发展新技术,研究的结果是发表科研成果,是工程科学方面的人才,这主要是学美国的。他还指出,中国的发展还需要另外几种人才:一种是理论加技术实践加新技术在本专业的应用,进行技术交叉创新的人才;一种是理论加技术实践再加上创新设计,从而能开发出新产品的人才;再一种是理论加技术实践再加创业与市场能力的人才,也就是能做工程管理与经营的工程师。因此,中国工程科技人才的培养要在学习外国模式的基础上进行再创新[②]。

笔者支持以上专家的看法和观点。我们根据本章研究,对工程技术人员群体的分层倾向于提出下列三种类别的人员:科学—管理型工程师、学术型工程师、工程型工程师。科学—管理型工程师,其含义可指第二章提到的"国家精英"或"全球工程师",或者介于二者之间。学术型工程师与工程型工程师分别可以和德国的 academic engineer 及 practical engineer 相类似。学术型工程师,在笔者看来,相当于潘云鹤院士提出的两类工程师,即"一种是理

---

① 杨金土:《以史为鉴谈高职的人才培养规格》,《中国职业技术教育》2007 年第 25 期。

② 潘云鹤:《关于中国创新型工程科技人才培养的研究》,此文是潘云鹤院士 2007 年 6 月 15 日在深圳市举行的由中国工程院和香港理工大学共同主办的"面向 21 世纪的创新型工程人才培养论坛"上的讲话。

论加技术实践加新技术在本专业的应用，进行技术交叉创新的人才；一种是理论加技术实践再加上创新设计，从而能开发出新产品的人才”。工程型工程师，可以和彼得·杜拉克（Peter F. Drucker）提出的“techonologist”相通，他认为：“相当多的知识工作者，不仅做知识工作，同时也做体力工作，我们称他们为‘技术人员’（technologist）。包括应用高深知识的一些人。”技术人员是“最实际、最能带给发达国家最长远竞争优势的一群”①。

令人遗憾的是，我国工程教育院校在培养未来工程师的目标上不够明确，我们并没有十分清楚地注意到，“科学－管理型”工程师在当前和未来中国经济发展中的重要作用。同时，我们也没有充分注意到工程型—实践型的工程师是一支不可或缺的力量，但现实情况是，中国工程教育高等学府正日益边缘化，重点高校热衷于办世界一流大学，办综合性大学，办研究型大学，很少有学校明确表示要办成高水平的工程技术大学；本科院校把申办博士硕士学科点当作主要的发展目标；而专科学校则在忙着升格为本科。不同层次的工程院校最大的梦想就是抹去差异，包括办学模式和人才培养规格上的差异等。这是一个可怕的趋势。事实上，根据德、美两国的发展经验看，无论是对于学校自身还是对于国家发展来说，“特色”比“升格”更有意义。

相应的，“多样性”的含义还体现在工程技术教育的多层次上。为了培养不同层次技能结构的工程技术人员，要求明确我国的工程教育体系是一个多层次的结构。目前我国高等教育体系中的工程教育有专科、本科和研究生三个层次，每一个层次都应有不同的

---

① 杜拉克：《21 世纪的管理挑战》（*Management Challenges for the 21st Century*），刘毓玲译，三联书店 2000 年版，第 195—197 页。

工程科学、工程技术、工程管理的教学内容。

第二,关于学习和借鉴国外经验的问题。在一个较长的时期内,我国工程教育曾把主要精力放在培养本科生和研究生方面,使得有些专科、本科教育的层次之间界限不够清晰,专科教育往往成为本科教育的“浓缩”,似乎有着美国“陀螺型”影响的痕迹。但是,从以往的研究和工程教育实践来看,我们又随时关注着德国、法国的工程教育的经验。我们现在要探讨的是,美国和德国其实是由各自不同的历史形成的两个很不相同的工程技术教育体系。相比之下,我国和美国在文化、体制上差异更为明显,美国的工程技术人才供给有比较强的外部依赖性,但是它有资本和条件依赖别国的工程教育体系,通过移民政策等对其进行补充。德国目前的发展趋势多少会借鉴美国的经验和做法,例如 2005 年通过了移民法。而我国传统上不是一个移民国家。考虑到社会人群对教育的需求和国家对人才需求的多样性,我国的工程技术人员培养体系、培养模式和培养途径也必须多样化,并且可以灵活“转轨”。

当然,美国和德国是已经完成工业化的经济强国,工程教育模式各具特色,并被证明在其经工业化成为工业强国的过程中功不可没。美国与德国的工业化起始于 19 世纪 10—30 年代,而中国的工业化则从社会主义制度建立的 1949 年开始,相比之下推迟了一百多年。在影响工程教育发展的诸多因素中,工业化的程度是推动或制约工程教育的重要环节。从本章研究的结论看,我国在新一轮工程技术教育体制的建构过程中,既不能做美国梦,也不能做德国梦,必须考虑我国的工业化进程,这是一个必须分析的制度嵌入环境,关键在于根据自身条件和历史沿革特点,实事求是,定位准确。美国工程教育十分强调这一点,作为发展中国家的我国工程教育则更应如此。

第五章　美、德工程教育专业鉴定的历史制度主义分析[①]

5.1　专业鉴定制度问题的描述与概念界定

欧美发达国家的高等教育质量保障体制大多是通过高等教育鉴定制度来实现的。高等教育鉴定制度起源于19世纪下半期到20世纪初的美国。它是由民间中介机构以自评和同行评估为主要手段对高等教育机构整体或其所设专业进行周期性评估和鉴定，以维持并提高教育质量，从而将高等教育评估、质量保证和自我管理集为一体的独特机制[②]。在经济全球化的背景下，工程技术人员在世界范围内的流动越来越频繁，工程已经成为一种全球化的职业领域。在这种情况下，不少欧美发达国家都在努力促进和实现注册工程师资格的国际互认。而工程教育专业鉴定制度的互认是注册工程师资格互认的前提和基础，因此，许多国家都签订了双边和多边的互认协议。

---

① 本章由付婧与笔者共同完成，原本为我们拟合作发表的论文，但因为其他原因而延搁，此次成书时将其随书一起发表。

② 熊耕：《美国高等教育认证制度的起源及其形成动力分析》，《外国教育研究》2004年第6期。

中国在加入WTO之后，经济开始逐步融入世界经济发展的总体循环，越来越多地受到世界产业格局变化的影响。中国高等工程教育的国际化，中国工程师走向世界，已然是大势所趋。要实现工程师的国际互认，还是要从工程教育专业的评估和互认做起。我国在建筑工程领域的专业评估已经进行了一些有益的实践尝试，并且取得了一些互认的成果。例如，全国高等学校建筑学专业教育评估委员会于2001年与美国建筑师学会（AIA）以及美国国家建筑鉴定委员会（NAAB）就专业评估结论互认达成共识①。

此外，1998年中国建设部人事教育劳动司与英国土木工程师学会共同签订了土木工程学士学位专业评估互认协议书；同时，中国注册结构工程师管理委员会与英国结构工程师学会也共同签署了名称和内容相仿的协议书②。

以上这些互认都是有积极意义的，为我国工程学位获得国际教育界和工程界的认可打开了最初的通道。然而要想让这条通道更加宽阔，引领更广泛的工程领域走向世界，赶上时代潮流，赢得更多机遇，则必须要尽快系统全面地建立起既适合我国国情，又能与国际接轨的高等工程教育专业鉴定制度。只有这样，我国高等工程教育的质量才能从根本上得到保障；我国的工程师才能早日真正登上国际舞台，平等竞技，施展才华。

西方一些发达国家的工程教育专业鉴定制度已经较为完善成熟，各国不同的文化传统、价值观念、自然和社会状况以及经济发

① 韩晓燕、张彦通：《试论我国高等工程教育专业认证制度的构建》，《高等工程教育研究》2005年第1期。

② 毕家驹：《中国工程专业评估的过去、现状和使命——以土木工程专业为例》，《高教发展与评估》第21卷第1期（2005年1月）。

展水平孕育出了各具特色的鉴定制度。其中,美、德两国的工程专业鉴定制度在欧美发达国家中很有代表性和典型性。美国的鉴定制度历史悠久,是伴随工业的发展和需要自发而逐步形成起来的,充分反映了高校、工业界、专业协会和政府四方的制衡与协作关系,为美国高等工程教育的质量提供了坚实的保障,也促进了美国高教体系的良性发展。德国高等教育的质量在政府的严格管控之下,一贯享有较高声誉。其工程专业鉴定制度建立较晚,更多是为了满足工程教育国际化和国际互认的需要,增加高等教育在国际范围内的可比性,使其更具竞争力和吸引力。

当代社会科学中方兴未艾的新制度主义揭示,任何制度的正常运转都嵌入在更大的制度、结构甚至文化因素之中①。美、德两国的成功经验都在于一种成功的"制度嵌入",使其工程专业鉴定制度与相关的、更广大的制度环境较好地契合,在政府、工商业界、学术界和专业协会团体等多方利益相关者的需求间找到了平衡。笔者深知,我国需要借鉴发达国家工程教育专业鉴定制度建立和发展的经验,探索我国相应制度的构建方向。这种借鉴不应是亦步亦趋,对国外制度安排的简单模仿。然而,目前国内学术界鲜有结合各国不同社会、历史、文化背景对其相应鉴定制度的缘起及发展变迁过程进行深入的因素分析和比较研究。因此,如何突破传统的简单研究浮于表面地模仿借鉴先进国家成型制度设计的局限性,在更深层次上探讨典型性国家高等工程教育专业鉴定制度的发展路径及选择,并为我国制度构建提供有益的参考性建议就成

① 顾昕、方黎明:《自愿性与强制性之间:中国农村合作医疗的制度嵌入性与可持续性发展分析》,《社会学研究》2004 年第 5 期。

为我们关注的问题。

基于上述考虑，本章将在以下三个方面展开论述：

第一，在教育学领域尝试引入政治学解释范式中的历史制度主义分析框架，对典型性国家高等工程教育鉴定制度进行深入剖析；鉴于历史制度主义的权威分析框架尚未建立，本章还拟对这一框架的建立与应用进行探索。

第二，本章基于对美、德两国高等工程教育鉴定制度发展至今的整个脉络的梳理，遵循历史制度主义的"路径依赖"理论，援引大量史实，演绎分析并比较两国鉴定制度独特的路径选择；之后，遵循历史制度主义的"均衡观"，阐释制度中各方利益主体的参与机制及其相互间的博弈，以及最后所形成的制度均衡系统及其特征。

第三，结合中国现实的产业发展和教育制度背景环境，循此思路对与我国高等工程教育专业鉴定有直接关系的利益相关方的需求进行认真考察，有选择地借鉴、吸收、改良他国经验，为构建符合我国国情的工程专业鉴定制度提出合理化建议，这对于制度的建设策略和实施方法也有较大的实践指导意义。

本章的研究对象是高等工程教育专业鉴定制度。这里牵涉到"鉴定"、"专业鉴定"、"工程专业鉴定"等概念，有必要在研究伊始加以界定。

5.1.1 鉴定

"鉴定"在本章相关的研究领域是"高等教育专业鉴定"的简称。它译自英文中的"accreditation"一词。"鉴定"在美国的高等教育评估和质量保障文献中应用相当普遍，通常被界定为：一种起始于 20 世纪初的社团性质的(communal)、自愿性的质量保障和提高的方法和途径，是学术和专业教育界内部一种直接的和自我管理性质的活动，主要由非政府性质的院校、专业和特定领域的专业人员联合会等具体执行，通过鉴定对达到或超过既定的教育质量标准的高校或专业进行认可，并协助院校和专业进一步提高教育质量。①

美国是专业鉴定的发源地，当前世界上其他一些国家和地区所实行的鉴定基本上是在美国鉴定方式的基础上依据本国或本地区实际情况进行一定改良和本土化后的结果，因此彼此之间存在许多相似之处，却又各有特色。这就导致在这些国家和地区的高等教育文献中，对鉴定的界定很难达成一致。"accreditation"（鉴定）一词使用上的分歧主要体现在两方面：第一，鉴定的自愿性或政府性；第二，鉴定的对象以及实施主体的类型划分等也存在很大差异②。

笔者基本认同这样的概括，但这些分歧的存在并不会影响到本研究的基本观点。上述第一点主要取决于各个国家和地区高等教育管理的传统。在由政府严格控制和管理高等教育体系的国家和地区，鉴定作为官方的权力也是顺理成章的。比如，在 20 世纪末才构建起鉴定制度的德国，对新本、硕专业项目的鉴定就实质上带有政府强制性。③ 第二点的差异确实在高等教育状况复杂多样

---

① Marjorie Peace Lenn, "Accreditation, Certification and Licensure", *New Directions for Higher Education*, No. 57, Spring 1987, pp. 49, 52；转引自董秀华：《市场准入与高校专业认证制度研究》，华东师范大学教育学博士学位论文，2004 年 4 月。

② 董秀华：《市场准入与高校专业认证制度研究》，第 104 页。

③ KMK Resolution of 10 October 2003, *Common structural guidelines of the Länder as set out in Article 9 Clause 2 of the Framework Act of Higher Education (HRG) for the accreditation of Bachelor's and Master's study courses*, http://www.kmk.org.

的各国和地区存在，但相对于“鉴定”的概括和笼统而言，本研究重点关注的美国和德国的工程专业鉴定则在鉴定对象和鉴定主体这两方面基本上都不会产生歧义。因此，“鉴定”一词使用上的分歧原则上不影响本研究中对“专业鉴定”的理解和运用。

在中文文献中就“accreditation”这一概念出现过多种不同的术语。香港学界多用“甄审”、“评审”等用语；台湾学者也用过“认可”、“评鉴”等不同术语。中国内地的学者除了比较笼统地称之为“评估”①、“质量评估”②、“质量评价”③等外，早期比较多地采用了“认证”这一术语④，同济大学的毕家驹教授也一贯在自己的相关论文中使用该术语⑤。在近些年的相关文献中，还出现过“鉴认”⑥等译法，但总体而言，从笔者在中国期刊网上收集到的1994年至今研究这一领域的相关论文来看，近几年来越来越多的学者倾向于采用“认证”这一术语，如李延成(1998)、张彦通(2006)、熊耕(2002)等诸多学者。笔者认为，accreditation对于我国而言本是一种“舶来品”，上述各种不同译法主要是英汉翻译中的习惯用语的差异，一般来讲，只要采用的对应中文术语在相关研究领域中有

---

① 陈以一：《我国工程专业评估工作亟待加快：兼读ABET2004－2005评估年度准则》，《高等工程教育研究》2004年第5期。

② 汪辉：《美欧日高等工程教育质量评估机制的比较》，《高等工程教育研究》2006年第2期。

③ 蓝江桥：《美国高校工程技术专业教学质量的评价》，《比较教育研究》2004年第4期。

④ 刘盛纲主编：《美国、加拿大高等教育评估译文集》，《高等学校工科类专业的评估》(第三分册)，同济大学出版社1987年版，第264—266页。

⑤ 毕家驹：《中国工程专业评估的过去、现状和使命：以土木工程专业为例》，《高教发展与评估》第21卷第1期(2005年1月)。

⑥ 杨西强等：《美国高等工程教育专业的鉴认制度及其启示》，《高等工程教育研究》2005年第1期。

较高的共识度即可。然而,在我们看来,“认证”一词易与我国固有的某些专业工作人员“资格认证”等活动发生混淆,因此建议避免使用“认证”。故而,本研究选用了当前较为通用的“鉴定”一词来表述“accreditation”之意。

5.1.2 专业鉴定

专业鉴定,对应的完整英文表述是“specialized/professional programmatic accreditation”,可直译为专门职业性专业鉴定,或译为高等教育专业鉴定,通常简称“专业鉴定”。专业鉴定是高等教育鉴定体系中的重要组成部分,是相对于院校鉴定(institutional accreditation)而言的。院校鉴定是为了保证整所学校的教育质量,而专业鉴定是由专门职业性鉴定机构对高等学校所开设的专业实施的专门性鉴定,由专门职业协会会同该专业领域的教育工作者一起进行,为相关人才进入专门职业界从业的预备教育提供质量保证①。这些专门职业性专业往往与公众生活、安全相关,涉及医药、工程、法律、商科、农业等,一般不涉及基础学科。

5.1.3 工程专业鉴定

从上述“专业鉴定”的界定可以推出,工程专业鉴定,即在高等工程教育领域开展的专业鉴定,是由工程专业鉴定机构对工程技术领域相关专业(如土木工程、机械工程等)实施的鉴定,由工程技术行业的相关协会会同工程教育者共同监控高等工程教育的专业

① 毕家驹:《美国的高等教育评估》,夏天阳主编:《各国高等教育评估》,上海科学技术文献出版社 1997 年版,第 69 页。

培养质量，以保证工程技术行业的从业人员达到相应教育要求。

5.2 历史制度主义分析范式的应用

有关高等工程专业认证制度的研究属于教育制度的范畴。20世纪七八十年代以来，西方社会科学领域对制度的"重新发现"形成了一个新的研究范式——新制度主义。相比于"非比较的、描述性的、地区性的以及静态的"[①]旧制度主义范式，新制度主义者认为制度更多表现为一个动态发展的过程，主张制度不再是完全独立的实体，而是嵌入于特定的环境中。应用新制度主义理论框架对教育制度的形成、维系和变迁进行分析可以突破旧制度分析的边界局限性，其解释力、与现实的结合性及其对现实的指导性都增强了[②]。

关于新制度主义内部流派的划分，各学者因所依据标准不同而异。从划分影响来看，彼得·豪尔(Peter A. Hall)和罗斯玛丽·泰勒(Rosemary C. R. Taylor)在1996年发表"政治科学与三个新制度主义"论文以来，新制度主义流派三分法逐渐成为一种多数共识，即"历史制度主义、理性选择制度主义和社会学制度主义"。[③]

---

① 〔美〕罗纳德·H.奇尔科特：《比较政治学理论：新范式的探讨》，社会科学文献出版社1998年版。

② 罗燕：《教育的新制度主义分析：一种教育社会学理论和实践》，《清华大学教育研究》2003年第6期。

③ Peter A. Hall and Rosemary C. R. Taylor, "Political Science and Three Institutionalism," *Political Studies*, 1996, XLIV, pp. 936—957. 何俊志译："政治科学与三个新制度主义"，《经济社会体制比较》2003年第5期。

像经济学一样，理性选择理论首先假定了一个寻求自身利益最大化的个体，然后再在各种可能的情景下来计算和演绎按照功利最大化原则行动的个体可能面临的选择及其行动方案。理性选择制度主义对制度的界定最为狭隘，强调制度的功利性，认为制度是理性的个体为了解决集体困境所作的策略性算计行为，遵从“偏好—制度—行为”的逻辑。这种从原子式个人主义方法论立场出发，使得理性选择制度主义的解释力很大程度上局限于微观领域。理性选择制度主义认为制度的产生和存续是因为这种规则能使相关利益主体各方避害趋利，它能提供相较于其他制度更多的好处，因此不存在无效率的制度，否则理性个体会通过理性建构更好的制度[①]。可这种理想化的理性设计观点常常经不起现实的检验，也许它在解释为什么制度在存续上有着极大的潜力，但是它对制度的起源所提供的解释却只能应用到一个有限的场景之中[②]。

社会学制度主义与理性选择制度主义在制度的界定上恰恰相反，其概念过于宽泛，打破了制度和文化概念的界限，将非正式的规则，例如道德、意识形态等纳入研究的框架之内，强调制度安排赋予行动者一定的行为规范，确定了文化权威的价值体现在能够为某些制度的安排提供合法性基础[③]。社会学制度主义者认为某一组织之所以会采用某一制度，并不是因为它提高了组织的目

① 魏少亮、郭丹：《历史制度主义：理论与应用》，《中共济南市委党校学报》2005年第4期。

② 〔美〕彼得·豪尔、罗斯玛丽·泰勒：《政治科学与三个新制度主义》，何俊志译，《经济社会体制比较》2003年第5期。

③ 刘燕：《论新制度主义的研究方法理论探讨》2006年第3期。

的一手段效率，而是因为它提高了组织或其参与者的社会合法性。换句话说，某一组织之所以会采用某种特定的制度形式或实践模式，是因为后者在一个更大的文化环境内具有更大的价值。社会学制度主义因其制度过于宽泛，关注中心不在个人与组织及其现实活动而使其在分析微观和中观层面上存在缺陷，却在宏观层面上能发挥特长，解释既有制度（文化）对制度创设的影响方式和制度失效的现象[①]。

从20世纪80年代中期开始，历史制度主义就在西方特别是美国的政治科学中成了一个越来越频繁使用的词汇，但是，对于什么是历史制度主义，它的主要视角和方法到底有何独特之处，却一直缺乏一致而公认的说法。最早从严格的学术意义上使用和阐述“历史制度主义”的是瑟达·斯科克波尔（Theda Skocpol）、凯瑟琳·瑟伦（Kathleen Thelen）和斯温·斯坦默（Sven Steinmo）等人，在他们看来，广义地说，历史制度主义代表了这样一种企图，即阐明政治斗争是如何受到它所得以在其中展开的制度背景的调节和塑造的。彼得·豪尔和罗斯玛丽·泰勒则认为，可以从四个方面来概括历史制度主义的主要特征：(1)历史制度主义倾向于在相对广泛的意义上来界定制度与个人行为间的相互关系；(2)强调在制度运作和产生过程中权力的非对称性；(3)在分析制度的建立和发展过程中强调路径依赖和意外后果；(4)关注其他因素，尤其是能够产生某种政治后果的因素来整合制度分析。保罗·皮尔森（Paul Pierson）和瑟达·斯科克波尔在一篇文章中也提出，历史制

① 魏光亮、郭丹：《历史制度主义：理论与应用》，《中共济南市委党校学报》2005年第4期。

度主义具有这样三个特征:集中关注那些重大的结果或令人迷惑的事件;突出事件的背景与变量的序列;以追寻历史进程的方式来寻求对事件和行为作出解释①。

历史制度主义立足中观层面,将制度界定为嵌入政体或政治经济组织结构中的正式或非正式的程序、规则、规范和惯例,强调制度对行为者利益的界定和实现方式的影响。相比于理性选择制度主义和社会学制度主义,历史制度主义常常同时使用"算计路径"和"文化路径"这两种路径来具体阐明制度与行动的相互关系。在"算计路径"中,个体寻求最大化地实现自己由特定的偏好所设定的一系列目标,而且实现这一目标的手段也是策略性的。也就是说,他们会彻底考虑每一种方案,并选出那些能够使自身利益最大化的方案。"文化路径"则强调行为并不是完全策略性的,而是受到个人世界观的限制,往往强调行动过程的选择依赖于对形势的解释而不是纯粹工具性的算计。

历史制度主义强调社会因果关系中的"路径依赖"②特性,即某一运作性力量所发挥出的影响将会受到从过去继承过来的既定环境因素的调节。在这些环境因素中,作用最为显著的当然就是制度,制度因素在这里被看作是历史景观中推动着历史沿着某一路径发展的相对稳定和最为核心的因素之一。与此保持一致的是,有些历史制度主义者还将历史事件的变化分成了持续时期和

① 何俊志:《结构、历史与行为:历史制度主义的分析范式》,《国外社会科学》2002年第5期。

② "路径依赖"(Path Dependence)的特定含义是指人类社会中的技术演进或制度变迁均有类似于物理学中的惯性,即一旦进入某一路径(无论是"好"还是"坏")就可能对这种路径产生依赖。

被某些“重要的关节点”打断的断裂时期，例如当实质性的制度变迁发生时，就会由此产生出某种“枝节点”，使得历史的发展走上某种新的道路。

历史制度主义的分析范式主要体现在它的历史观和均衡观上[①]。它倾向于将制度与其他因素一道定位于因果链之中，社会经济发展与观念的分布也是他们重点考虑的因素。从这个角度看，他们所假定出的世界要比只假定有偏好和制度两个要素的理性选择制度主义的世界更为复杂。

相比于理性选择制度主义和社会学制度主义，历史制度主义有更加科学的假设前提和目标实现机制，更加广阔的研究视角和研究领域，更加多样的研究路径和研究方法，以及更加现实的历史情境和因素分析[②]。

本章对美、德两国工程专业认证制度的制度主义分析更多侧重于中观层面，从历史和结构的视角分析高校、工业界、工业协会和政府等主要利益主体对高等工程教育认证制度的形成和发展的影响，以及探讨如何在我国已有高等教育体系下构建我国的高等工程教育认证制度，因此应用历史制度主义分析框架无疑更具有解释力和现实意义。

另外，根据科斯[③]等的制度变迁理论，制度变迁的模式主要有两种：一种是自下而上的诱致性制度变迁，它受利益的驱使，指的

---

① 何俊志：《结构、历史与行为：历史制度主义的分析范式》，《国外社会科学》2002年05期。

② 刘燕：《论新制度主义的研究方法》，《理论探讨》2006年第3期。

③ 〔美〕科斯：《财产权利与制度变迁》，三联书店1991年版。

是“现行制度安排的变更或者替代，或者是新制度安排或者创造，它由个人或一群（个）人，在相应获利机会时自发倡导、组织和实行”。另一种是自上而下的强制性制度变迁，它由国家强制推行，“由政府命令和法律引入和实行”。[①] 笔者对美、德两国高等工程教育认证制度建立过程的历史梳理也可以看出，在美国，这一认证制度的建立，是在高等工程教育发展到一定阶段由内因催发下的自然产物，趋向于诱致性制度变迁；而在德国，该制度的建立更趋向于强制性制度变迁，由政府作为主导力量推动工程教育体制改革和新的认证制度的创建。当然，促成这种强制性制度选择的动因主要来自于全球化时代给德国带来的外部国际化的压力，以及国内传统高等工程教育体制的僵化和脱节于市场需求。

5.3 美国工程教育专业鉴定制度的历史制度主义分析

美国是世界上最早建立高等工程教育专业鉴定制度的国家，该制度发展至今已有近 80 年的历史，经历了从初创到逐渐完善、趋于成熟的演进过程。历史制度主义的分析范式基于两个基本视角，一是历史观，二是均衡观。首先，从历史观的视角来看，美国的工程专业鉴定制度是该国高等工程教育发展到一定程度和历史阶段的自然产物，是工程教育界内部进行质量保障的必要机制。随

① 林毅夫：《关于制度变迁的经济学理论：诱致性制度变迁与强制性制度变迁》，见陈昕主编：《财产权利与制度变迁：产权学派与新制度学派译文集》，三联书店 2003 年版，第 371—403 页。

着时代、社会和科技潮流的发展，这一制度在新时期又被赋予了国际教育水准共认等更多新的职能和内涵。从制度变迁的角度来审视，该制度的起源和演进过程属于一种内因利益驱动的自下而上的“诱致性制度变迁”模式。其次，从制度均衡结构分析来看，美国工程教育专业鉴定制度的四方主要利益主体以不同的参与机制反映自身的利益诉求，在相互博弈中不同程度影响着制度的形态和发展方向，形成了具有美国特色的制度均衡系统。本章将结合美国工程教育专业鉴定发展的史实经过、重要事件和社会历史背景，从上述两方面进行具体分析和阐释。

5.3.1　美国范例的路径选择分析

经过对史实的梳理，笔者认为美国工程专业鉴定制度的发展可以大致划分为两个历史阶段，即起源时期和发展完善时期。在美国高等教育发展史中，从1636年哈佛学院成立起直至19世纪末，这段长达两个半世纪的时期被称作“无鉴定时期”(Period of Nonaccreditation)，因为在此期间几乎没有任何针对高等院校的标准、分类、排名等活动。[①] 一般认为，美国的高等教育专业鉴定活动出现于20世纪初，首先在医学领域开始实施。[②] 最早的工程教育专业鉴定活动，始于20世纪20年代，发展至40年代时该制度基本成型。因此，我们将20世纪20年代至40年代这段时期视

---

① J. B. Sanders, “Evolution of Accreditation,” in Lloyd E. Blauch, ed., *Accreditation in Higher Education*, 1969, p. 9.

② 熊耕：《美国高等教育认证制度的起源及其形成动力分析》，《外国教育研究》2004年第6期。张又：《美国高等教育专业认证的出现及其背景》，《药学教育》2005年第21卷第1期。

为美国工程教育专业鉴定制度从无到有的制度起源时期。20 世纪 50 年代起至今是该制度发展和完善的时期，鉴定的覆盖面和影响力逐年扩大，然而鉴定过程和准则却也变得僵化、教条，开始牵制高等工程教育与时俱进的步伐。自 1990 年代初开始，工程专业鉴定机构 ABET 意识到了社会大环境的变化，开始回应工业界和教育界强烈的改革呼声，积极召集起工程专业鉴定制度的各个利益相关方共谋改革大计，提出了全新的鉴定思路和准则，并于 2001 年起全面付诸实施。美国的工程专业鉴定制度由此迎来了新的篇章，更加完善和成熟。时至今日，这一改革已初见成效，但仍有待于进一步的调整和改进。接下来将对这两个阶段进行更详尽的描述和分析。

5.3.1.1　ECPD 的成立与鉴定制度的开端（1920 年代—1940 年代）

美国独立以来，经济不断发展，社会对人才的需求不断增加，包括文理学院、军事工程学院、专门技术学院在内的各类院校纷纷创立。南北战争促使美国完成了从农业国向新兴工业国的转变，资产阶级迅速崛起，资本主义经济迅速繁荣。此时，社会对各种建设人才，特别是工程技术人才的需要更加迫切，对其专业水平的要求也日益增高，高等工程教育必须要担当起为经济和科技发展提供人才的重任，同时也迎来了自身发展的良好契机。

自从《莫里尔法案》（*Morrill Act*，1862）实施以后，联邦政府拨款扶助各州兴办农工学院，旨在为本地经济发展服务的赠地学院蓬勃发展起来。由于科学迅速发展，分工日益精密，工、农、商业发展更加依赖于科学技术的支援，高等工程教育随之做出反应：众多大学都开始设立工程学院，以满足工业发展的迫切需要。法案实施以前，美国仅有罗彻斯特理工学院、伦斯勒多科技学院等5所理工院校。在土地附加基金的强烈刺激下，至1880年迅速发展到85所理工院校，其中一半以上学院所设立的工科系是根据土地赠与法建立的。

在联邦政府通过的《莫里尔法案》、《哈奇法案》(*Hatch Act*, 1887)①等一系列法案的促动下，美国高等工程教育在19世纪下半期到20世纪初经历了前所未有的大发展，而这种大发展却是在一种非常松散的管理机制下展开的。工程院校数量的增加和规模的扩大带来的是整个高等工程教育领域的无序和混乱②。工程教育应达到什么样的标准成为了当时美国高等工程教育界急需解决的问题，政府、工业界、公众等各利益相关方也都更加关注工程教育的质量问题。在此情况下，为了行业的繁荣和发展，一些工程专业协会开始自发地对工程教育进行整顿和规范，工程专业鉴定也便应运而生。

工程专业教育的规范化和标准化工作是从20世纪初期逐渐开展起来的③。1907年，工程教育促进会(Society for the Promotion of Engineering Education, SPEE)，即现在的美国工程教育协会(American Society for Engineering Education, ASEE)，邀请了

① 1887年美国国会通过的另一个促进农业教育和科研事业发展的法案，规定联邦政府用出售公有土地的款项向各州提供1.5万美元，支持各州的农业实验站工作。

② 熊耕：《美国高等教育认证制度的起源及其形成动力分析》，《外国教育研究》2004年第6期。

③ John W. Prados, George D. Peterson and Lisa R. Lattuca, "Quality Assurance of Engineering Education through Accreditation. The Impact of Engineering Criteria 2000 and Its Global Influence," *Journal of Engineering Education*, January 2005, p. 166.

4家专业协会共同成立了工程教育联合委员会(Joint Committee on Engineering Education),负责对工程教育课程进行研究并提出建议。此委员会于1918年发布了一份关于工程教育课程的报告[①],可惜由于一战的影响,此份报告并未得到工程教育界的关注。

真正意义上的第一次工程教育专业的正式鉴定是由美国化学工程协会(American Institute of Chemical Engineers, AIChE)于1922年进行的[②]。该协会在这一年制定了一套化学工程专业教育的课程体系,并成立了一个专门委员会对化学工程专业进行评估,并于1925年公布了14所通过该项评估的学校的名单。在同一时期,美国工程教育促进会(SPEE)也成立了一个委员会对美国的工程教育进行评估。其研究结果形成了一份名为《美、欧工程教育的比较研究》(A Comparative Study of Engineering Education in the United States and Europe)的报告,并在1930年公之于众。此份报告,前文已数次提及,即著名的"威肯登报告",主要建议成立一个组织,制定工程专业教育的标准,并依此标准审核工程专业教育项目。为实现这一目标,7家工程领域的专业学会和协会共同于1932年在纽约成立了美国工程师专业发展委员会(Engineers Council for Professional Development, ECPD)。这些发起组织包

① D. C. Jackson, *Present Status and Trends of Engineering Education in the United States*, *Engineers' Council for Professional Development*, New York, 1939: pp. 9—11.

② John W. Prados, George D. Peterson and Lisa R. Lattuca, "Quality Assurance of Engineering Education through Accreditation. The Impact of Engineering Criteria 2000 and Its Global Influence," *Journal of Engineering Education*, January 2005, p. 166.

括：

- 美国土木工程师协会（American Society of Civil Engineers，ASCE）
- 美国采矿及冶金工程师学会［American Institute of Mining and Metallurgical Engineers，即现在美国采矿、冶金及石油工程师学会（American Institute of Mining，Metallurgical，and Petroleum Engineers）］
- 美国机械工程师协会（American Society of Mechanical Engineers，ASME）
- 美国电气工程师学会（American Institute of Electrical Engineers，即现在的电气和电子工程师学会，AIEE）
- 工程教育促进协会（SPEE，即现在的美国工程教育协会，ASEE）
- 美国化学工程师学会（AIChE）
- 全国各州工程考试联合委员会（National Council of State Boards of Engineering Examiners，即现在的国家工程及测量考试委员会，NCEES）

从联合发起者的名单可以看出，工程专业鉴定带有行业自治、自律的性质。发起协会中包括美国工程教育协会（ASEE）和国家工程及测量考试委员会（NCEES）的前身机构，说明对工程专业的鉴定一开始便与工程师资格密切相关，该制度在设计伊始便已考虑到了与工程师资格鉴定制度的衔接。

工程师专业发展委员会（ECPD）的主要职能包括：

- 引导——为在读工科学生及想要报考工程专业的学生提供信息；

- 培训——开发个人及专业发展的辅导计划；
- 教育——评估工程专业课程计划并保有一份通过鉴定的专业名录；
- 认可——开发一些使个人能够得到专业和公众认可的方式方法。

从成立的第一年起，ECPD已朝着鉴定机构的方向发展。经过几年酝酿，其鉴定工作的开端是1935年11月对斯蒂芬技术学院和哥伦比亚大学的访查。1936年10月，ECPD发布了第一份通过鉴定的专业名单，覆盖了35所工程院校、14个学科。在下一年中，评估访查工作迅速展开。1937年10月，ECPD公布了一份专业鉴定的扩展名单，范围扩大到107所工程院校、16个学科。到1947年，ECPD已经鉴定了133所高校的580个本科工程专业项目。

5.3.1.2 发展完善时期(1950年代至今)

美国是后起的资本主义国家，凭借其优越的资源条件和合乎国情的发展方式实现了经济腾飞。第二次世界大战以后更是进入了基本平稳高速发展时期[①]。20世纪中叶以来，美国的工业、科技飞速发展，引领了以信息技术为主的第三次工业革命，工程领域的专业化和标准化程度也大大提高，对各种工程专业人才的培养提出了更高的要求。顺应这一趋势，美国的高等工程教育作出了反应和调整，工程专业鉴定制度也随之进一步发展和完善。

---

① 张维、王孙禺、江丕权编著：《工程教育与工业竞争力》，清华大学出版社2003年版，第79页。

工程专业领域的鉴定工作，自1936年起开展以来，一直稳步发展。ECPD下属的专业学会数量逐渐增多，鉴定的领域也逐渐拓宽。1946年后，ECPD的专业鉴定领域更扩大到工程技术专业质量鉴定。在学制方面，1946年到1965年间，ECPD只评估两年制的工程技术专业项目，直到1966年才评估了第一个四年制的工程技术专业项目。同时，鉴定过的工程专业数目也逐年递增(参见表5.1)。

表5.1　1936年—2005年通过鉴定的工程专业的数量增长情况

年份	通过工程专业鉴定的院校数	通过鉴定的工程专业数
1936	107	442
1946	133	580
1956	152	808
1966	182	918
1976	234	1239
1986	267	1353
1996	317	1527
2005①	357	1759

资料来源：Prados et al.,"Quality Assurance of Engineering Education through Accreditation,"p.167。

1980年，为了更突出其鉴定的特点和任务，ECPD更名为现有名称，即美国工程技术鉴定委员会(Accreditation Board for Engineering and Technology, ABET)。在ABET内部，工程鉴定委员会(Engineering Accreditation Commission, EAC)评估工程专业，技术鉴定委员会(Technology Accreditation Commission,

① 2005年的数据来自ABET, Inc.,2005 Accreditation Statistics, http://www.abet.org/statistics.shtml。

TAC)评估工程技术专业。1983年,ABET又成立了相关专业委员会,评估那些与工程专业相关的其他专业,此后,该委员会于2001年更名为应用科学鉴定委员会(Applied Science Accreditation Commission,ASAC)。同年,由于ABET和计算机科学鉴定组织(Computer Science Accreditation Board,CSAB)的合并,ABET又成立了计算机科学鉴定委员会(Computing Accreditation Commission,CAC),并于2001年开始了对计算机科学和信息科学领域的专业鉴定。

截至2005年,ABET已经鉴定了357家院校的1759个工程专业,220家院校的664个工程技术专业,50家院校的66个应用科学专业,204家院校的239个计算机科学与信息技术专业。

现今,ABET的组织结构如下图5.1所示。董事会下设执行委员会和办公室。而各项分门别类的工作则由十几个常务委员会、特别委员会以及四个鉴定委员会分工负责。

1990年代初ABET鉴定开始出现阻碍工程教育改革之弊。随着时代的进步和美国工程教育的完善发展,ABET对工程专业的鉴定逐渐成为改革的绊脚石。随着ABET鉴定的专业不断增多,影响不断扩大,其鉴定结果引起的争议也在增多。比如一些鉴定没能通过的专业对ABET的评估结果提出了法律上的质疑。为了应对和避免争议和质疑,ABET的鉴定标准也变得越来越细化和量化,而较少依赖于同行专家对“质”的综合判断。尽管是始终秉持着改进工程专业教育质量的良好意愿,但1990年前夕的ABET确实已成为了“现状的维护者”,也就是“改革的绊脚石”。

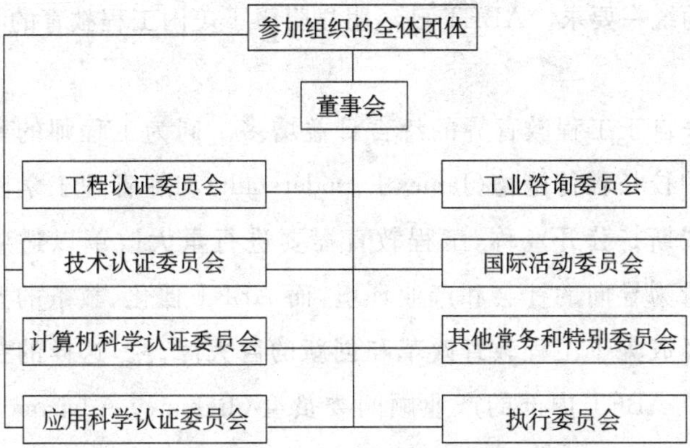

图 5.1　ABET 组织结构图

资料来源：蓝江桥：《美国高校工程技术专业教学质量的评价》，《比较教育研究》2004 年第 4 期。

这主要表现在：

- 与工程院校的关系是敌对和疏远的。
- 评估标准多关注于数字，例如教师队伍数量和各类课程的分布比例等。
- 评估标准规定得越来越细——总则从 1959 年的不足 1 页纸细化到 1999 年的超过 19 页。
- 各专业的评估准则又在总则之上提出更多的额外规定，例如对本专业的课程设置及教师队伍的学历等的要求。
- 专业的评估者及评审领导者们都很努力尽职地工作，但往往太过教条，像做审计一样诸项死板地对照核查。ABET很难从工业界和研究型大学招募到专业过硬又有着革新精神的评审员。

因此，想要制定更加灵活和新颖的培养方案的院校就会越来越受到 ABET 评估标准的束缚，为了不失去鉴定，只好遵从评估准则的统一要求。ABET 已经明显阻碍了美国工程教育的与时俱进。

来自于工程教育界的怨言日益增多。同为工程师的密歇根大学的校长杜德施德(James J. Duderstadt)和麻省理工学院的前校长威斯特公开宣称,工程教育需要进行重大改革以适应新的以质量为导向的社会和产业环境,而 ABET 僵化、教条的鉴定准则已经成为了工程教育改革和创新的巨大障碍。这样的担忧也引起了 ABET 内部的产业顾问委员会(Industry Advisory Council)成员们的共鸣。1992 年夏,佐治亚理工学院的怀特(John White)校长代表各主要工科院校的工程学院院长们与 ABET 和 EAC 的领导们进行了会谈,表达了对现行鉴定准则和流程的关切和忧虑。部分院长甚至提议要另外组建一个工程教育专业鉴定组织。

5.3.1.3 ABET 改革鉴定思路和准则

ABET 的领导层意识到了这些声音的重要性。在 1992 年的年会上,ABET 主席普雷多斯(John Prados)向董事会提出要对鉴定思路、准则和流程进行根本性的修订。在普雷多斯等人的努力下,ABET 成立了鉴定过程审查委员会(Accreditation Process Review Committee,APRC),负责对以下两方面提出建议:如何在增加工程专业鉴定准则的灵活性的同时保证教学质量;如何聘用来自于教育界和工业界的优秀工程师来领导 ABET 鉴定过程。APRC 由 ABET 的领导人和 ABET 的客户——学术界和工业界的代表组成。APRC 认为,主要有三方面因素阻碍了工程教育改革:鉴定准则冗长繁琐;评估体系复杂且不易开展;难以广泛吸引在职的资深同行专家加入评审过程。

1994 年,在国家科学基金会 NSF 和 ABET 产业顾问委员会成员机构的资金支持下,ABET 举行了三次整合意见的"利益相关方工作会议"。工程专业鉴定的各主要利益相关方都有代表参加,与会者总计超过了 125 人,分别代表大学校长、院长和教师队伍;工业界领导;私人从业者;专业技术协会的联系人及领导;ABET 的领导、委员会成员及董事会成员;州工程师注册局董事会成员及及国家工程测量及考试委员会的领导;以及政府中工程技术领域的研究者和政策制定者。这三次会议的讨论结果超出了原定的议题。于是 1995 年又继续举行了一次工作会议,集中探讨未来鉴定的模式。这几次工作会议所提出的建议收录在 ABET 于 1995 年发布的名为《改革的愿景》(Vision for Change)的报告中。该报告在工程界广为流传,倡导对鉴定的标准、程序,以及鉴定评审人员的选拔和培训进行根本性的改革。

(1) 制定并试行新准则

1995 年 10 月,ABET 董事会批准颁布了工程教育鉴定的新准则 EC 2000(Engineering Criteria 2000)并征集公众意见。这一准则强调专业要有明确的培养目标(即要突出专业办学特色,而不是制定千篇一律的培养计划),注重学习成果(即要关注毕业生的知识和技能,而不是学时的多少),针对课程内容的规定大大减少了。EC 2000 的核心是要在评估教学成果和目标的基础上促进专业的持续改进和发展。新准则的精华在于评估重点从"专业教什么"转向了"学生学到了什么",改变了旧准则的僵化性,使得专业可以放手改革而不受准则的限限。

1996 年和 1997 年,基于 EC 2000 准则的评估试点工作首先在 5 所工程院校中开展。工程鉴定委员会(EAC)特别组建了几个评估工作组,他们不仅要考察院校开设的工程专业是否符合EC 2000准则,而且还要考察这一准则自身的适用效果。由于院校在评估之初要提交自评报告,为了让院校能够更好地理解新的评估准则和准备评估材料,评估工作组首先和试点院校的代表一起坐下来,介绍新标准,探讨专业能提供哪些材料较好地反映新标准的考察重点。EAC也可以通过试点评估访查对评估工作进行改进,并培训未来的评鉴工作组领头人和评估人员。

试点评估工作之后自1998年起的3年为过渡时期。在此期间,专业院校可以选择继续沿用老的评估标准,或者应用新的EC 2000准则。下表显示了在2001年过渡期结束后,各专业相继转为依EC 2000准则进行评定的时间过程。

表5.2 EC 2000实施情况

应用EC 2000评定的情况				评估过的院校数	应用EC 2000评估的百分比
鉴定周期		院校数	专业数		
1996—1997	试点	2	14	——	——
1997—1998	试点	3	16	——	——
1998—1999	可选	12	54	56	21%
1999—2000	可选	46	249	80	58%
2000—2001	可选	48	270	58	83%
2001—2002	必须	51	299	51	100%
2002—2003	必须	63	301	63	100%
2003—2004	必须	63	212	63	100%
应用EC 2000的评估总数		288	1415		
1996—2004评估总数		328	1602		
应用EC 2000评估所占的百分比		88%	88%		

数据来源:Prados et al.,"Quality Assurance of Engineering Education through Accreditation,"p.169。

(2) EC 2000 新准则的内容及特点

EC 2000 的内容包含三大部分。[①]

第一部分是制定标准的目的，即保证工程教育的质量，并使之得到系统的改进，以满足受众在充满活力和竞争的环境中的需要。对于一个正在申请工程专业鉴定的学校，其责任是清楚地证实该专业满足下列准则。

第二部分是适用于基本水平专业的一般鉴定标准(General Criteria for Basic Level Programs)，共有八项标准，分别从学生、专业的教育目标(Program Educational Objectives)、专业的产出和评价(Program Outcomes and Assessment)、专业教育组成(Professional Component)、师资、设施、学校对专业的支持和财政资源、专业标准(Program Criteria)等方面进行了规定。

EC 2000 标准的核心便是第三项标准——专业的产出和评价，很有新意。专业的产出指的是学生从本专业毕业时预期应掌握什么知识或者会做什么。该项标准提出申请鉴定的工程专业必须证实毕业生具有以下 11 种能力：

1)数学、自然科学和工程学知识的应用能力。

2)制订实验方案、进行实验、分析和解释数据的能力。

3)根据需要，设计一个系统、一个部件或一个过程的能力。

4)在多学科工作集体中发挥作用的能力。

5)对于工程问题进行识别、建立方程，以及求解的能力。

6)对职业和伦理责任的认知。

---

① ABET, Inc., Criteria for Accrediting Engineering Programs (2007—2008 Accreditation Cycle), http://www.abet.org/forms.shtml.

7)有效的人际交流能力。

8)宽厚的教育根基,足以认识工程对于世界和社会的影响。

9)对终身学习的正确认识和学习能力。

10)有关当代社会问题的知识。

11)在工程实践中运用各种技术、技能和现代工程工具的能力。

每个专业必须有自己的评价程序,包括用文件记录其结果,并且必须提出证据以证明评价结果确实用于专业的进一步发展与改进。评价过程必须证实专业的产出是经过检测的。

第三部分是高级水平的鉴定标准(General Criteria for Advanced Level Programs),即指高水平专业在满足基本水平专业的一般标准基础上,还要增加一学年的学习,其中包括一项工程作业或研究活动,并于最后形成一份报告以显示其既掌握了学科内容,又具有高水平的人际交流技能。

列于最后的专业标准部分共涵盖航天工程、农业工程、建筑工程、生物工程、陶瓷工程、化学工程、土木工程、建造工程、电气与计算机工程、工程管理、工程力学、环境工程、地质工程、工业工程、制造工程、材料与冶金工程、机械工程、采矿工程、船舶与航海工程、核与放射线工程、海洋工程、石油工程、软件工程、测量工程等 24 种专业(其他类似名称的专业则分别参照最接近的专业标准),分别由各有关工程学会牵头拟订。

EC 2000 的主要特点可归纳如下:①

①十分强调专业教育的"产出"质量,也就是学生毕业时已懂

---

① 对 EC 2000 特点的总结参见了毕家驹的观点。毕家驹:《美国 ABET 的工程专业鉴定新进展》,《高教发展与评估》第 21 卷第 5 期(2005 年 9 月)。

得什么,会做什么。

近年来,美国公众对高等教育质量表示了强烈的不满,批评鉴定只注意学校的经费和图书等“投入”情况,而对学生入学后的进步、毕业生的质量等“产出”情况关心不够。ABET 在很大程度上考虑了公众的呼声。

②明确要求学校要有妥善措施保证专业教育满足公众要求。

高等学校作为最高学府历来享有不容外界干预的学术自由,但高等学校作为国家和纳税人大量投资的教育机构,又理应倾听大众意见,向社会提供其质量令人满意的教育服务。长期以来,鉴定力求在学术自由和向公众负责这两者之间取得平衡。近年来,公众对高等教育质量的要求越来越迫切。新准则的新条款似乎表明天平向后者作了倾斜。

③倡导工程教育的创新和改革,专业办出创意和独特风格。

EC 2000 已把创新和改革提到了鉴定目标的高度上来认识和追求。这样不仅可以更好地防止鉴定可能产生的抑制创造性的消极作用,而且表明鉴定要求学校考虑科学技术的快速发展和新世纪的人才需求而持续地发展教育,对学校和院系提出了与时俱进的更高的办学要求。

④规定学校必须有自己的质量评估体系。

EC 2000 要求建立校内评估体系。质量保证归根到底要靠学校和院系自己。校外鉴定固然重要,但是少不了以自评作为基础。学校建立起校内评估体系,形成评估制度,是一所学校成熟和负责的表现。

⑤注重检验毕业生的实际能力。

EC 2000 列出了工程专业毕业生应具备的 11 方面的能力和素质,要求学校在自评中予以证实;而且 EC2000 着重提出专业教育组成中应含有的学科领域,对课程设置则不加任何规定。

总之,EC 2000 做到了条款精炼,内容简明,要求突出,注重目标控制。它给教育过程留下宽松的发展空间,而对教育质量保证过程提出了严格要求。它强调教育产出质量,强调教育向公众负责,要求建立校内评估体系,以及持续的改革和创造。EC2000 对工程毕业生的 11 条能力要求,可以看作是美国工程界和工程教育界对新世纪工程人才素质所设想的模式。EC2000 所体现的重大变革,反映了评估指导思想的演变和准则重点的转移。它的出现意味着工程专业要加强建设和改革工作,从而更进一步提高教育质量。

5.3.1.4 新准则面临的挑战和问题

在过渡到 EC 2000 准则的过程中,ABET 继续对新标准进行评估,并积极听取各院校的意见,不断改进完善。目前,成功实施 EC 2000 新标准所面临的挑战主要有如下几方面:

- ABET 要重新培训上千名评审志愿者。
- 院长和系主任们在说服教师队伍接受新标准时仍有困难。
- 对院校教师队伍进行有关新标准的培训需求比预想要大得多。
- 在强调评估专业目标和成果时,往往会忽视对课程的要求。

1998 年,在国家科学基金会(NSF)和工业界的支持下,ABET 在各地区发起了一系列为期两天的教师工作坊,向院校有关教职人员介绍 EC 2000 的鉴定过程，引导他们如何在新标准的框架下不断改进专业项目。每所院校有 2 名教职人员可以报销参会的旅费。12 家工业界的企业和 4 家非营利组织主办了这些工作坊，并提供相关领域的多位专家来指导参会的教职人员。这些工作坊引起了极大反响，效果显著，因而其后又有选择地在一些地区相继举办了多次自费的工作坊和工程教育会议。至 2003 年末，超过 1586 名教职人员参加了这些工作坊。

EC 2000 虽然替代了过去僵化、教条的标准，但许多人认为院校对评价和审核的要求仍有误解，收集大量的数据，却缺乏一个如何使用这些数据的清晰计划。ABET 的评估组常常收到一本本原始数据，而不是一个对结果的简明分析。

十年之后，“利益相关方工作会议”的领导者们于 2002 年再次聚会审视和评价 ABET 鉴定制度改革的进程。经过对进程的认真思考和评议，并综合了各院校的反馈信息，总结出下述一些值得关注的问题：

- 太注重专业项目有关数据收集的数量，而不是对质量的评价，使得鉴定工作变得很繁重。
- 院校层面的努力能否持续。
- ABET、各院校以及专业协会发挥的重要作用能否持续下去。
- 专业协会对专业评估人员的选拔、培训和评价能否一贯保持高质量。
- 新的鉴定过程不仅注重持续的质量提高，同时也要求满足一些最低的标准。
- 专业协会和 ABET 需要在完善评估标准的过程中注意

到各学科的交叉问题。

除了上述问题，工作坊的领导者们也看到了一些令人乐观的积极因素，包括在改进专业教学质量的过程中，外部利益相关各方的系统参与的重要价值得到更多认可；基于成果的评价方式得到更多认同；教师们更加关注学生学到了什么；以及专业鉴定得到了工业界更广泛的参与。

5.3.2 美国高等工程教育专业鉴定制度的均衡系统分析

5.3.2.1 主要利益主体及其参与机制

历史制度主义的分析范式十分注重制度的各利益相关方在制度构建和演变中的相互作用及其影响。我们分析美国的工程专业鉴定制度，其主要利益相关方包括：高校（校、院系管理者及教师）、各工程专业学会/协会、工业界（即雇主）以及政府（相关领域的研究者和政策制定者）。他们之间的关系我们尝试用下图来简明表示：

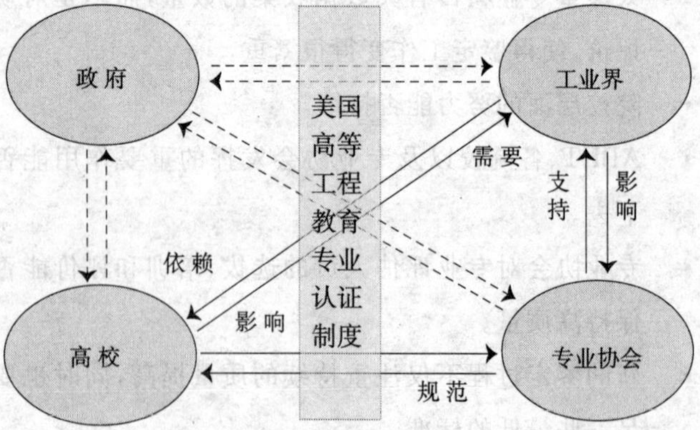

图 5.2 美国工程专业鉴定制度各利益主体间的关系

5.3.2.1.1 专业协会及其参与机制

在美国以市场为导向、弱政府管理的高等工程教育体制中，美国的工程专业协会和学会，作为工程教育界与工业企业界的联系纽带，历来是一支活跃的民间力量，为行业的繁荣发展和促进高等工程教育质量发挥着积极而重要的作用。在工程教育专业鉴定相关的领域其作用则更为凸显。

从前文对制度发展历史史实的描述中不难看出，工程专业协会和学会无论是在美国工程专业鉴定制度的创设之时，还是在该制度发展完善的历程之中，都是一个重要的核心参与主体。它们最早感知到美国的工程教育发展到一定阶段迫切需要建立起工程专业教育质量的保障机制，并自发而主动地肩负起这一历史使命，开始了专业鉴定领域的各种积极的尝试：从最初对工程教育课程的研究和建议，到对化学专业的试点评估，再到联合发起成立美国、也是世界上第一个专门性的工程专业鉴定机构 ECPD，逐步建立起一套全国统一的工程教育的质量标准和同行评估机制。它们不仅是制度的发起者，还是主要的实施者。鉴定机构 ECPD 和后来的 ABET 都是各领域工程专业协会和学会的会员联盟制机构，某一具体工程领域鉴定的实施和标准制定都是由该领域较有威望的专业协会牵头进行的。例如，化学工程专业领域的鉴定就是由最早参与发起 ECPD 的历史悠久的美国化学工程师学会(AIChE)牵头实施的。

可见，在美国专业协会和学会在工程专业鉴定制度中的责任重大，它们站在促进“专业”或“行业”(profession)发展进步的立场上，联系起工程教育界和工业企业界的同行专家，共同审视、保障和促进工程教育的质量。非政府的专业协会能在专业鉴定制度中扮演起如此重要的角色，这与美国自身的高等教育制度和社会文化传统是分不开的。美国的高等教育具有很强的独立性和高度自治权，自发展之初就反对政府力量的介入。因而，当教育质量出现滑坡，不能令政府与公众满意时，民间的代表行业发展利益的组织便会站出来加强工程教育界内部的自我管理和质量保障。美国的教育分权制为鉴定制度的发展提供了基本模式，这体现了既存的制度环境对新制度创设和存续所产生的模板效应。

5.3.2.1.2 高校及其参与机制

美国高等工程教育专业鉴定制度的创设和存续，其核心使命就是要保证和促进高校工程专业的教育质量，以培养出高质量的工程人才，满足日益变化着的市场需求。因而高校是该制度的重要参与主体和实施对象。纵观该制度在美国的发展历程，高校一方不是被动地接受鉴定，恰恰相反，它们扮演的是积极的规划者、推动者和管理者的角色。在奉行学术自由和自治的美国，工程专业鉴定制度是建立在高校自我评估和同行评估基础之上的，是高校自我管理的重要手段之一[①]。从制度构建伊始，鉴定框架的制定和实施都是在工程专业协会的组织下由高校密切参与和共同策划下得以实现的。工程专业协会本身就是服务于高校工程教育质量改进的，高校中工程领域的教授专家也都是协会的重要成员。因此，虽然从主体形式上讲，工业协会作为中介机构在制度中起到了组织和主导的作用，高校学术界的声音在协会中和整个鉴定制度中都可以说是最有影响力的。

---

① 熊耕：《美国高等教育认证制度的特点分析》，《比较教育研究》2005年第2期。

从前文的描述中可以洞悉，随着鉴定实施范围和影响力的扩大，高校和鉴定机构之间在鉴定思路、程序和准则等方面也有着反复的博弈。高校的意见和建议促使鉴定程序的不断规范化，也一度促使鉴定标准的规定越来越严谨、细致，以致繁冗和僵化，随着时代和社会需求的发展，开始束缚高校内部改革的手脚，阻碍工程教育的革新和与时俱进。于是高校响应工业界的需求，提出改革的呼声，对鉴定机制进行调整和完善。由此可见，高校出于自身的发展需要和利益诉求，也在不断推动着美国的工程专业鉴定制度向前发展演进。

此外，高校在美国工程专业鉴定制度中的管理作用还表现在对工程专业鉴定机构的认可上。赋予 ABET 鉴定权力的是美国全国性的非政府的权威认可机构美国高等教育鉴定理事会(Council for Higher Education Accreditation，CHEA)。CHEA 的认可目的包括提高学术质量、体现问责和鼓励改进三个方面，强调高等教育的自律，通过其认可说明鉴定机构在高等教育界取得了一席之地。CHEA 是以有威望的高校领导为核心组成人员，代表的是高等教育行业发展的利益。高校一方通过 CHEA 对 ABET的认可过程可以监管和影响其鉴定行为。

5.3.2.1.3　工业界及其参与机制

美国的高等教育体制是以市场为导向的。近年来，工程教育界所面对的市场需求，也就是工业企业界雇主对工程人才的需求，引领着美国工程教育的发展方向，也一定程度上影响着工程专业鉴定制度的取向。工业界是工程专业鉴定中不可或缺的参与主体。工业界的专家代表直接参与鉴定标准的制定和专业的评估活动，也借此在过程中了解工程教育的现状和问题，并将市场需求的变化传达给高校和鉴定工作者。从对制度历史的梳理可以感觉到，美国工业界的参与和影响力是随着美国工业经济和科技的崛起和腾飞，工业界对人才需求的日益旺盛而呈递增趋势的，特别是20世纪末美国引领的第三次科技革命以后，工业界对工程教育界及鉴定制度的影响力似乎才凸显出来。ABET在20世纪90年代对鉴定思路和标准的颠覆性变革就体现出工业界雇主的需求对工程教育及工程专业鉴定的重要影响。工业界的代表充分参与到新准则的制定过程中，新准则对专业教育成果——学生的11项能力的注重也呼应了工业界对工程人才的需求。通过ABET对鉴定思路和标准的变革，工业界比以往更广泛而密切地参与到专业鉴定当中，进一步增强了在制度中的话语权。

5.3.2.1.4 政府及其参与机制

美国三权分立的政治模式投射到社会生活的各个领域，包括高等教育领域。由于实行教育分权制，美国联邦政府无法直接管理高等教育，州政府虽然对高等教育负有管理责任，但他们的管理却比较薄弱。美国高等工程教育鉴定制度不是政府干预下的产物，其产生和发展对于政府的松散管理却是一个有力补充[①]。工程专业鉴定制度的起源初期，美国政府几乎没有任何参与和干预，该制度完全是工程教育界内部的自我管理和规范。

二战后的五六十年代，由于退伍军人等社会问题的凸现，美国政府在一定程度上加强了对高等教育的管理，开始通过立法[②]和

---

① 方乐：《美国政府与高等教育认证机构之间关系的研究》，上海师范大学教育学硕士学位论文，2005年5月。

② 《退伍军人再适应补助法》和《高等教育法》及其修正案等。

财政资助等方式干预和影响鉴定制度，由联邦教育部(USDE)①对一些鉴定机构，特别是院校鉴定机构，进行国会“授权”认可，使其具有更强的“问责”(accountability)②和社会服务功能。ECPD和ABET都曾通过联邦的认可。然而，联邦的认可与CHEA行业角度的认可不同，强调联邦学生资助经费的有效使用和教育消费者权益的保护，其认可使鉴定机构所鉴定的高等院校有资格参与联邦学生资助项目。因而，院校鉴定机构往往一定要通过其认可，而对于ABET这样的鉴定工程专业的机构而言，则不是必需的。ABET近两年就没有再次申请USDE的认可。当然，政府中工程技术领域的研究者和政策制定者仍会以一定形式参与到鉴定之中，影响鉴定机构的行为。

前文提到过在ABET变革鉴定标准的过程中，政府代表是一直参与研讨和建议的。但总体而言，政府在工程专业鉴定制度中的参与程度是较低的，虽然也在一定程度上促进了工程专业鉴定的规范化和社会问责，然而并非该制度发展过程中的主要力量。

5.3.2.2 主要利益主体的影响力分析

本章前文对美国工程专业鉴定制度起源和发展完善的历程进行了描述，并对这一过程中制度的四方主要利益主体——专业协会、高校、工业界和政府的参与机制和作用进行了阐释。当我们将这两方面综合起来审视，也就是将各方参与主体的活动放到历史发展的时间轴上，动态地来看它们各自的变化过程时，可能又会得到一些新的认识和启示。比如，各方在制度中的地位和影响力是

---

① 自1979年起，联邦教育部开始正式设有专门认可认证机构的部门。

② 问责是指高等院校或认证机构要向政府和公众负责，要高质量地履行其职能，有效地使用社会提供的资源在法律许可的范围内进行运作。

如何随着时代的前进而变化的，制度的形态和发展方向是否与这些变化有明显关联等等。当然，在这数十年中发生的是一点一滴的渐变过程，很难用言语或数字来明确表述。

我们可能只能从几个较长的时间段来总体审视变化的存在及其总体趋势。笔者根据研究中获知的信息形成了一些总体上的认识，下图就是将其形象化而得来的，放在这里仅作为一种定性分析的尝试，希望能使读者有一种总体的、更形象的感知。

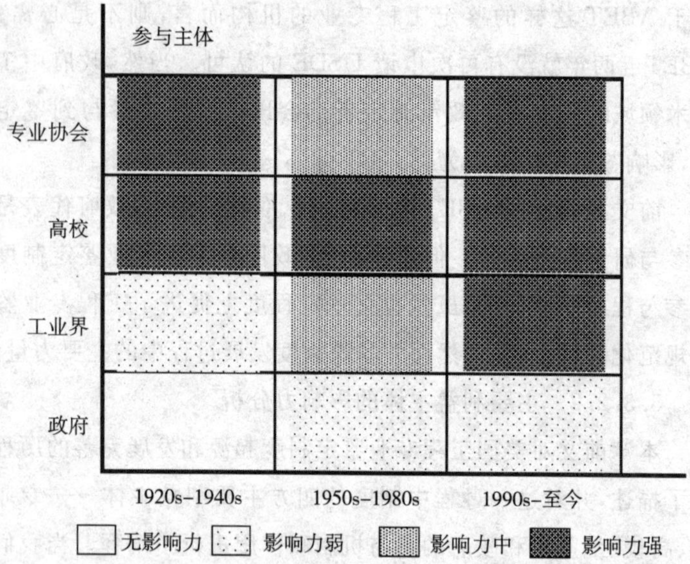

图 5.3　美国工程专业认证制度主要参与主体影响力变化示意图

5.4　德国工程教育专业鉴定制度的历史制度主义分析

德国的高等工程教育专业鉴定制度建立于 20 世纪末与 21 世

纪初的交替时期。从建立至今，它才有不足10年的历史，尚处于初始阶段。因循和与美国相同的历史制度主义的分析思路，笔者首先从历史观的视角出发，即从制度变迁的过程来看，我们发现，德国的工程教育鉴定制度的构建与美国有很大差异，它不是一种在内因催发下的自然产生过程，而可以归结为一种自上而下的由国家政府主导的“强制性制度变迁”模式。促成这种制度选择模式的动因主要来自于全球化时代给德国带来的外部国际化的压力，以及国内高等工程教育体制改革的内因需求。其次，从制度结构分析来看，我们也发现，德国工程教育鉴定制度的四方主要利益主体的参与机制和影响力分布也与美国的情况有很大差别。它们在反复博弈中形成了具有德国特色的制度均衡系统。同时，政府的主导也使制度的构建带有特定的政策取向。下文将就上述各方面内容进一步展开分析和探讨。

5.4.1 德国范例的路径选择分析

5.4.1.1 制度选择的因素分析

5.4.1.1.1 全球化时代下德国高等教育的国际化压力

德国工程教育专业鉴定制度的缘起的背景主要与全球化时代的高等教育国际化趋势有关。众所周知，欧洲，特别是西欧地区，曾经是世界近代高等教育的发祥地，而且还出现了作为跨国界、跨文化学习和国际教育的先驱——法国的巴黎大学和意大利的波伦亚大学(因为这两所古老的著名大学曾是当时欧洲知识传播与研究中心)。德国作为世界高等教育最发达的国家之一，在高等教育国际化方面有着优良的传统，并诞生了曾经成为世界教学与科研中心的德国柏林洪堡大学，威廉·冯·洪堡的高等教育改革思想曾在世界教育史上写下了光辉的一页。第二次世界大战结束后，随着高等教育国际化的逐步形成和发展，联邦德国和民主德国，特别是前者，在以国际高等教育交流与合作为主要特征的高等教育国际化进程中，曾发挥了积极作用。在1975—1990年期间(1979年除外)，德国接受的外国留学生人数一直仅次于美国和法国，居世界第三位。

但是，自20世纪90年代以来，经济全球化成为世界经济发展不容置疑的客观趋势，已经并正在给世界各国经济社会发展带来深刻的影响。经济全球化的一个重要特征是人才、信息等资源在世界范围内的自由流动，以此实现生产要素和资源在世界范围内的最佳配置。经济在全球的发展必然带动教育资源在世界范围内的相互交流和合作更加频繁、密切，同时迫使各国的教育资源向全世界开放。因此，全球化反映在教育领域的趋势就是，在国际上，普遍将教育视为一种产业，教育市场的竞争非常激烈。尤其是西方发达国家，名校林立，生源竞争激烈，加之生源有限，政府拨款下降等问题，迫切需要开拓国外市场，整个国民经济和其他方面的优势使其在发展中国家很容易打开市场，因而率先推动了高等教育的国际化。同时，发达国家在国际文化交流中处于优势，占主导地位，借助高等教育国际化就可以增强其对发展中国家的文化渗透，而且在教育的国际交流中既能够以廉价方式吸引大批的发展中国家的一流人才，又可以赚取巨额的直接的经济收益。相比之下，德国在竞争中的地位有较大滑坡，由于学制僵化、缺乏国际可比性、非英语教学等原因，其高等教育在国际教育市场中的吸引力远不如美国、英国、澳大利亚等发达国家。面对此种情势，拥有深厚高等教育发展历史积淀的德国急于要在世界高等教育全球化中巩固并证明自己的地位，因此必须要大刀阔斧地扫除国际认可之路上的一切障碍。

5.4.1.1.2　德国高等教育内部的变革需要

德国的工程教育历来以其完善的体制和严谨的治学在国际上享有很高声望。德国高等工程教育的机构大体分为两种类型：工业大学（Technische Universität，TU 或 Technische Hochschule，TH）和高等专科大学（Fachhochschule，FH，简称“高专”，也可译为应用科技大学）。

在德国的传统学制中，工业大学的教育注重研究，培养出来的毕业生一律授予“文凭工程师”（Dipl.-Ing.）学位。工科培养计划一般规定为 5 年，然而实际上工业大学的学生平均要经过 13 个学期，也就是 6 至 7 年的学习才能完成学业。到工业企业界进行半年的实习是完成学业的必要条件，通常有 13 周在进入大学前完成，13 周在假期中完成。工业大学的这类培养计划侧重理论和研究，因此其所授予的文凭工程师学位被视为相当于国外大学的硕士学位。

高专的培养计划更注重工程应用和专业实践，其毕业生的学位称谓后加一括号注明其“高专”出身（Dipl.-Ing.（FH））。高专的修业年限规定为 4 年，也就是 8 个学期，其中至少有 1 个学期是在工业企业界进行实践活动，而实际的平均修业时间为 9 个学期左右。高专授予的文凭工程师学位被视为等同于较为完善的本科学位水平，或者甚至可以等同于英国的工程硕士学位。

由上述介绍不难看出，德国传统的高等工程教育有着独特的学制安排，与国际上通行的以英、美等国为代表的本硕学制差异较大。1990 年代以来，随着高等教育国际化的趋势向各国渗透，德国的传统学制显现出越来越多的问题。首先是学习时间过长。德国的工科学生要经过5至7年左右的学习,取得基本相当于国外硕士水平的文凭工程师学位方可进入劳动力市场,而英、美等许多发达国家的学生只需要3至4年时间即可获得本科学历进入职场,这样就导致德国工科学生的就业时间普遍较晚,对于许多本国和国外留学生而言,在德国取得工程教育学历的时间成本较大,不如选择其他国家的本科学历来得快。

其次是不能满足就业市场的多种需求。工业企业界对于工程人才的需要是多层次的,除了需要一部分较高培养层次的研究型工科人才(也要为之付出高薪酬)之外,也需要很多一般或较低层次的毕业生从事基础性、薪金较低的工程技术工作。与市场的多样化需求相比,德国工程教育的学位种类就显得比较单一化,培养成本也不够经济。

再次是学位与其他国家没有可比性,难以得到国际认可。德国文凭工程师的学位无法与其他国家直接对等,使德国本国学生和外国留学生在进入国际市场求职或申请在其他国家继续深造时都存在学历认可的障碍,这直接削弱了德国高等教育在国际教育市场上的吸引力和竞争力。

1990年起德国选择攻读工程学位的大学生出现了下降的趋势,持续到90年代末期才见好转①,由此,德国内部要求进行学制改革的呼声也越来越高,引起了教育界、工业界、政府和公众等社会各界的广泛关注。

---

① Henri Angelino,"Engineering Education and Professional Development in Germany, France and United Kingdom-Examples for Establishing Continuing Professional Development of Engineers in Japan", *NII Journal*, No. 6 (March 2003), p. 3.

在德国的推动下，欧盟各国顺应高等教育国际化的趋势，先后签订了一系列公约、宣言等，如1997年的“里斯本公约”、1998年的“索邦联合宣言”、1999年的“波洛尼亚宣言”等等，[①]旨在促进各国在建设欧洲高等教育区域问题上的共识，制定统一的行动目标，促进学生的跨国流动性和可雇佣性，增强欧洲高等教育的国际竞争力。

借着这一外部契机，德国开始对本国的高等教育体制进行相应的改革，引入新的本硕学制。联邦德国政府于1998年8月20日对《高等教育框架法案》(Framework Act for Higher Education，HRG)进行了修订，赋予了高等教育机构开设新的学士、硕士学位项目的权利。据该法第19节规定，新的学士学位项目的修业年限为3到4年，硕士学位项目的修业年限为1到2年，本硕连读不得超过5年。德国预计学制改革后，大多数(约80%)学生都会在拿到学士学位后直接进入职场工作。

针对工程教育领域，为了增强灵活适应市场的能力，工业大学和高专开设的学士学位项目将不再区别侧重研究或应用。两类高

---

① 1997年4月11日，在欧洲议会和联合国教科文组织的共同主持下，欧洲诸国在里斯本签署了“关于欧洲高等教育质量认证的公约”，即“里斯本公约”。该公约制定了一系列基本要求，并鼓励各国在此基础上提出更有建设性的方案，促进国家间高等教育学位项目的互认。1998年5月25日，法、德、意、英四国教育部长在巴黎索邦签署了“欧洲高等教育体系机构和谐化的联合声明”，即“索邦联合宣言”，进一步倡导建立一个旨在促进外部认可，促进学生的跨国流动性和可雇佣性的欧洲共同体系。在这些努力的基础上，为了促进欧洲大学课程和学位的相互承认，1999年6月19日，来自29个国家的教育部长签署了“欧洲教育部长联合宣言”，即“波洛尼亚宣言”，承诺建立欧洲区域的高等教育以及在全球促进欧洲的高等教育体系。部长们承诺协调国家的政策，以便在短期内，最晚在2010年，实现“欧洲高等教育一体化”(European Higher Education Area)。

校开设的学士和硕士学位项目，享有同等效力，但有偏重研究或应用之分，毕业生都可以继续申读博士学位。只有工业大学可以开设博士学位项目。

从新学制的规定来看，它针对旧有学制与市场脱节的诸多弊端进行了改革，旨在使工程教育学位具有国际可比性，提升德国工程教育对国内外学生的吸引力；同时，通过统一工业大学和高专的本硕学位授予权，也希望增加工程教育的灵活度和多样化①。当然，要让工程教育的质量真正得到国际上的认可，实现工科学生在国际上的自由流动，德国在引入国际通行学制的基础上，还要向前再跨一步，构建起工程教育专业鉴定制度并寻求国际互认，为工程专业教育的培养质量打上国际水平的“合格标签”。

5.4.2 德国范例的制度构建过程

5.4.2.1 政府积极促动国家鉴定体系的建立

1998 年修订的《高等教育框架法案》颁布之后，德国高校提议新建的本、硕学位项目达到了大约 900 个到 1000 个，其中 1/3 是工程和信息学类的项目。为了保证工科新学位项目的质量能达到市场准入的标准，使其培养出的工程人才能够得到国际上的承认，德国开始了高等工程教育专业鉴定制度的构建。

首先，德国政府是鉴定制度建立的积极主导者。在德国政府的政策引导下，1998 年 7 月德国高校校长联席会议（HRK）通过了一个关于鉴定程序的决议，呈交给州文教部长会议（KMK）。为

① TREE (Teaching and Research in Engineering in Europe), "Accreditation and Recognition in European Engineering. A Review", draft, updated on November 21, 2005, p. 25.

了保证高等教育的教学质量，促进教育透明度，增进学生、雇主和高等教育机构对教学质量的了解，州文教部长会议于1998年12月3日通过决议，成立一个3年过渡期的认可机构——联邦鉴定委员会(AR,Akkreditierungsrat)，由高校校长联席会议下属的一个办公室进行管理。

经过3年过渡时期的鉴定试点实践，州文教部长会议于2002年3月1日和5月24日分别通过的两个决议/法令使鉴定制度在德国长久固定下来①。法令于2003年1月1日生效。鉴定制度由此正式取得合法性，成为德国高等教育制度中的重要组成部分和质量保障机制。

联邦鉴定委员会(AR)的地位也长久确立起来，州文教部长会议成为它的主管部门。该委员会对全国的鉴定事务进行总体管理、协调和组织，拥有授权鉴定机构鉴定新学士、硕士学位项目的权力。同时，它也作为鉴定机构的监督者，审查鉴定机构实施的鉴定工作，并收集鉴定有关文档备案，为查实鉴定过的课程项目的可比性和等效性之用。作为一个独立的国家认可机构，联邦鉴定委员会由17名成员组成，分别为州政府(4人)、高等教育机构(4人)、工业企业界(4人，代表雇主和雇员组织)、学生(2人)、国外专家(2人)和鉴定机构(1人)的代表。鉴定工作的具体实施由联邦鉴定委员会认可的6家独立鉴定机构分别进行。这些鉴定机构一部分是已有联邦和州的评估机构，在原基础上拓展业务范畴至鉴定；同时也有一部分是新成立的鉴定委员会。所有新学制项目都

① TREE (Teaching and Research in Engineering in Europe),"Accreditation and Recognition in European Engineering. A Review",p. 25.

必须通过鉴定。笔者用图 5.4 表示德国国家鉴定体系的基本架构。

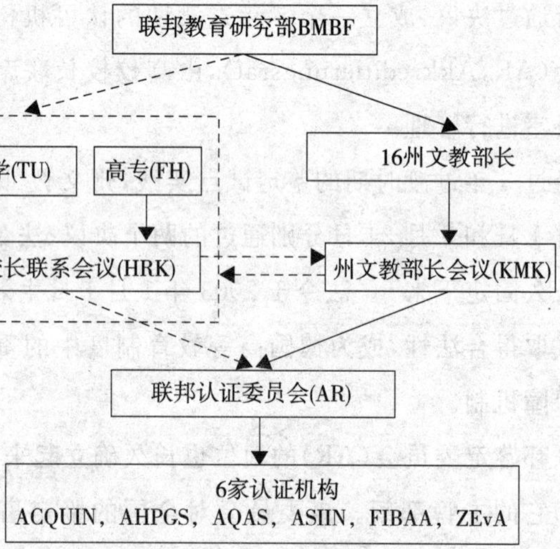

图 5.4 德国国家鉴定体系的基本架构

5.4.2.2 VDI 的参与及 ASIIN 的组建

具体到工程教育领域，在德国工程师协会（VDI）的倡导下，1999 年 7 月新成立了一个全国性的专门鉴定机构——工程及信息学专业鉴定协会（ASII）。该鉴定协会是由各高等工程教育机构、权威的科技协会、专业教育和进修联合会以及重要的工商业组织共同参与而成立的独立的非营利机构。2000 年 6 月，ASII 得到了联邦鉴定委员会的认可，有效期 5 年。同年 12 月，ASII 完成了工程教育专业鉴定的标准（总则和专业细则）、程序和基本原则的制定。2001 年，8 个工程教育专业首批通过了 ASII 的试点鉴定。2002 年 9 月，ASII 与化学、生物化学和化学工程学专业鉴定协会（A-CBC）合并后成立了工程科学、信息学、自然科学和数学专业鉴定协会（ASIIN）。其组织结构请参见图 5.5。ASIIN 的执行董事会设立两个独立鉴定委员会(AC),这两个相互独立的鉴定委员会的组成是来自工业大学、高专和工商业界各占1/3比例的代表,外加少数学生代表和国际顾问。各方成员都具有否决权,共同做出有关鉴定标准、结果等的决定。

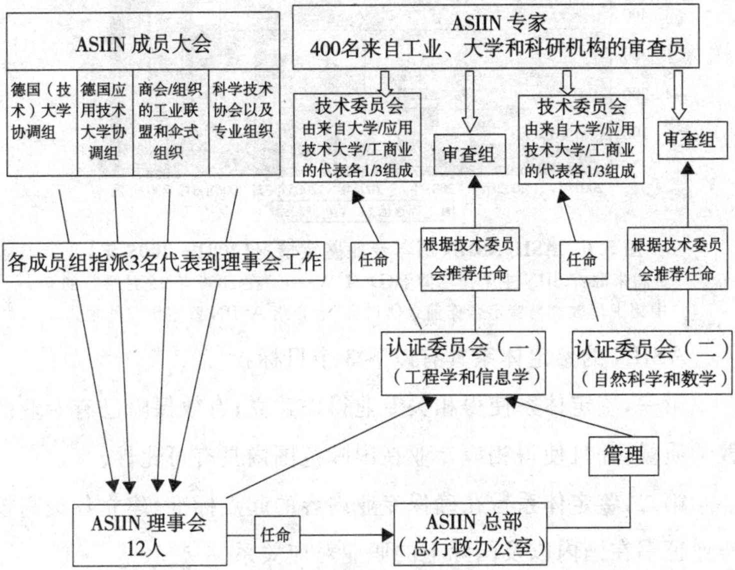

图5.5　ASIIN的组织机构图

资料来源:根据ASIIN官方网站上的组织结构图翻译绘制。

自成立以来,ASII/ASIIN的业务不断拓展,通过鉴定的专业项目数量也逐年增加(见图5.6)。截至2006年底,德国已有300多个工程学位项目通过了鉴定。2006年6月,ASIIN再次通过了联邦鉴定委员会的认可,有效期至2011年9月30日。与此同时,ASII/ASIIN还积极参与到促进国际工程教育专业对等互认的各项努力之中。早在2001年11月,ASII就与美国的工程专业鉴定组织ABET签署过谅解备忘录(M. O. U)。2003年7月,ASIIN

成为了工程教育专业多国互认协议《华盛顿协议》的临时会员，成为欧洲大陆鉴定行业内参与该协议的第一个非英语鉴定机构。

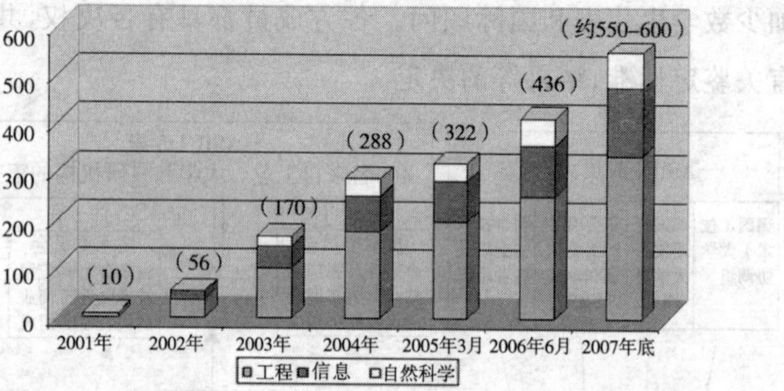

图 5.6　ASII/ASIIN 历年专业鉴定情况（2001—2005 年）

资料来源：ASIIN 主席瓦瑟博士（Dr. I. Wasser）在 2005 年 12 月举行的“中德工程教育与鉴定合作前景研讨会”上介绍 ASIIN 鉴定情况的报告。

ASIIN 的鉴定体系具有以下 3 个目标：

第一，鉴定体系使得相关专业得以建立；有效保障已有专业的教学质量；并且使得相应专业在国际范围内具有可比性。

第二，鉴定体系旨在确保专业内容的起点标准，建立各类高校毕业证书在国内以及国际上的职业对应关系。

第三，鉴定体系旨在促进工程科学、信息科学与计算机科学、自然科学和数学学科的教育不断得到发展和完善，为提高学科教学质量做出贡献。

该鉴定体系的特点是：国际化——引入国际化的评估标准；客观化——始终如一坚持相同的鉴定标准；平衡性——既鉴定有明确学科界限的专业，也鉴定跨学科专业；透明性——有着包括各专业委员会、董事会在内的较完备的监督体系。

ASIIN 认为，它的优势在于以下几个方面：首先，非常重视学术界和工业界的联系，希望把教育服务的供给方与需求方集中在同一个屋檐下讨论问题；其次，在专业评估过程中，非常重视同行评估，ASIIN 拥有一个由 800 多名专家组成的同行评估专家库；另外，ASIIN 与国际上的鉴定组织、鉴定机构有广泛联系。这些都保证了它能够在比较快的时间内完成对客户的服务，并具有较强的国际影响力。①

5.4.3　德国高等工程教育专业鉴定制度的均衡系统分析

5.4.3.1　主要利益主体及其参与机制

德国的工程专业鉴定制度，其主要利益主体包括：政府、高校、工业界和工程专业协会。它们的关系可用下图简明表示：

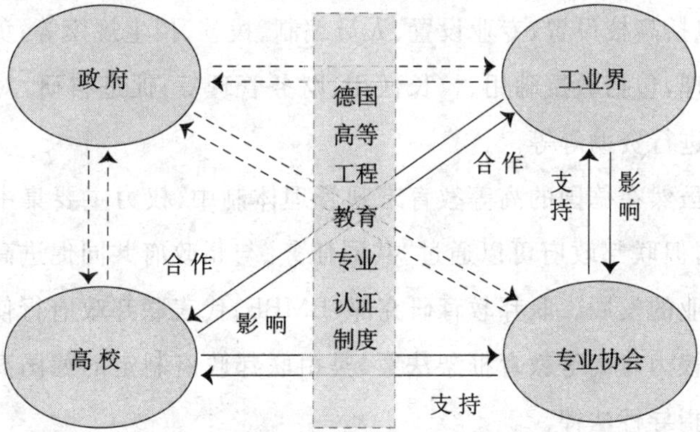

图 5.7　德国高等工程教育专业鉴定制度的利益主体

5.4.3.1.1　政府及其参与机制

政府在德国高等教育管理体制中扮演极为重要的角色。在德

① 清华大学工程教育认证考察团：《德国工程教育认证及改革与发展的考察报告》，《高等工程教育研究》2006 年第 1 期。

国国家制度中，联邦制是五项基本原则之一，联邦州本身就是具有国家权力的政体。政府作为协调高等教育的权威机构，有两个层面，一个是对高等教育实施实质性管理的州政府，一个是对高等教育实施指导性管理的联邦政府①。

根据联邦制原则，主管高等教育的职权主要属于各州。除少数私立高校、教会高校、联邦国防大学和联邦行政专业学院外，高校是州的机构。各州政府在《高等教育框架法案》(Framework Act for Higher Education，Hochschulrahmengesetz，HRG)的框架规定和保证学术自由的前提下，全面负责高校的管理，主要包括：负责本州的高等教育立法；负责制定本州的高等教育发展规划，包括高校设置、专业设置、人员编制、拨款、招生规模等；负责高校管理，包括教授聘用、校长任用、财务管理等；促进科研，对科研项目进行资助等等。

虽然在德国的高等教育宏观管理体制中，权力主要集中在州一级，但联邦政府可以通过“共同任务”与州政府共同促进高等教育事业的发展。联邦教育研究部(BMBF)代表联邦政府行使教育管理权力，《高等教育框架法案》是由联邦政府制定的德国高等教育的指导性法律。

在德国，政府作为大学的举办者和管理者，通过“双管制”对大学实行直接控制。首先，政府通过行使对大学重大事务、经费使用和人事管理的最终决定权，对大学进行管理。按照法律，德国大学的所有重大事务都需要通过政府教育部门的认可；经费完全由政

---

① 徐理勤：《论联邦德国高等教育协调模式及其发展趋势》，《德国研究》2006年第4期。

府提供，使用则完全按政府做出的预算执行，大学本身不能更改；大学教授作为公务员，其数量以及具体人选最终由政府来决定。其次，政府通过委派学监或校务长，代表政府对大学进行管理。委派人员对大学执行政府决定的情况进行直接监督，甚至对学校的一些具体事务也进行管理，他们直接对政府负责，不受大学的节制。在双管制下，作为整体的大学享有很少的内部管理的自主权。

为使联邦政府与州政府及各州之间的文化、科学、教育政策相互协调，德国设立了一些政府间的协调机构。州文教部长会议(KMK)就是其中很重要的一个。它是16个联邦州文化教育部长的联合机构，其主要作用是协调16个联邦州文化教育部的工作，致力于在跨地区(州)问题上保持教育、科学、文化的共同性(一致性)，并通过协商和合作确保师生及其科学活动最大程度的灵活性，其中包括证书和毕业文凭的一致性和可比性，基础教育、职业教育和高等教育的质量标准，教育、科学、文化机构的相互合作等等，通常以建议、协议或政府协定的方式对跨地区(州)问题进行协调。同时，对于联邦政府、欧盟以及社会大众而言，州文教部长会议是代表各州共同利益的一个重要机构。在涉及文化外交政策以及教育、科学、文化事务的国际合作方面，州文教部长会议则与联邦政府保持着伙伴式的合作关系。

如前文所述，在德国高等工程教育鉴定制度的构建过程中，联邦和州两级政府以及其协调机构州文教部长会议(KMK)起到了决定性的作用。政府这一利益主体可以说是该制度创建的发起者和主导者，它在制度构建过程中的参与机制主要是通过制定或修订法律文件实现的。德国联邦政府受外部环境因素的驱动，为了实现德国高等教育的国际化，于1998年修订了《高等教育框架法案》,在第19节中明确赋予了高校引入新学制,开设学士、硕士学位项目的权力。为了实现学位项目的国际互认,保障新学制的培养质量,引入新的鉴定制度成为了一种必然要求。于是德国主管高等教育的州政府广泛听取社会各界的意见,先后通过了一系列决议,例如,KMK颁布的有关鉴定本硕新学位项目[①]、鉴定实施程序[②]和建立联邦鉴定委员会认可系统[③]的决议等,规定了鉴定制度的对象(所有新本、硕学位项目)、实施办法以及上一级认可监督体系,使鉴定制度合法构建起来并能存续下去。此外,政府还通过在联邦鉴定委员会中占有1/4左右(4人)的席位而参与到对专业鉴定实施机构的审批管理决策当中。

5.4.3.1.2 高校及其参与机制

德国由于其悠久的学术自由传统,学术权威,即教授及教授团体的学术权力很大,且普遍受到社会的尊重[④]。从高校的内部管理来看,教授及教授团体几乎垄断了教学、科研等学术事务的决策权,在主要的内部管理决策机构中占据绝对优势。在国家权力和学术权威都比较强大的德国,政府与高校之间存在着中间层缓冲

---

① KMK Resolution of 10 October 2003, Common structural guidelines of the Länder as set out in Article *9* Clause *2* of the Framework Act of Higher Education (HRG) for the accreditation of Bachelor's and Master's study courses, http://www.kmk.org.

② KMK Resolution of 24 May 2002 in the version of 15 October 2004, *Statute for an accreditation procedure across the Länder and across higher education institutions*, www.kmk.org.

③ KMK Resolution of 3 December 1998; KMK, *Key Points for an Accreditation Council System to Monitor the Accreditation Agencies*, 17 August 2000, www.kmk.org.

④ 徐理勤:《论联邦德国高等教育协调模式及其发展趋势》,《德国研究》2006年第4期。

组织。这种组织通常是联结政府机构和若干高等教育机构的独立或半独立的机构，主要成员是学术权威，其作用是协调国家与高校之间的关系，协调高等教育的资源配置。前文中提到过的高校校长联席会议(HRK)就是其中之一。它是高校自愿性的联合机构，代表高校的共同利益，目前有259个高校成员，工作范围涉及高校所有的任务：教学、研究、学术性的继续教育、知识技术转移、国际合作以及自我管理。

根据德国政府的规定，TU和FH这两类工程院校都是学制改革的重要主体，它们开设的新的本、硕学位项目也是工程专业鉴定的对象，因此高等工程教育机构是德国工程专业鉴定制度的重要参与者。

高校的参与在鉴定制度最初构建之时，更多是通过其共同利益的代表——高校校长联席会议(HRK)来实现的。比如在联邦鉴定委员会的筹建过程中，HRK和州文教部长会议(KMK)共同探讨该认可机构的建立以及德国鉴定体系的构建安排等事宜，并且联邦鉴定委员会中的4名高校代表席位也由HRK内部选定。

在ASIIN的鉴定工作中，高校也扮演着重要角色。其重要地位从ASIIN的各重要部门的人员组成不难看出。ASIIN的组织规章制度中明确规定，有最高决策权和管理权的理事会和成员大会的人员组成和投票权都有一半来自于工业大学和高专(各1/4)，即高校这方利益主体，与另一半来自工业企业界和各专业协会的代表共商工程专业鉴定相关的重要事宜。而且在负责实际鉴定工作的鉴定委员会及其任命的分专业领域而设的13个技术委员会中，来自工业大学和高专的专家各占1/3的比例，来自高校这方的话语权占到了2/3。而且，针对各待鉴定专业项目而设的审查组中也有很高比例的来自高校的资深教授。可见，无论是鉴定程序和准则的制定和修改，还是对鉴定项目的具体考察、评价、最终结果的判定，高校专家的意见都有着举足轻重的分量，这充分反映出了专业鉴定制度同行评估的特点，同时也反映出高校这一利益主体在鉴定制度中发挥的重要作用。工程专业鉴定制度作为高等工程教育的内部质量保障机制，势必要充分调动起高校这一主体的参与热情，让其成为鉴定工作的生力军，共同谋划鉴定制度的完善和改进。ASIIN 就很好地实现了这一目标，它的 4 个会员组中，有 2 个分别是工业大学和高专的协调组(Coordination Group)，涵盖了 26 所工业大学和 98 所高专。协作组能及时通过会员大会等途径反映高校的教师和管理者们的意见和建议，同时 ASIIN 也组织一些工作坊和会议等活动，增进高校人员对鉴定的了解和认可，以赢得他们的合作和支持。

此外，高校院系提出鉴定申请并配合鉴定工作的开展也可算是一种制度参与形式。工程教育专业鉴定的对象就是高校开设的工程本硕学位项目。按照 KMK 对鉴定制度的总体规定，鉴定的实施是以自愿原则为基础的，专业项目的开设者，即高校的有关院系要主动向鉴定机构提出鉴定申请，并在过程中积极配合，承担撰写自评报告、接待审查团等义务，鉴定机构才能对其进行考察并得出鉴定结论。专业鉴定制度本身就是为了确保高校的专业教育达到一定水准，促进其质量的不断提高，高校自然也应以这种形式积极参与到鉴定制度中来。

5.4.3.1.3 工业界及其参与机制

德国的高等工程教育为工业界培养和输送专业人才的历史已长达一个多世纪，二者一直以来保持着紧密的合作。德国的工程教育历来重视学生的实践能力，实践环节比重较大。企业参与高等工程教育有多种方式，例如，学生到企业进行半年实习是德国高等工程教育中的重要组成部分；高校工程系科与工业企业界合作进行毕业设计和项目形式的课程设计；高校教师与企业代表共同开设合作式专题讨论课等等。工科学生们由此得到亲身体验和深入了解工业界的机会，提高了工程实践能力；工业界也更能了解高校工程教育和学生的现状，与高校一起共同为提高培养质量而努力。

德国进行学制改革，传统的工程专业教育框架正在经历很大的转变，而变化最大的莫过于将工业大学原有的厚基础、严要求的长学制转化为本、硕两个阶段的学制，学生只需经过三到四年学习即可取得本科学位，进入业界工作。德国工业界对新学位的开设，表现出了极大兴趣。比如西门子公司，拥有在世界各地雇佣学士/硕士工程师的良好经验，故非常理解和支持此项改革。也有企业对新学位的质量表示怀疑，如拜耳(Bayer)(化学)公司表示他们仍然希望雇用 Diplom 工程师，而认为 Bachelor 工程师的理论训练不够①。工业企业界对新学制培养出来的学生质量尤为关注，因而愿意积极参与到保障基本教育质量的专业鉴定制度中来，以把好市场准入这一质量关。因此，在德国的高等工程教育专业鉴定制度中少不了工业界这一行为主体的积极参与和配合。

工业界的积极参与充分体现在鉴定工作的各个层面。工程教育专业鉴定关乎工程专业人才的培养质量，与工程相关各领域的行业建设和发展密切相关。为了保证采用新学制后，工程教育能

① 王春梅：《德国高等工程教育模式的变化》，《中国大学教学》2001 年。

培养出高质量且满足工业企业界需求的人才，德国在专业鉴定制度的构建过程中，也充分体现了其一贯的与工业界紧密合作的良好传统。这从鉴定机构的人员构成情况也能看得比较清楚。依照ASIIN的章程规定，工业企业界在理事会和成员大会中的代表人数和投票权都占1/4，加上同样能反映业界利益的专业协会代表的1/4席位，工业界在重大事务上的决策权和高校是不相上下的。鉴定工作的开展过程中，工业界的资深专家代表在鉴定委员会和技术委员会中的比例也都达到了1/3，赴高校的实地审查组中必须要有一定数量的业界专家。参与到对高校专业项目的实际鉴定活动当中，让工业界对高等工程教育的内容和水平有了更深入的了解，他们对工程人才的要求和期望也在鉴定标准中有所体现。这也正体现了鉴定制度的重要使命——像纽带一样，联结起各方利益主体为教育质量的提高群策群力。

5.4.3.1.4 专业协会及其参与机制

在德国的工程领域，有许多行业相关的专业协会、工会和雇主协会等，为促进工程行业的发展和工程教育质量的提高做出了不小的贡献。比如，电机、电子及信息技术协会（VDE）和信息学协会（GI），他们都是鉴定制度构建的积极参与者，是ASIIN会员协会中的骨干力量，对鉴定机构的成立、鉴定准则的制定等做出了许多开拓性的工作。这些专业协会中最有影响力的工程技术权威机构当数德国工程师协会（VDI）。该会成立于1856年，是德国最大的工程师协会和工程技术的权威机构，也是欧洲最重要的工程与工程师组织之一。其总部设在德国杜塞尔多夫，拥有12.6万会员，是非营利的公益性组织。VDI代表了工程师和工程专业的学生在职业和社会政策上的利益。该协会的工作目标是传递工程技术知识以服务于在该领域的工程师、工程专业的学生和科学家，为公司、国家以及大众提供便利。德国工程师协会对新学制的引入和工程专业鉴定工作的开展都给予了很大支持。工程专业鉴定机构 ASII 就是在 VDI 的倡导下组建起来的，并在初期得到了 VDI 在经济上和物质上的大力支持。

总体来看，工业协会这一利益主体在工程专业鉴定制度中并未发挥太大作用。虽然他们确实有所参与，比如 ASIIN 会员大会和理事会中都有他们 1/4 的代表席位，又比如 VDI 等一些协会一直积极倡导引入新学制和鉴定制度，对于鉴定机构的建立也提供了不少帮助，然而，在工程专业鉴定的制度安排中，ASIIN 的这些专业协会会员，并没有如美国的专业协会一般，牵头负责专业准则的制定，组织实施各具体专业领域的鉴定工作，而只是派出了一些代表参与 ASIIN 的工作，作为专家团的成员，给以辅助性的支持。这对于高等教育一贯处于政府的严格管控制下的德国而言，其实是很正常的。高等教育管理权由强政府势力把持的体制下，民间自发的专业组织自然不可能发挥太大的作用。

5.4.3.2　制度的政策取向

5.4.3.2.1　改革高等教育内部管理机制

鉴定制度对于德国而言是一种“舶来品”，一种新引入的高等教育质量保障机制。在引入这一机制之前，德国当然也有着自己的质量保障机制。如前文所述，德国各州政府是高等教育的掌管者，各高校的学科专业的设置都要经过它们的严格审批。不仅如此，为了保证把好高校教学质量关，各州负责高等教育的部长还与高校校长联席会议（HRK）共同建立了一套“学习和考试框架规则”（Framework Specifications for Studies and Examinations,

Rahmenprüfungsordnungen)，以保证各高校达到较为统一的质量标准，也为学生转学、各校间相互认可学位和考试结果提供帮助。然而现实证明，这套考试规则框架的实施程序太过繁冗，速度缓慢，没有明显效果，产生的结果也往往落后于形势的发展，反而成了教育新发展中的阻力，特别是导致德国错过了国际高等教育市场竞争中的一些机遇，削弱了其国际竞争力。

为了跟上国际发展的潮流，避免旧有质量保障机制中的这些弊端，德国各界都在呼吁一种新的质量保障模式。为此，自 90 年代中期起，HRK 和德国科学议会（Wissenschaftsrat）提出了多项建议，希望能够建立起一种合理的教学评估机制，协调教育的各利益主体共同参与其中，以增强教育的透明度和高校的责任感，帮助高校建立起系统的内部质量保障和改进机制，以及促进整个德国高等教育在国际上的形象和竞争力。德国的教育界和业界也为这一目标做出了不少努力和尝试。比如，自 1998 年初，HRK 就开始在全国实施一项"质量保障计划"（Quality Assurance Project），旨在促进高等教育界在质量保障和促进领域的信息和经验的积累和交流。此外，一些地区性的评估机构建立起来，还有不少高校的院系也开始尝试各种不同的评估模式。

1998 年联邦政府修改《高等教育框架法》之后，新的本、硕学制在德国取得了合法地位。由于新学位项目能更灵活地适应科技和教育的发展变化，满足学生和各行业发展需要，因而，各高校纷纷积极地开设。新学制将经过几年的并行和过渡，逐渐取代原有的传统学制。随着新学位项目的开设，德国迫切需要引入一种新的更加快速和灵活的质量保障机制以取代原有低效繁冗的考试机制，鉴定制度由此在各利益主体的共同协调和努力下被构建起来。

我们应当看到，德国旧有的质量保障机制正是源自于高等教育制度中州政府对高校事务事无巨细的严格管控。高校在这样的高等教育管理体制中没有自主权，不能顺应社会时代的发展和市场的需要及时做出学科专业设置和教学内容上的调整和改进，从而导致德国高等教育滞后于时代脉搏和业界对人才的迫切需求，对国内外学生消费者的吸引力减弱。因此，为了顺利推行各项教育改革，高等教育的各个利益主体都呼吁增大高校的自主权，摒弃州政府对高等教育细致僵化的管理体系。整套鉴定制度的构建恰恰帮助德国在保障教育质量的前提下顺利地实现了这一目标。随着新学位项目逐渐取代传统学位项目，州政府对高等教育的管理方式也实现了"平稳过渡"。

由全国性非政府的第三方鉴定机构对学位项目的质量进行考查和鉴定，再由政府、高校、业界、学生等各利益相关方的代表组成的联邦鉴定委员会对鉴定机构进行审批认可，这样的制度设计取向使政府一定程度上放权成为了间接管理者，而高校的自主权和竞争性增大了，业界的参与程度和话语权增加了，高等教育的透明度、公信力和可比性也提高了。由此可见，德国构建起高等教育的鉴定制度，不仅是出于新学制的需要对教学质量保障机制的革新，也是其高等教育内部管理机制改革中的重要举措。

5.4.3.2.2　教育投入与产出并重

专业鉴定是一种基于同行专家意见的"合格评估"。通过专业鉴定则表明学位项目达到了相关教育界和业界认可的一种最低的、或者说必要的、可接受的标准。由此，评估标准体系的制定对于专业鉴定制度的构建而言是居于核心地位的。它是学校进行专业建设、自我评价以及鉴定机构进行实际考查的重要依据。因此从对鉴定标准的分析中，我们也能看到该制度设计中的一些取向和侧重。

ASIIN 对工程专业的一般标准和要求由 ASIIN 下设的两个鉴定委员会之一的工程及信息学鉴定委员会（Accreditation Commission I-Engineering & Informatics）负责制定，主要包括五个方面的内容：①

①关于教学需求、目标和成果。需求：考查专业是否对各利益相关方（例如学生、工业企业界、工程协会等）的需求有明确清晰的认识；目标：考察教育目标是否和高校、学生、工业界的要求一致；成果：考察教学成果是否达到评估的要求和本专业的教学目标。

②关于教育过程。教学计划：考察课程设置能否确保教学成果（包括课程设置、教学模式及特色、专业实践、考核方式、教学方法和计划等方面）；教学过程：考察教学是否按照计划实施，学生得到教辅人员的指导和支持是否充足等。

③关于资源与合作关系。师资力量：考察师资是否雄厚，教师队伍结构是否合理，教师的学术水准和对学生的指导等；教学设施：考察教室、计算机设备、实验室、图书馆及相关设备和服务等是否充足；教育经费：考察教育经费是否充足。合作关系：考察国际、国内的合作项目等是否促进教学成果和学生流动。

④教育评价。在校生：考查学生是否在规定时间内获取了足够的专业知识和技能；毕业生：考察毕业生是否找到与专业资历匹配的工作，利益各方（毕业生、雇主等）是否认可教学成果等。

---

① ASIIN Requirements and Procedural Principles for Accreditation，http://www.asiin.de.

⑤管理体系。组织和决策过程：考察组织和决策过程是否有利于教育成果的实现；质量保障体系：考察专业是否有有效的内部质量保障体系。

另外，由鉴定委员会授权的13个技术委员会（Technical Committee，TC）分别制定各相关工程领域的专业标准（field specific criteria），根据专业性质对课程设置比例、学分等有进一步具体的规定和说明。这13个技术委员会涵盖的领域包括机械工程及工艺学（TC1）、电子工程及信息技术（TC2）、土木工程及测量（TC3）、信息学（TC4）、物理技术及材料加工工程（TC5）、工业工程（TC6）、信息管理（TC7）、农业及营养科学（TC8）、化学（TC9）、生物学（TC10）、地球科学（TC11）、数学（TC12）、物理学（TC13）。前七个为工程及信息学领域，后六个为自然科学和数学领域。

从ASIIN评估标准的内容可归纳出如下主要特点：

①强调专业教育的输入和输出并重，既有对专业教育目标设定、教学计划和过程、资源和合作关系以及管理体系等的考察，又有对教育“产出”，即在校生和毕业生的知识技能和就业情况等的考察。

②强调专业教育要满足各利益相关方（如高校、学生、工业界、工程专业协会等）的需求，教育目标的设定也应与高校的培养目标和各方需求相一致。

③倡导积极发展各种国际国内的合作关系，促进学生的流动和知识信息的交流。

④明确要求专业内部要有有效的质量保障体系，确保自身的教育质量，促进专业培养的不断改进和提高。

德国的高等工程教育历来以高质量著称，各高校的教育水平整体都比较高,没有重点大学与普通大学之分,差异性较美国要小得多。因此,其鉴定机构选择了从输入和输出两方面共同考察教育过程的质量,体现了全面性和严谨性,也是很符合德国高等教育的一贯作风的。此外,开展国际国内的合作,促进学生的流动和信息的交流也被单列为一项要求写入了标准,再一次突出了与鉴定制度构建初衷相吻合的"国际化"政策导向。

5.5 中国工程教育专业鉴定领域的实践

与美、德等国家不同,中国目前尚未建立起全国通行的高等工程教育专业鉴定制度,然而,高等工程教育的质量保障问题却已被关注了二十多年,为此而开展的工程教育评估的理论研究和试点实践活动最早可以追溯到 20 世纪 80 年代。探索至今,在中国工程教育专业评估实践的历史中,有 3 次较大规模的工程教育专业领域的评估实践活动值得一提,它们为中国构建高等工程教育专业鉴定制度提供了宝贵的经验和必要的认识基础。

5.5.1 1985—1986 年的高等工程教育评估试点工作

1985 年 6 月,在组织部分高等工业学校开展讨论和研究的基础上,当时的国家教育部在黑龙江省召开了高等工程教育评估问题专题讨论会,参加会议的有 38 所高校(包括文、理、工、农、医、师范等科)、7 个部委、4 个省市的代表近百人。会议主要就 4 个方面的问题进行了初步探讨,即高等教育评估的基本理论;高等工程教育评估的指标体系、评估标准和评估方法;评估的组织机构、程序和政策;美国和加拿大等国高等教育评估的比较研究。

1985 年 11 月，当时的国家教委发出了《关于开展高等工程教育评估研究和试点工作的通知》（[85]教高二字 020 号文件）。此次评估试点工作的开展分为三个层次：整个工科学校办学水平和教育质量的评估、专业学科办学水平和教育质量的评估以及课程建设和质量的评估。工作涉及四个工程部委、四个省市、三十五所高等工业学校，具体部署如下：

（一）委托当时的机械工业部进行“机械制造工艺与设备”专业（本科生和研究生）办学水平综合评估的试点；委托当时的城乡建设环境保护部和电子工业部分别进行“供热通风与空调工程”和“计算机及应用”两专业本科生培养质量评估的试点。

（二）委托当时的煤炭工业部在其所属高等工业学校中、委托上海市选择少数高等工业学校进行综合评估整个高等工业学校办学水平的试点。

（三）委托黑龙江省高教局在工科物理课程教学指导委员会的配合下，进行普通物理课程教学质量评估的试点；委托陕西省高教局在工科高等数学课程教学指导委员会配合下，进行高等数学课程教学质量评估的试点；委托北京市高教局在工科力学课程教学指导委员会配合下，进行理论力学、材料力学两门课程教学质量评估的试点。

其中，根据第一方面部署所开展的专业学科层次的评估试点实测工作，特别是对“供热通风与空调工程”和“计算机及应用”两专业本科生培养质量评估的试点工作，可以认为是中国最早的高等工程教育专业评估的试点实践。受国家教委的委托，电子工业部教育局对当时的南京工学院（现为东南大学）、华南工学院（现为华南理工大学）、北京工业大学、成都电讯工程学院（现为电子科技大学)、西北电讯工程学院(现为西安电子科技大学)和北京信息工程学院等六所高校的"计算机及应用"专业进行了实测;城乡建设环境保护部教育局选定同济大学、天津大学、湖南大学、重庆建工学院(现并入重庆大学)、哈尔滨建工学院(现并入哈尔滨工业大学)、北京建工学院、上海城建学院(现并入同济大学)等七所高校的"供热通风与空调工程"专业进行了实测。为了开展专业评估工作,两个部委都组织专家制定并依实测情况修订了评估的三级指标体系,并设计了较为详细的各项指标的得分计算表。此次工程教育评估的研究和试点工作的成果和经验总结,由《高等工程教育研究》编辑部编辑成册。[①]

总体而言,在前国家教委领导下的这次较大规模的工程教育评估的理论研究和试点实测工作是在该领域探索的一个良好开端。在试点工作的准备和实施过程中,对评估问题的集中探讨加深了有关各方对工程教育专业评估的认识和重视程度,丰富了关于我国工程教育界对评估理论的知识和实践经验,对日后在工程专业评估领域的探索奠定了基础。

5.5.2 1990年代初起建筑学专业评估

我国工程教育领域的专业评估活动虽然至今尚未构建起一套完善的制度,然而值得注意的是,自20世纪90年代初起,建设类等部分工程专业领域的教育专业评估活动在建设部人事教育司的领导下积极开展起来,并且逐渐构建起一套与国际水平相接轨的专业评估

① 《高等工程教育研究》编辑部编:《高等教育评估的理论与方法初探(文集)》,华中工学院出版社1985年版,第3－16,21－24,121－129,137－152页;李汉育主编:《高等工程教育评估》,浙江人民出版社1987年版,第56－107,157－161页。

制度,实行至今已积累了十多年的经验可供参考。

建设类专业教育评估是随着中国执业注册建筑师制度的启动而开始执行的。它的建立并实行的目的可以从三个角度理解:从教育角度讲,是为客观、科学地评价高校建设类专业的办学水平,保证和不断提高专业教育质量;从行业角度讲,按照国际通行做法,专业教育评估是执业注册制度的首要环节,是保证执业注册师在接受正规系统的专业教育时,必须达到的专业理论知识能力和职业能力,是执业注册制度的基础;从走向国际角度讲,是为适应国际间相互承认专业教育水平(学历)、承认执业注册资格水平的需要。

建筑类专业评估工作始于1991年对建筑学专业的评估,1992年第一批4所学校的建筑学专业通过了专业评估。此后十几年中,经过建设部等相关部门和各专业教育评估委员会以及各学校的努力,专业评估工作陆续扩展到建设部归口管理的全部六个学士学位专业(包括建筑学、土木工程、城市规划、工程管理、建筑环境与设备工程以及给水排水工程)。截至2006年6月,各专业的评估工作开展情况请参见下表。

表5.3 建筑类工程专业评估开展情况

专业名称	评估工作开始年份	通过评估并处于有效期内的专业点总数
建筑学	1991	30
土木工程	1994	39
城市规划	1997	13
工程管理	1997	17
建筑环境与设备工程	2001	16
给水排水工程	2003	9
备注		截至2006年6月

资料来源:建设部人事教育司《建设部专业教育评估委员会评估通过并处于有效期内的学校名单》(截止到2006年6月),http://www.cin.cn/edu/pg/2006092801.htm。

在制度安排方面，六个专业领域都分别成立有建设部下属的专业教育评估委员会，其成员组成以相关领域的教育专家和高级工程师为主体，还包括有国家主管部门建设部和教育部的代表、专业学会代表等。具体的评估标准、程序和方法等依建设部出台的各专业教育评估文件执行。主要程序包括申请与审核、自评与审阅、视察与结论、申诉与仲裁等。视察小组由5至7人组成，以资深教育界和建筑界人士为主，还包括其他学校学生代表1人，并可吸收外国专业协会派出的观察员参加视察。评估有效期多为6年或4年，资格有效期满后要重新申请评估。

建筑相关领域的教育专业评估制度可以说从一开始就有高水准的定位和面向世界的构思。各专业领域在开展评估活动的同时，都在积极贯彻“与国际接轨”的指导思想，重视国际交流与合作，并已取得一定的成果。例如，在土木工程领域，多年来建设部和专业评估委员会一直与英国土木工程师学会(ICE)、结构工程师学会(IStructE)以及它们的联合评估委员会(JBM)等国外工程组织保持密切联系。从1993年开始，中英双方经常交换各自的评估文件；双方代表相互访问了对方的土木和结构工程系；相互观察了对方的评估全过程；相互列席了对方的评估委员会会议；双方还共同主办学术和工作会议，讨论工程专业评估和工程教育改革中的重大问题。在这些活动的基础上，双方逐步有了全面深入的相互了解，在专业教育和专业评估的主要方面达成了共识，孕育了相互承认的基础。

1998年5月中国建设部人事教育劳动司与英国土木工程师学会共同签订了土木工程学士学位专业评估互认协议书。与此同时，中国注册结构工程师管理委员会与英国结构工程师学会也共同签署了名称和内容相仿的协议书。这两份协议的签订标志着我国土木工程专业评估初步实现了与国际接轨，并为我国工程学位获得国际教育界和工程界的认可打开了通道，为我国工程人才以正式专业资格走向世界迈出了重要的一步。[①]

5.5.3 2006年以来的工程教育专业鉴定试点工作

近几年，随着发达国家高等工程教育国际化的趋势不断增强，高校间的跨国合作和交流日益增多，越来越多的国家为了促进工程师和工科学生的跨国流动，开始重视高等工程教育的国际对等和互认问题。《华盛顿协议》的成员国近年来不断增加，由最初的6个增长到现今的10个正式成员国和地区以及4个临时成员国和地区。这使中国也开始感觉到工程教育国际化的压力，认识到了我国的工程人才参与到国际市场竞争的必要性和紧迫性。

为了进一步提高我国高等工程教育质量，推进我国高等工程教育改革，构建我国工程教育质量监控体系，加强我国工程教育的国际互认，提升国际竞争力，2006年度，教育部高等教育司组织开展了工程教育专业鉴定工作，通过积极组织专家，联合行业学会和协会，结合我国工程教育发展现状，借鉴国际工程教育界通行做法，按照等效的原则，在我国工程教育专业鉴定的组织体系建设、文件体系建设和鉴定试点等三个方面进行了大量研究和实践。联合工程教育工作组各成员单位签发了《教育部等部门关于商请同意开展工程教育专业鉴定工作的函》，就"教育鉴定"有关问题同国家鉴定认可监督管理委员会进行了协商。

自2006年3月底4月初工程教育专业鉴定相关工作启动以

---

① 毕家驹：《关于土木工程专业评估的评述和建议》，《高等建筑教育》1999年第3期。

后，机械工程及自动化、电气工程及其自动化、化学工程与工艺、计算机科学与技术四个试点工作组先后成立并立即投入工作。上半年完成了对北京航空航天大学机械设计制造及其自动化专业、东南大学电气工程及其自动化专业、山东大学计算机科学与技术专业、天津大学化学工程与工艺专业四个首批工程教育专业鉴定试点工作。

在第一批试点工作的基础上，2005 年 8 月 29 日，教育部高教司组织召开了工程教育专业鉴定第一阶段工作总结会，会议听取了各试点工作组对鉴定试点工作的总结汇报和各试点工作组专家对鉴定工作具体实施过程和有关标准文件的意见，审查通过了各专业试点工作组修改后的专业补充鉴定标准。会后秘书处组织专家整理专家意见，对鉴定实施办法和通用鉴定标准做了进一步修改。按照工作安排，以修订后的标准和文件为指导，试点工作组在指导学校完成自评工作的基础上，在 10 月到 11 月期间，分别对上海交通大学电气工程及其自动化专业、浙江大学机械工程及自动化专业、清华大学化学工程与工艺专业以及北京航空航天大学计算机科学与技术专业进行了入校考查，完成了第二批专业鉴定试点工作。

在下半年的试点鉴定过程中，中国科协还出面邀请了香港工程师学会的陈兆根先生、英国爱丁堡大学的乔·麦克高先生(Joe McGeough)全程参加了机械专业试点工作组对浙江大学机械工程及自动化专业的鉴定考查；邀请了香港工程师学会的谭博文先生全程参加了化工专业试点工作组对清华大学化学工程与工艺专业的鉴定考查。香港和英国专家结合国际比较成熟的做法对我国此次鉴定实施过程和有关标准进行指导并提出了很好的建议。鉴定考查工作结束后，香港和英国专家均对此次鉴定工作给予了充分肯定，对我国本科教学水平给予了较高的评价。

本次试点工作采取“分步走”的战略，按照“成熟一个启动一个”的原则推进。在2006年试点鉴定工作的基础上，2007年试点工作组的范围会逐步扩大到整个工科专业领域，初步构建起专业鉴定的整体制度框架。拟在2007年专业鉴定工作中增加能源与动力类、材料类、水利类、安全类、交通类相关专业为新的试点专业，每个新增试点专业选择2个左右学校进行试点鉴定。对建筑类专业的专业鉴定工作按照逐步过渡的原则，2007年的鉴定工作仍由建设部按照原有工作进程具体安排，教育部高教司一同积极参与。目前，《工程教育专业鉴定手册》(2007年版)的征求意见稿已整编完成，今年的试点鉴定工作会以新的《手册》为指导开展。

总体而言，教育部希望能够在2007年初步构建起我国工程教育专业鉴定的组织体系和整体工作的制度框架；适当扩大专业鉴定工作的规模，每个专业选择4个左右的专业点继续进行专业鉴定工作；同时，注意完善专业鉴定工作的监督机制，确保专业鉴定工作能够在一个诚信、公平、公正的环境中进行。

5.5.4　专业评鉴试点工作存在的主要问题

通过对清华大学三位参与过上述评估实践的资深教授的访谈[①]，

---

① 这三位清华大学的教授是：余寿文教授，中国工程院教育委员会委员，中国高等教育研究会副理事长，中国高等工程教育研究会副理事长；曾任清华大学副校长(1992—1999)，教务长(1992—1996)，研究生院院长(1994—1999)。秦佑国教授，清华大学建筑学院院长、博士生导师，国务院学位委员会建筑学学科评议组成员，全国高等学校建筑学专业教育评估委员会主任，中国建筑学会建筑物理委员会副理事长，国家一级注册建筑师。王孙禺教授，清华大学人文学院党委书记、清华大学教育研究院博士生导师、清华大学工程教育中心副主任。

以及实践有关文字资料的阅读，笔者了解到一些我国在工程专业评估和鉴定领域的实践工作中存在的问题，简述如下：

1. 校方对专业鉴定的认识水平有待提高，自评准备工作不充分

专业鉴定对中国高校而言是较新的概念，多数参与鉴定的学校对专业鉴定的理念、标准、程序和方法等还没有清晰的认识，基本等同于教学评估。被评专业的自评工作是鉴定开展的基础和关键，然而很多学校的自评工作不到位，没有切实根据鉴定的要求完成内容翔实可靠，阐述和佐证清晰充分的自评报告。例如，2006年的这次鉴定试点工作中就发现，“由于准备时间有限，试点专业的自评报告初稿基本上沿用教学工作水平评估的形式进行准备，专业整体方面的自评比较详细，而专业教学的组成、实施及佐证阐述不够，与专业鉴定标准及鉴定程序方法的要求相距甚远。被评专业对专业鉴定工作的方方面面认识不明确，鉴定考查期间有相当时间均用于自评报告的讨论与修改。”①

此外，专业鉴定的开展是建立在诚信原则的基础之上的。其基本理念就是充分相信校方专业自评的真实性和有效性，评估专家组应直接认同自评报告中的阐述，在考查中主要有针对性地就提到的问题和缺陷进行调查，和校方一起共同商讨改进的方法，以促进专业教育质量的提高。然而在评估实践工作中发现有些专业对这个问题的认识水平较低，自评报告存在“水分”，夸大优势，而对问题轻描淡写，并没有非常重视自评报告的严谨性，从而使鉴定

---

① 工程教育认证（机械工程专业）试点工作组：《对机械工程本科专业认证试点工作的几点小结》，2006 年 7 月。

对于促进专业教育质量改进的效果打了折扣。

2.评估专家队伍的建设有待加强

专业鉴定工作的有效实施需要有一支高水平、有专业素养和丰富评估经验的评估专家队伍作为后盾。评估专家应是来自于工程教育界和工业企业界的资深行业专家,并且经过专业培训,对评估标准的尺度有着较高的把握能力,能够客观、公正、严谨地对待评审工作。由于鉴定工作开展的时间较短,我国在评估专家的储备和培养上目前存在明显不足。2006 年的鉴定试点工作中就存在专家组对于新制定的鉴定标准不够熟悉,尺度把握上存在意见分歧等问题,对评估专家队伍的培训有待加强。

同时,工程专业鉴定的指标体系的设计按照国际惯例,没有对每层指标计算权重系数,而是充分信任同行评估专家能够依据实际对专业的办学质量作出正确判断。这就要求评估专家不仅要具有丰富的评估经验,还要有良好的职业操守,遵守相应的诚信准则,特别是在中国这样一个“人情社会”,更是对评估专家的职业素养的一种考验。

3.高校参与工程专业鉴定的积极性不高,缺乏激励机制

建筑相关领域的工程专业评估工作至今已开展了十余年,1992 年最早通过的建筑学专业已经过了三次评估。从访谈中笔者了解到,该领域的工程专业评估只吸引了全国少数拔尖高校专业的参与,开展较早的建筑学和土木工程等专业的评估,近几年接收到的新申请很少,众多高校专业的参与热情不高。其原因之一是该专业评估制度始终处于相对孤立的地位,未能与工程师资格鉴定制度等其他相关制度较好地衔接,使得许多高校缺乏利益驱动。通过与否对学校和学生都影响不大,许多高校也便不愿费力

尝试了。

4.评估标准的适用性存在局限

评估标准是专业鉴定的核心,因而在制定时必须要慎重考虑其适用性问题,也就是这个专业“门槛”的高低应当如何设计。如前所述,建筑相关领域的专业评估的标准设定得较高,能与国际对等,然而也使多数学校无法通过这道“门槛”,参与评估的积极性也受到影响。2006年新制定的工程专业鉴定的指标体系,在对少数拔尖高校专业的鉴定试点工作中没有反映出较大适应性的问题,但如要推广到全国众多不同层次的高校专业,是否会出现类似的局限性?我国应当如何克服这样的局限性,使构建起来的工程专业鉴定制度能更广泛地保障和促进工程教育的质量,同时也让更多的优秀工程人才能够在国际舞台上平等竞技。这些问题都值得教育研究者和工程实践者们进一步探讨。

5.6 高等工程教育专业评鉴制度的若干讨论

第一,工程教育专业鉴定制度从本质上讲,是一种高等工程教育质量保障和水准共认的制度。

从前文对美国和德国有关制度的分析中可以总结出,工程教育专业鉴定制度虽然在两国有着不同的缘起、发展历程和嵌入形态,然而从根本而言,都具有质量保障和水准共认的双重职能。

美国是工程教育专业鉴定制度的发源地,在20世纪30—40年代便已基本形成该制度的雏形。当时的美国作为新兴工业国迅速崛起,资本主义经济日渐繁荣,对工程人才的“量”和“质”的要求都大为提高，高等工程教育开始步入大众化阶段，并随之暴露出人才培养质量不高和管理混乱等问题。此种情势下，在历来奉行分权制和以市场为导向的美国高等教育制度中，民间的工程专业学会/协会组织自发地构建起第三方同行评估的工程教育专业鉴定制度，作为高等工程教育的内部质量保障机制。这一制度的建立是美国高等工程教育发展到一定阶段的必然产物。它使全美各州的工程教育专业有了统一的质量准入标准，保证和促进了教育质量；同时，它还使各高校工程专业的培养质量能够得到彼此之间以及政府、工业界和公众消费者等社会各利益相关方的共同认可，增强了高等工程教育的透明度和公信度，也为工程师资格的认定奠定了教育方面的基础。20 世纪末期，随着信息时代的到来和全球化的蔓延，工程人才的跨国流动和互认成为了日益明显的国际趋势。美国作为世界潮流的引领者，充分认识到工程专业鉴定制度的水准共认职能使其成为工程人才的跨国流动和互认的基础，由此积极倡导同加拿大、澳大利亚等 6 国签订了《华盛顿协议》。发展至今，该共认协议的签署成员已扩展到 14 个国家。这样，美国就在新时期赋予了其工程专业鉴定制度以国际水准共认的新的职能内涵。

德国的高等教育以往一直是在州政府的严格管控之下保有较高质量。直到 20 世纪和 21 世纪之交，它才开始在原有高等教育制度环境中引入工程专业鉴定制度。德国当时面对的情势是全球化和"欧洲高等教育一体化"的大趋势和德国高等教育缺乏国际可比性和竞争力所带来的外部压力，以及高等工程教育内部存在的管理僵化，缺乏灵活性和市场适应能力等问题。在国内外形势的促动下，德国选择了引入新学制和具有上述双重职能的工程教育鉴定制度，并顺势对其高等教育的管理体制进行改革，使素有国际声誉却无法与国际水准对等的德国高等工程教育冲破了国际交流与互认的障碍，增强了灵活适应市场的能力以及国际竞争力和吸引力。开始实行鉴定制度以来，德国将原有学制和质量管理体制逐渐向新制度转化和过渡，并积极参与到《华盛顿协议》和欧洲内部的共认协议当中，目前已有不少成果。

基于上述结论，本研究认为中国应把工程教育专业鉴定制度放在"质量保障"的高度上认识和构建该制度。我国的教学评估工作开展虽然已有20多年，有一定的基础，然而总体来看，我国目前高等教育领域的质量保障措施与欧美等发达国家相比仍然比较匮乏，种类也较为单一，评估对象的重点放在院校办学水平的评价上。21世纪初，我国已步入高等教育大众化阶段，高等工程教育整个高等教育体系中的比重占到1/3，然而培养着众多工科学生的各高校院系的教育水平却是良莠不齐，培养目标和定位也多不明确，与市场对人才的需求相脱节。对于工程等专业教育领域的质量保障工作仅在小范围、零散地开展，其影响效果也较为薄弱，难以起到坚实的质量保障作用。因而，一方面，建立起工程教育专业领域的质量评估鉴定机制对于我国现有的评估体系将是极为必要和有益的补充和完善。另一方面，构建工程教育专业鉴定制度是我国高等工程教育应对经济全球化和教育国际化冲击的必要且重要的措施。我国加入WTO意味着世界最大的人力资源和教育市场进一步加入到全球化的竞争之中。"教育国际化"要求各国教育有所调整、改革、整合，要求各国教育在一定程度上实现"国际接轨"，即具有更多的可比性，以增加互认的可能性。构建起达到国际共认水准的工程教育专业鉴定制度正是我国顺应这一国际大趋势的良好途径。国际体系理论和国际分工理论等给我们的启示就是，中国必须主动融入到高端的国际劳动力市场中，否则，中国的工程技术人才将跟不上中国经济全球化的步伐，将不能有效地为中国经济和社会发展服务，他们的才华与潜力也难以在更广阔的国际工程领域中施展。可见，工程教育专业鉴定制度质量保障和水准共认的双重职能决定了在我国建立该制度的必要性和重要性。如若不能及时建立，对我国高等工程教育的发展从长期看是不利的。

第二，工程教育专业鉴定制度是政府、高校、工业界及工程专业协会等四方利益主体意旨博弈和协调的一种机制。

如前文所分析的，政府、高校、工业界和工程专业协会是工程教育专业鉴定制度的主要利益主体。它们在该制度的起源、发展和变革过程中以不同的方式参与其中，影响着制度的发展形态和路径，同时也使该制度能够反映各方的诉求，在其间达到较好的平衡。这一结论包含两个要点：

(1) 工程专业鉴定是政府间接管理工程教育质量的一种手段

根据美、德两国的经验，政府参与工程专业鉴定制度的方式是通过认可工程专业鉴定机构，赋予其开展相关鉴定工作的合法性。在美国，ABET 需要得到在高教界享有很高权威的美国高等教育鉴定理事会(CHEA)的认可，受其监督管理，而且 ABET 也曾多次得到联邦教育部(USDE)的认可。在德国，ASIIN 要得到联邦鉴定委员会(AR)的认可，该委员会中有 1/4 左右的成员是州政府的代表。政府通过监督和认可鉴定机构的鉴定工作，间接地实现了对工程教育质量的管理，这是两国工程教育专业鉴定制度的一个重要特点。

(2) 工程专业鉴定机构是学术界和工程界共同参与的中介/缓冲机构

鉴定机构的组建是工程教育专业鉴定制度构建过程中重要的一环。鉴定机构是政府间接管理和保障工程教育质量的中介机构,它联系起高教界和工业企业界共同为保障和促进工程专业教育的质量而努力。美、德两国鉴定机构 ABET 和 ASIIN 都是会员制的非政府组织,其成员主体皆为学术界和工程界的代表,且双方权利基本相当。在会员的构成、组织结构和行使职能的方式等方面,两个机构各有特色。

ABET 目前是其 28 个专业协会会员的联盟组织,涉及 24 个工程专业领域。其内部的鉴定委员会和执行委员会等核心职能部门的组成都是由来自这些会员协会的相关领域的学术界和工业界的专家以较平均的比例组成。各工程专业领域的专业鉴定活动的具体实施是在 ABET 的协调下,由各相关会员协会牵头进行,而美国的这些专业学会/协会本身就是联系工程教育界和工业企业界的纽带,由来自两方的专家共同参与组成。这些工程专业协会,无论是在鉴定机构的组建,还是鉴定工作的开展方面,都发挥了重要作用。美国高等教育体制的市场导向和分权制,使得民间第三方的工程专业协会组织一直以来承担着行业自律和促进专业教育质量的重任,积极地联结起工程教育界和工业企业界。因此,进行同行专家评估的鉴定机构,作为政府间接管理工程教育界的中介缓冲组织,也自然会由它们以联盟的形式组建,在鉴定实施过程中则分权运作。ABET 作为各会员协会的联盟组织,更多是起到总体战略决策和协调组织的作用。

ASIIN 的会员分为四大组,即德国工业大学(TU)协调组、德国应用技术大学(FH)协调组、工商业组织的联盟及伞状组织、科学技术协会及专业组织。显然,前两个会员组是由来自工科高校学术界的代表组成,后两个则代表工业企业界的声音。ASIIN 下设的会员大会和理事会等决策机构中,教育学术界和工程界的代表名额和投票等权利都是相等的,理事会的主席由高校和工业界两方的代表轮流担任。鉴定的执行机构如鉴定委员会、技术委员会等的组成,则基本奉行 TU、FH 和工业界的专家各占 1/3 的原则。德国的高等教育管理体制中,政府一贯处于强势,基本上是直接管理高等教育的发展,因而德国的民间专业协会这支力量并没像美国同行那样在鉴定制度中担当大任,而只是作为利益主体之一有专家代表参与到鉴定机构和鉴定活动中。ASIIN 对各个专业领域的鉴定活动统筹集权管理,其组织结构呈纵向多级,从成员大会、理事会到鉴定委员会、技术委员会,再到具体的专家审查组,逐级任命,对上一级负责。

由上述结论可以想到,目前看来,工程专业鉴定制度的四方利益主体,由于社会、经济、历史、文化等多方面原因,在我国工程教育及其质量保障中的参与程度和发挥的作用有较大悬殊,不够协调。政府是目前我国高等工程教育质量保障的主导者,多以直接的行政手段发布相关措施。高校也较多地参与其中,然而政府和高校的参与机制和职责分工并不明确。工业界似乎常常"置身事外",其参与工程教育改革的意识和积极性远未被调动起来。而工程专业协会和学会这支不可忽视的力量的声音也很微弱。然而,明确各方利益主体的参与角色和职责,是保证制度效率的基础。除了我们在本研究中分析过的美国、德国如此,其他国家和地区也如此,例如,澳大利亚、日本和我国香港等都已建立起较为有效的工程专业鉴定制度，依据自身的实际情况，在制度中达成了各方利益主体共同参与、相互合作和制约的均衡系统。因此可见，要在中国合理构建工程专业鉴定制度，必须协调和明确各方利益主体的参与机制，充分调动教育界和工业界的参与热情，激励专业协会中介作用的发挥，而政府则在组织引导制度构建起来之后，逐渐从直接管理向间接监控转变职能。

第三，注重教育成果是工程专业鉴定评估标准的重要取向

评估标准的制定是专业鉴定制度构建的核心。以什么样的标准来鉴定专业教育的质量，直接反映了鉴定制度的价值取向和审核思路。从前文的描述和分析可以看出，美国的评估标准几十年来的演进经历了从“投入”到“产出”的重心转移，近年来更加鼓励工程教育的创新和专业培养的多样化和灵活性，以满足市场不断变化的多种需求。ABET 现行的 EC 2000 准则格外注重考查学生的学习成果和专业培养目标的达成情况。德国根据本国国情制定的评估标准强调专业教育的“输入”和“输出”并重，既有对专业教育目标设定、教学计划和过程、资源和合作关系以及管理体系等的考察，又有对教育“产出”，即在校生和毕业生的知识技能和就业情况等的考察。可见，对教育成果的考察是当前教育评估标准的重要取向，已得到国际评估界人士的普遍认同。

在评估标准方面，中国目前较多地借鉴了美国的做法，即比较重视教育“产出”，标准的规定更多是比较概括的、定性的总体描述，给高校专业以较大的灵活度和创新空间。这是国际上评估的比较普遍的趋势，具有很强的合理性。比如目前正在进行中的工程专业教育评估试点工作的试行标准，总则中只从 7 个方面做了总体描述，其中第 7 项准则是教学质量，重点讲的就是对学生知识和能力上的要求。[①] 然而，中国有着不同的工程教育历史、不同的发展水平和国情，例如，扩招后有的工程专业点的投入条件还远远不足，因此在标准的设定上，要发挥它的引导性作用，既要注重投入，又要注重产出。在具体指标设定上，对教学条件等做较为细致明确的要求还是有必要的。

① 张文雪、王孙禺、李蔚：《高等工程教育专业认证标准的研究与建议》，《高等工程教育研究》2006年第5期。

第六章　CDIO与工程教育中的“理论”与“实践”问题

无论欧洲还是美国，工程教育起源于国家基础建设及军事需要，培养实用技能娴熟的能工巧匠是工程教育起源时期的时代需要。19世纪末20世纪初期，在工科院校里科学被认为是工程的基础，此理论和实践的关系在工程教育中一直是争论的焦点，直到目前还困扰着现代工程教育。工程教育发展历史表明，不同国家处理这一争论的方式有所不同。在美国，教育界在实践与理论之间如同“钟摆”不断寻找平衡；而欧洲大陆，双元制的工程教育体系分别侧重于工程教育的理论和实践两个侧面。第二次世界大战以后，工程需以科学为基础的观念影响更深、更广，尤其是1960年代后，工程教育甚至忽视了实践、经验等特性，使得“工程”与“科学”、“工程师”与“科学家”之间界限模糊，工程师在社会中的作用和地位受到质疑。自1970年代始，“回到实践”的呼声强烈。

笔者以目前讨论较多的工程教育中的CDIO教学改革为切入点，梳理了工程行业和工程教育在欧美国家发展的不同轨迹，及其对工程教育的不同影响。笔者认为，CDIO是对当前工程教育困境在“教”与“学”问题上的一种回答。本章也指出，CDIO只是应对目前工程教育“理论”与“实践”困境的诸多解决方案中的一种。就CDIO本身而言，对于不同国家、不同层次、不同具体情况的学校可能会有积极的启发意义，但并不意味着它是唯一值得借鉴的做法。

6.1 CDIO及其背景

近来，我国高等工程教育界比较关注CDIO。2008年5月17日，汕头大学举办了“2008年中国CDIO工程教育模式研讨会”，国家教育部高教司及部分高校同仁开展了有关中国工程教育改革以及国际CDIO工程教育模式等当前工程教育热点问题的研讨，主要目的是交流和研讨在全球化背景下的中国工程教育改革和CDIO工程教育模式，旨在为推动我国工程教育改革与发展做出贡献。实施有关教育改进计划的项目，了解该计划的背景和发展历史甚为必要。治史使人广博易良，疏通知远，对CDIO也可以采取同样态度。

在西方，现代工程教育自产生至今已有150多年，在中国也有百余年史，工程院校在各国工程师专业化过程中扮演了重要角色。在工程教育发展过程中，“学”法 与“教”法一直是探讨的主题之一。第二次世界大战期间及以后若干年里，尤其自1960年代以来工程教育在结构、内容上才开始趋于“惊人的稳定”[①]，“科学导向”成为美国工程师培养的主导思想，使得工程教育与现实世界对工程师的要求脱节。这种“理论”型或称“科学”型工程师，因为和工业发展对工程师“实践”能力要求之间有差距，遂引起美国社会各界对工程教育的批评和指责。[②]

---

① 事实上，近几十年工程教育在课程和教学上有适度的调整，主要集中在增加某些工程专业技术知识，或者解决工程学科冗余问题。

② 参见 Williams, R. Retooling, *A historian Confronts Technological Change*, Cambridge, Massachusetts, MIT Press, 2003; Auyang, S. Y., *Engineering: An endless Frontier*, Harvard University Press, 2004。

1990 年代末，美国麻省理工学院航空航天系不断收到校友和工业界的反馈，认为该系毕业生具有优秀的工程技术基础知识，但是缺乏某些“能力”，例如：团队协作能力、批判性思考能力和综合思考问题的意识等。MIT 航空航天系认真对待了来自“消费者”的意见。该系教师开始着手在较小的范围内探讨如何能把理论知识的传授和实践能力的培养结合起来，于是开始推动 CDIO 教育改革计划。“CDIO”代表构思（Conceive）、设计（Design）、实现（Implement）和运作（Operate），它以产品从研发到运行的生命周期为载体，为学生提供实践、理论课程之间有机知识关联的教学情景，鼓励学生以主动的方式学习工程学。

该改革计划的主旨是，在真实工程情境中，向学生一边传授工程专业的基础理论知识，一边通过构思，设计、实施和运作促其动手实践能力的发展，二维并重。1999—2000 学年，MIT 开展了小型的预研究。2000 年 10 月，MIT 联合 3 所瑞典大学①，合作组成跨国研究组（the CDIO Initiative），向校友、公司、基金会申请共同筹得近 2000 万美元用于 CDIO 教改计划，其中最主要的资助来自于 Knut and Alice Wallenberg 基金会②。CDIO 工程教育改进计划在上述四个学校启动。目前已经有包括丹麦、芬兰、法国、南非、新加坡、中国③等国在内的 20 多所大学加入到 CDIO 合作计划

① 这三所大学是：Chalmers University of Technology, the Royal Technical University (KTH), and Linkoping University。

② 该基金会成立于 1917 年，它的创始人是瑞典斯德哥尔摩一家大银行（Stockholms Enskilda Bank）的创始人 Knut A. Wallenberg 及其妻子 Alice Wallenberg。它主要为瑞典大学及科研机构的科学教育及其研究提供资助。它是瑞典最大的研究资助基金会之一。

③ 中国汕头大学 2007 年加入了“the CDIO Initiative”。汕头大学成立了“CDIO 创新实践中心”，为学生实践 CDIO 理念提供了良好的平台。

中，共同继续开发和完善 CDIO 教学模式。

纵向看，CDIO 是整个工程教育发展史上的一个事件，是目前众多工程教育教学改革中的事件之一。笔者认为，如果把 CDIO 放在较大的历史背景中考察，对其意义可能会得到比较综合的认识。本章把 CDIO 置于工程教育发展的历史背景下，呈现现代工程教育中的工程实践、院校改革、工程师职业专业化、工程技术发展等的矛盾与冲突，目的是揭示历史发展的复杂性，仅仅表明历史衍化出 CDIO 是一个复杂而自然的过程。本章主要从历史视角来探讨 CDIO 对于当前教学改革的特性和影响，我们也会从目前工程技术发展的特点对其意义及应用前景加以说明。

6.2　历史的解读

6.2.1　19 世纪至 20 世纪初“理论”与“实践”的早期冲突

理论和实践的冲突在工程教育中的弥漫始于 19 世纪初期。美国学者用“钟摆”形象地描述美国工程教育在不同时期“理论优先”或“实践导向”在工程教育中的冲突与选择[①]。理论和实践的冲突在欧洲国家的工业技术学校的整个体系中表现出来，它们的特征被描述为“谱”，即：从实用、技艺型的技术学校到科学导向的工业技术大学，欧洲的工业技术学校分别分布在这两端之间，形成

---

① Reynolds, T. S., and Seely, B. E., “Striving for Balance: A Hundred Years of the American Society for Engineering Education”, *Journal of Engineering Education*, Vol. 82, No. 3, 1993.

的工程技术教育体系如同"谱"。当然,欧洲有几个国家也存在"钟摆"现象[1]。工程教育在各国发展中,"实践优先"取向还是"理论优先"取向是一个基本前提。虽然在今日看来,工程师职业已然成为国际上典型的专业性工作之一,具有在国际间身份同一性较强、易于取得国际互认的特点,然而达到这样的身份认同并非易事。工程师教育偏于科学理论还是重于动手实践,在工程教育发展过程中经历了艰难的、拉锯式斗争的发展。下面,我们来看法国、北欧和英美的发展演变情况。

法国。"法国工程教育是美国工程教育的渊源之一"[2]。在16、17世纪,法兰西王国的军队中就雇佣了全职的技术人员设计军事堡垒和制造火药武器。17世纪末,为了加强法兰西王国的统治,军队承担了道路、桥梁、港口、河堰、水库等基础建设任务。1747年,由于缺少受过较好教育和训练的工程师[3],法国政府创建了路桥学校。工程技术学校在18世纪陆续出现,接着是1749年的皇家军事学校,1778年的矿业学校。最早是土木建筑工程师,从军事工程学中发展出来,军事工程学研究军事装备,防御工事、基础设施(道路、电厂、交通、通讯系统等)等工程建造的技术。早期工业的发展现实,需要身手灵巧、工艺精湛、动手能力强的技术人才,所以早期的工业技术学校在对学生的训练方面都偏重实用性。

但是,另一方面,也有人认识到工程建造需要系统观、多种分

---

① Edward F. Crawley, Johan Malmqvist, Soren Ostlund, Doris Brodeur, *Rethinking Engineering Education: The CDIO Approach*, Springer, 2007, p. 219.

② Terry S. Reynolds, *The engineer in America: A historical anthology from technology and culture*, The Press of Chicago University, 1991, p. 7.

③ 1683年,法国军队的工程师独立团共有132名军事工程师。

析技能和方法,也就是说,技术需要科学基础的有力支撑,例如1794年出现的大学校(the Grande ecoles),就是对"多科技术"(polytechnique)办学理念的体现。[①] 法国工程院校的产生与发展得到法国政府机构和工业界的关注和支持,是法国高等教育的核心,它为法国工程师教育确定了典范和标准。不仅大学校,而且包括其他技术学院,学生均来自于法国社会的中上阶层,毕业生主要被政府机构雇佣,或者参与到由于城市扩充、工业发展带来的基础设施建设当中。

在这种背景下的法国,"技术科学"(technical sciences)被认为是应用科学(applied sciences),其基础应该是数学和科学基本理论,也就是说,数学和科学的基本理论应当成为提升技术进步的基础;尤其在把技术从实践经验和技能经验水平提升到理论知识水平过程中,数学和自然科学基本理论更是不可或缺[②]。在法国,尽管实践训练(practical training)被引入工程院校课程体系,工业界的需要也对课程有所影响,但是这些变化都难以撼动法国工程院校精英性质,他们一直保持着严格的等级性以及偏重理论教育特色[③]。

英国。18世纪中期,英国工商业的空前发展需要大量的全职技术人员,来承担工商业项目所需的各种技术工作。英国社会的巨大发展使得当时很多"自学"成才的手工业技术者依靠个人的技

---

① Kranakis, E., *Constructing a bridge: An Exploration of Engineering Culture, Design, and Research in 19th-century France and America*, Cambridge, Massachusetts: MIT Press, 1997.

② Edward F. Crawley, Johan Malmqvist, Soren Ostlund, Doris Brodeur, *Rethinking Engineering Education: The CDIO Approach*, p. 219.

③ T. Reynnolds, 1992; Edward F. Crawley, etc., 2007.

术成为工程师，而且不同于法国那种谋职于军队的工程师。18 世纪末期，英国的工程师参与了英国大型民用建设(civilian projects)工程建造，这也是英文里“Civil Engineer”的来源，也正是土木工程师，成为英国工程领域第一个专业化职业的开始①。学者们认为，英国生长出一种与法国工程教育很不相同的模式②。在英国，“工程”被认为是从实用的、熟练的工艺中生长出来的，因此不适于在大学和科学中传授。在英国，尽管也产生过多科技术思想，但是它在实践中却完全复制了英国的社会结构，政府和工业界领导阶层基本由传统大学毕业生主导，工程不被看作是上流职业，尽管他们也认为工程技术很重要。这种根深蒂固的看法还可以从约翰·瑞(John Rae)的研究中得到印证。约翰·瑞考察了 17 世纪至 19 世纪英国工程师的家庭背景，他的所有数据表明，英国的工程师家庭出身非常多元化，而法国工程师均来自于中上层家庭。因此，在英国，“学徒制”在英国工程师培养中具有更重要的作用，也晚于法国很久才被正规教育代替；工程师教育也一直与大学保持着距离；英国的工程专业鉴定体系与德、法等大陆国家③也很不一样，在欧陆国家，多数由政府委员会牵头组织相关委员会，通过鉴定专业教育项目来掌控工程师的质素标准，而英国的鉴定偏重

---

① 早期英国工程师的研究，见 Alex Keller, “The Age of the Projectors,” *History today* 16(July 1966): 467—474; Armytage, pp. 67—94; Samuel Smiles, *Lives of the Engineers* (London, 1904); and R. A. Buchanan, “Gentlemen Engineers: The making of a Profession,” *Victorian Studies* 26 British Engineers 26(summer, 1983): 407—429。

② 英国与法国工程文化之不同，见 D. S. L. Cardwell, *Turning Points in Western Technology: A Study of Technology, Science and History*, New York, 1972, pp. 122—127; Armytage, pp. 95—105。

③ 在欧洲大陆主要以德法系鉴定制度为主。

于实践工作技能和工程经验。他们还认为工程能力与大学培养的学术能力是两种不一样的资质和能力①。英国工程师更喜欢运用实践的、实验的方法来解决问题，而对于用数学和理论途径解决工程问题多少有些怀疑。

美国。“美国工程文化是法国和英国的混合”②，但又有自己的特征。1790年之前，美国只有极其少量的工程师。他们最早是在军队或者大型建设项目中出现的，但是那个时候，美国政府很弱小，项目也较少，军队也不强大。但是美国独立战争刺激了对工程师的大量需求。独立战争时期，美国没有任何培养工程师的经验，军队的工程师独立团迫切需要培训，华盛顿将军把目光投向法国。在美国独立战争期间，共有24位法国工程师在美国军队中培训、管理美国的工程师独立团，直到战争结束后离开美国③。华盛顿总统的继任者亚当斯和杰弗逊，为了能够持续为军队培养工程师提议创建自己的工程师学校，美国国会同意在1802年成立西点军校，西点军校办学思想受到法国工程师培养模式的直接影响。1824年建立的伦斯勒多科技术学院(1861年得现名，有时称为伦斯勒工学院或伦斯勒技术学院)，虽然吸取了多科技术思想，但是认为美国工程教育的基础只限于数学和自然科学基础，一定的实际的、工业的和农业经验也很重要④。这与法国工程师培养思想

① Pacey, A. 1992. *The Maze of Ingenuity*. Boston: The MIT Press.

② Arthur L. Donavan, “Engineering is an increasingly Complex Society”, in Engineering in Society, ed. George S. Ansell , Washington, D. C. , 1985: pp. 94—96.

③ Terry S. Reynolds, *The engineer in America: A historical anthology from technology and culture*, The Press of Chicago University, 1991: p. 10.

④ U. Jorgensen“Historical Accounts of Engineering Education”, in: Edward F. Crawley, Johan Malmqvist, Soren Ostlund, Doris Brodeur *Rethinking Engineering Education: The CDIO Approach*.

有所不同，这与美国自己的经验很有关系。美国工程师培养观念受到伊利运河工程[①]的启示。起初，伊利运河工程只有三位工程师，他们的测量经验、专业技术都非常有限，但是经过实地考察其他运河工程、自学、实验等方式，最终成功驾驭了伊利运河工程的设计工作。后来，他们又用师徒制链条解决了工程所需的助理工程师不足的问题。历史表明，伦斯勒多科技术学院的办学思想也被随后建立的其他学校效仿，从某种程度上说，伦斯勒学院的办学思想是"学徒制"和"多科技术"的叠加。19 世纪中期的赠地学院强化了这种模式，例如 1861 年的 MIT 等校，就通过强化和企业界的联系，重视实用的动手技能，实地工作的直接经验。

北欧和德国。在北欧和德国，工程教育的突出特征是基于两种招生标准、实施两种教育的双元制。一种是 19 世纪晚期产生的高等专业技术院校（fachhochschulen），此类学校从工厂企业中技术娴熟的工匠中招生，是以实践能力培养为主导目标的教育，其前身是给学徒制技工提供的理论补习教育，包括一些基本技能训练，如画图、计算等。第二种是大学类的学术性工程教育，和自然科学中以学科为导向的大学教育有所不同，通常叫工业技术大学

---

① 伊利运河是一条位于美国纽约州的运河，连接哈德逊河与伊利湖，将五大湖与大西洋水域连接起来。伊利运河最初是在 1699 年被提出兴建，但是一直到 1798 年才开始修建。运河的第一段在 1819 年完工，整段运河则在 1825 年 10 月 26 日开放通行。伊利运河全长为 584 公里，河宽 12 米、深 1.2 米。整条运河共有 83 个水闸。伊利运河是第一条提供美国东海岸与西部内陆的快速运输工具，这比当时最常用的以重物拉动的拖车还快许多。伊利运河不只加快运输的速度，也将沿岸地区与内陆地区的运输成本减少了 95%。快捷的运河交通使得纽约州西部更便于到达，因此也造成中西部的人口快速增长。

(Techniche Hochschulen,20世纪晚期改名 Techniche Universitates)。这是一种在德国和斯堪的纳维亚国家普遍存在的工业技术大学。双元制的特点是,建立在两种生源基础上:前者是给具有实践经验的工程师提供的教育,后者培养直接从中学刚毕业的学术型工程师。“后者存在的合法性在于认为学术型工程师对知识的生产会有贡献,而前者则是因为工业发展和技术进展均需要高质量的技能水平”。[①] 在整个19世纪,学术型工程师伴随社会发展50余年,虽然在化学工业和电子工业的兴起中发挥了明显的作用,但是在整个19世纪,实用型工程师不仅在数量上占多数,而且在机械工业和采矿工业两个支柱性行业里一直占据主导地位。德国的例子更能说明这一点,19世纪德国技术大学的理论教育就得到了大企业研发机构的支持,但是工业创新也主要源于实用型工程师的实践经验和系列试验,只有很少一部分来自于科学理论知识[②]

6.2.2 20世纪60年代前“科学主导与实践经验削弱”

上述我们分析了法、英、美、德等国在工程教育萌发初期“理论”与“实践”的冲突。为了理解今天的CDIO,我们还必须看到

---

① Manegold, K. “Technology Academized: Education and Training of Engineer in the Nineteenth Century”, in Layton, K. E., and Wiengard, P., *The Dynamics of Science and Technology: Sociology of the Sciences*, Dordrecht: D. Reidel Publishing, 1978, pp. 137—158.

② Hard, M., *Machines are Frozen Spirit: The Scientification of Refrigeration and Brewing in the 19th century—A Weberian Interpretation*, Frankfurt, Campus, 1994.

20世纪以来的一个很重要的变化，即：科学作为工程技术基础成为一个确凿的事实。工程教育发端之时，在工程课程和科学课程之间有一道鸿沟，科学课程建立偏向于数学的、更形式化的知识基础之上，而工程课程更趋于描述性、更零碎的技术知识。早先争论中，工程总是被拿来与自然科学对比，工程总是被看作次等的、应用性的知识。例如，欧洲的技术学院不能授予博士学位。但是，随着科技方面的新进展的出现，逐渐淡化了上述争论色彩，一是技术真的越来越重视创新，二是在某些技术领域和自然科学的联系越来越紧密。当然，从外在原因探讨的话，二次世界大战期间公共资助和军事经费的大量增加，是主要的促进因素。

美国。美国20世纪的工程教育深受两个重大事件的影响。首先，20世纪的前20年，美国工程界进行着一场为大众所不知、却为多数工程师理解的权力和身份斗争。“改革者们努力引导工程界走向专业化，使得他们团结起来，成为一支活跃的政治力量”①。这是当时工程师为争取与医生、律师等专业性职业声望平等的努力，但是20年间围绕工程师在社会中的角色发生了很多争论。直到1930年代，这场静谧而喧闹的“反抗”斗争才尘埃落定。其结果可以从两个代表性人物的观点中得到清晰的表达。首先是弗兰德斯(Ralph E. Flanders)，他本人是新英格兰机械加工厂的厂长。作为商人，他明确地说：“时代需要把工程用于解决社会问题，对于社会问题的解决也同样需要自然规律、需要批判性分析各

① Edwin T. Layton, Jr., *The Revolt of the Engineers Social Responsibility and the American Engineering Profession*, Baltimore, The Hopkin University Press, 1971, p. 79.

种实际情况……"[1]第二个人物是威肯登(William E. Wickeden),他曾经是电话电报公司的负责人,后来成为凯思工学院(Case Institute of Technology)的院长。作为一个技术教育专家,他认为工程师在履行社会责任时,必须像一个"具有独立性的卫士",从这种思想看,工程师和科学家的分界用不着那么清楚。

20世纪初期美国工程师努力提升职业声望的努力,与在19世纪晚期美国工程教育界的努力是一致的。著名的工程教育专家罗伯特·瑟斯顿(Robert Thurston)[2]认识到欧洲工程教育体系的优势,提倡在工程教育中加强科学和数学的分量。瑟斯顿还鼓励工程院校重视科研。由于科学研究的开展,很多活动被纳入到了研究这把大伞下。尽管1920年代和1930年代工程院校进行了一些教学内容和方法的改进,但是美国工程教育依然维持着实用导向、工业导向的特点。

美国工程教育发展的分水岭是第二次世界大战。第二次世界大战前夕,美国工程教育人士看到欧洲工业学校领导们,例如克雷恩(Felix Klein)已经把科学和理论方法运用到工程领域,而且他们解决工程问题的方式的确比较领先。因此,美国知识思想精英冯·卡门(Theodore Von Carman)——曾经是克雷恩的学生,他自己接受的是欧洲教育,非常了解欧洲工程教育的特点,因此他把科学导向的工程教育思想介绍到了美国工程院校。引领科学导向

---

① Ralph E. Flanders, "The engineers' View", *Mechanical Engineering* (Feb., 1931): pp. 99, 103.

② 罗伯特·瑟斯顿(Robert Thurston),美国机械工程师协会第一任会长,他把法国和德国科学为基础的工程技术教育观念引入美国,获得了极大声誉。他曾是康奈尔大学工学院的组建人。

办学思想的学校是MIT。战前,MIT在康普顿(Karl Compton)做校长的时期就引入了工程的科学基础①,例如在MIT担任电子工程学教授的凡尼瓦·布什②,把电网线路模拟研究转向用于计算机研究,这是一个更基础、更偏重科学的方向,并造出世界上第一台模拟电子计算机,这一开创性工作为二战后数字计算机的诞生扫清了道路。他还成功地吸引了基金会的资助。1940年,布什被罗斯福政府雇用,他建立并领导"国防研究委员会",战时在华盛顿成立的一个主要的联邦研究机构。20世纪40年代早期,作为罗斯福总统的科学顾问,布什组织和领导了制造第一颗原子弹的著名的"曼哈顿计划"。在信息产业领域里,布什更是功勋卓著。美国国内两个著名的高科技工业园区——加州的"硅谷"和波士顿128号公路的"高科技走廊"的诞生都凝结了布什的心血。从上述可以看出,尽管在战争期间工程师做了很大的贡献,但是曼哈顿计划的成功还是把物理学家推到了聚光灯下。有见识的工程界领导人物也认为成名的路子就是要让工程师的工作尽可能的效法

① Karl Compton曾经是普林斯顿大学的物理学家,后来成为MIT的校长,任内MIT获得巨大发展。大战之前,大学的研究体系是一种私人基金资助下的研究体系,与主要的基金会以及外国的国家科研拨款相比,美国联邦科研预算少得可怜。为此,许多美国科学家呼吁,要求联邦政府增加对于科学研究的资助。当时,MIT校长卡尔·康普顿就曾在《纽约时报》上发表过这样一篇文章:"让科学发挥作用!公众福利需要国家科学计划"。这些活动和呼吁对美国科研资助体系的变化起到较大推动作用。

② 有人把20世纪称为"美国世纪",而凡尼瓦·布什就是"美国世纪"的工程师。这位具有6个不同学位的科学家、教育家和政府官员与20世纪许多著名的事件都有着千丝万缕的联系,其中包括"曼哈顿计划"、硅谷、互联网等。他给当时的美国总统罗斯福撰写的划时代报告《科学:无尽的前沿》,至今仍然相当著名并具有影响力。被人称为"硅谷之父"的弗雷德里克·特曼在MIT获得电子学博士学位的导师不是别人,正是布什。

科学家。

战后美国工程技术教育和研究非常重视以科学为基础，而且与此同时科学技术研究获得了美国政府研究经费的剧增。但是，这些资助几乎都是在各个领域对基础研究的资助，实用研究在这样大量经费的资助政策背景下，并没有得到什么好处。美国科学技术界在高速空气动力学、半导体电子学、计算机研究等方面的成功，证实了在实验室研究中，应用物理学和数学可以开创新的技术前沿。军事领域的研究也集中于更大威力、更高高度，以及更快速度的目标，这些研究当然也是围绕着科学目标展开的。例如电机工程，不再只研究电网和旋转电机，而是研究电子学、通讯理论、计算处理器等。科技历史学家希力(Bruce Seely)写道，理论研究对实践检验性的项目越来越重要①。

就工程教育而言，二战中MIT教授们吸取他们在雷达系统中的教学与研究经验，大大改变了工程学的学习和教学方式。这是一种用依赖于坚实的科学基础、工程原理以及分析能力的“教”与“学”，而不是依赖于传统上肉眼可见的工程现象、图表、手册以及操作规范。新的教学方法需要华丽的教科书和大型实验室。虽然这一方法的创立者并非希望大家忘却或者忽视工程教育中令人兴奋的一面——学生设计并自己动手建造的机会、团队精神、工程伦理等。但是目前，“我们丢失了一些传统，我们需要找到新的平衡”②。

---

① Seely, B. E., “The Other Re-engineering of engineering education, 1900—1965”, *Journal of Engineering Education* 88(3), 1999.

② Charles M. Vest, “Educating engineers for 2020 and beyond”, Forward to Edward F. Crawley, etc., 2007.

欧洲。在欧洲的学术文化中,工程有较长的科学传统,尤其是在德国和法国的精英大学里。战后欧洲成立了各种科学委员会,德国科学基金会(DFG)通过资助研究项目给予德国基础研究很大支持,马·普学会战后作为威廉皇帝学会[①]的接替单位于1948年重建,是德国二战后科学重建的重要支柱。到70年代初,在西德有约50个不同的研究所,研究领域涵盖从天文学到艺术。各研究所得到很大的政府资助研究项目,用于资助二战期间科学技术知识的和平利用,这大大刺激了工程技术院校科学研究的增加,也改变了工程教育的教学方式。

在19世纪,欧洲大学和多科技术学院在某些方面还有差异,自然学科中的某些课程只能在大学里开设。在20世纪前半期,德国、丹麦的多科技术学院为了被社会更多的认可,他们努力为被接受程度而斗争。虽然,这些学校的工程教育因为其有一定的科学基础被承认,但是他们能否独立开展研究而屡遭质疑,一般认为这些学院只能做一些技术改进型的试验,成果在实际中应用又非常有限。这些争议在是否能够授予博士学位方面就有明显的表现。在瑞典和德国,或者其他一些欧洲国家,什么是科学成就,谁说了算,一直是非常有争议的。这些争议在工程科学被认为是科学的一个不同的领域之后,似乎有了终结,尽管工程科学仅仅被认为是自然科学的应用,现在还是人们思想占据主导地位的看法。但是,一些多科技术学院已经在吸引最好的学生学习,而且开始为他们颁发学位了[②]。

---

① 威廉皇帝学会于1911年第一次世界大战前成立。

② Seely, B. E., "The Other Re-engineering of engineering education, 1900—1965", *Journal of Engineering Education* 88(3), 1999.

随着以科学为基础的技术学科的扩展，工程教育的基础发生着变化，使得传统意义上的工程职业技术学院也在发生变化。尽管职业技术学院名称不同，英国的多科技术大学，德国的高专，丹麦的技术学院(Technik)，在招生上有共同的特点，他们都是从熟练的技术工人中招生，在保存他们优秀的实践经验的同时，以补足他们理论知识的不足为目标。这些学院在发展中努力继承和发扬其重视以工作经验为基础，传授实用的知识，重视学生以往在建筑工地、机械工厂、工业界等获得的第一手的实践技能。可是在1960年代，这些技术学院的课程被扩展了，工程教育的标准在年限和范围上都得到扩展。他们提高了数学和自然科学的要求，似乎变成了对学术型工程技术大学课程的复制，导致不少人发出疑问，这类学院还是不是提供实用型工程师的。这使得政府委员会对他们的使命不得不重新认定，强调他们是实用型工程大学，同时指出应该在学术和实践上取得平衡。同时，学徒制的衰落也降低了此类学校学生的入学标准，现在两类大学很难区分开来。工程技术发展在科学的基础之上，在欧美都创造出一批新的理论导向的精英型技术大学。多科技术学院的实用导向的教学方法，以及欧洲高专的实用导向的方法对于技术在社会和工业中的应用非常重要。这些院校的努力对工程职业身份的形成非常重要，尽管这一事实被人们认识到了，但是实际的动手能力培养在现代科学为导向的、理论的工程教学中毕竟已经被淹没掉了。

无论是欧洲还是美国，战后科学研究气氛浓厚，工程教育中的动手能力和工程实践经验削弱了。另外，在欧洲，工程系的教师必须有博士学位，这使得具有工业经验的工程师很难获得大学教师这一职位。新的博士学位获得者，进入大学从事教职者逐年上升，他们进入政府资助的大型科研项目的研究岗位，越来越少的博士学位获得者去工业实验室和一线实践工作。尽管博士学位这个必要条件可以用工程师的创新成果代替，吸引有实践经验的工程师来大学工作仍然很困难。而且，学术职业在晋升时要求进行研究工作，并公开发表论文，这道门槛，以及工业界和大学在工资待遇上的差异，越来越少有实践经验的工程师来大学工作。

以上表明，二战后工程教育院校几乎成为“工程科学家”的乐园。

6.2.3 1970 年代后“回到实践”

美国。1970 年代，技术本身的发展和重要的政治事件改变着技术发展的路线图，这些挑战开始把摆钟再次拉回到“实践”一边。例如，20 世纪 70 年代美国石油危机对美国经济的重创，公众对环境破坏的关注，以及早先对超音速运输机研究计划的取消等一系列事件，说明技术发展不能单纯走科学发展路线。1980 年代，美国发现自身在国家竞争力上陷于危机，很多有识之士纷纷谴责其技术发展和科学研究过于关注军事和国防，而甚少关注其他的工业需求。例如，MIT 数位科学家和经济学家主持研究的“美国制造”的研究报告称，设计、制造在美国工程领域未能获得充分尊重，也没有相应的学术资源，这是在日用消费品方面落后德国和日本的原因[①]。同时，随着 1980 年代末期冷战的结束，美国对大型的军事及国防有关的技术科学研究经费资助也不如以往慷慨。1990

① Michael L. Dertouzos, Richard K. Lester and Robert M. Solow, *Made In America: Regaining the Productive Edge*, MIT Press, 1989.

年代以来，院校转向从工业界寻求资助，新的资源刺激了产品设计、产品开发和创新研究，而这些研究有着很强的实用性和目的性。

欧洲。在欧洲，工业技术大学引以为傲的科学基础的教学方式，向来对实用经验技能缺乏兴趣，反对这种做法的批评声音一直没有停止过。1970 年代，项目导向教学、问题为基础的教学等体验性教学方式被引进到工业技术大学，并在 1990 年代广为传播。在丹麦和德国的大学里，有的学校把项目为基础的教学作为他们的“标志”，宣称基于项目的教学同时可以满足跨学科学习、理论和实践相结合的要求[①]。

在工程教育发展的早期阶段，工程教育教学注重工厂、车间实习经验，但是，1970 年代的“回到实践”运动有了新的工程实习的观点，与以往的实践有不同之处，即强调任务的复杂性，实习任务中需要包括项目组织和沟通，突出学生作为专业咨询人员的作用、创新设计技能及其经验要求以及科学如何在社会中应用的伦理问题等。这些新的要求或许不会降低学生测量、画图、制作模具、选择材料等方面的技能，但是显然新的实习制度及其背后的思想，与昔日学徒制之间的区别显而易见。

6.3　目前对“理论”和“实践”困境的挑战及应对

20 世纪以来，美国和欧洲都提出了一个关于二战以来工程教

---

① Kjersdam, F., and Enemark, S., *The Aalborg Experiment-Implementation of Problem based learning*, Aalborg: Aalborg University Press, 2002.

育形成的基本问题——实用性的问题，包括缺乏实践技能训练，所学科学知识与工业界的要求不适应，工程教育给予工程师的分析能力不足以使他成为一个未来技术发展所需要的有眼界、有创意的工程师；工程教育强调与某工程专业有关的科学知识的学习，把工程教育演变成为一种培养学术技能熟练的工作者的教育。很多人认为，工程教育未能培养学生适应当代科技变化从而成为有创意的设计工程师，工程本身的发展也为工程教育提出了新的挑战。

6.3.1 学科门类剧增

技术知识剧增，技术门类增加，工程技术教育项目剧增。例如：高速公路工程，造船工程，卫生工程，采矿工程，能源工程，航天工程，微电子工程，环境工程，生物工程，多媒体工程和风轮机工程等，专业类别很多，但是哪些是通用性专业，哪些是非通用性专业，各国工程教育界还在争论之中。

针对学科冗余的情况，有的学校扩展了专业数量，有的学校通过核心课程和自由选修来解决学科冗余的问题；引进基于项目的教学也是1970年代以来工程院校另一个主要的改进教学的做法，理由是给学生宽广的工程理解能力和问题解决技能；更极端的做法是，质疑工程教育存在的必要性，而给予科学教学更大的分量，减少或者取消试验室教学实践，削弱与工业界的联系。尽管如此，就工程院校而言，在工程专业界和精英型工程院校里还是相当成功地保持了工程类的一些核心、共同课程。例如，MIT和丹麦大学(University of Danmark)的做法是，将课程组织成模块，如果要选修高级模块课程，需要首先达到某些基础模块课程的要求，这样把选学专业模块课程、组织自己专业课程结构的自由交给了学生。

值得关注的是，这两所学校没有急于新增专业项目。

6.3.2　工程本身发展的新特点

近些年，新工程与其他学科关系日益密切，与自然科学的界限越来越模糊。技术越依赖多学科、跨学科的研究途径，二战以来形成的以科学为基础的、数理推理的教学模式也越受到挑战。例如，环境工程专业，它从根本上改变了思路，以往的环境工程把大自然看作是废弃物质的“接纳者”，环境科学只需关注清洁技术和清洁产品的开发；但是目前，大自然已经被严重污染，环境科学与工程只能把清洁技术和清洁产品的开发作为环境科学的一部分，而且基本的思路应该转换成为如何实现自然与人的和谐的可持续发展观，这就不仅是个工程问题了，它可能包括自然科学、工程技术、伦理学和政治学观点。另外一个例子就是民居建造工程，民居建造不仅是个工程问题，它需要考虑民居的实用性、审美性以及社会性，所谓社会性就是要有利于社群和谐与沟通，目前有些民居工程设计做法是把土木建筑、建筑学、社会学专业的专家吸纳在一起组成团队。虽然这样设想很好，但是已有实例表明，很难做到。

计算科学、信息技术、环境科学、生物技术、纳米工程、技术管理等新兴学科，都不再是传统意义上的工程技术学科了。这些新的工程技术学科被称为“技术—科学”(Tech-Science)，反映出自然和技术的密切关系。

6.3.3　工程实践发生的新变化

传统的工程焦点是其实用性和设计特点，新的工程链要求把咨询、设计、营销一体化，这是一个更复杂的过程。这些工作要求工程师具备新的个人和职业素质，需要新的知识基础。在1990年代，有些工程院校强调新的工程设计技能，把社会科学知识纳入到工程社会设计当中，包括用户人种学分析、市场分析等。

1990年代，工程技术还面临着在社会和人类发展中的角色问题。这个问题以前不是没有出现过，但是目前看来这个问题更迫切。例如，信息高速路问题，化学制品在农业中使用问题，核电厂问题等。学习工程的确需要人文知识（包括伦理学、历史、哲学等）和社会科学，因为工程专业学生在技术工作中会不断碰到此类社会或者伦理问题。近年来在很多工程教育项目中，以上课程都被加了进去。但是结果常常是这些知识不能和科学、技术一体化，最终变成了附加物。

6.4 关于CDIO的几点讨论

以上变化，主流的工程教育界人士都认为不得不慎重对待，同时也要反思工程师的新角色。工程师通过创作产品来服务社会。引用冯·卡门的话说："科学家探索已经存在的世界，工程师创造没有存在过的世界。"[①]在1828年土木工程师学会章程中提到："工程是一种如何善用自然资源为便于人类生活之用的一门艺术"[②]创造新产品，合理利用自然资源直到今天还是工程师的任务，而且目前情况变得越来越复杂，如何培养合格的工程师是问题的另一个方面。

---

① A. L. Mackay, *Dictionary of Scientific Quotations*, London, 1994.

② The royal Charter, "The Institution of Civil engineers", London, 1828. Available at http://www.ice.org.UK.

从以上历史回顾我们看到，工程教育需要明确回答几个问题：首先，实践和理论的问题。这个问题争论了上百年，而且依然继续，但是如果罗列工程师所需的实践技能，却会发现一直就是那几种，而理论知识倒是一直在变化。另外是通用知识和专门性知识的问题，当前的知识和技能总是在变，哪些是基本的、核心的学科知识？未来工程教育中核心的内容有哪些？相应的，哪些技能可以在学校课程里完成，哪些技能可以在工作岗位上完成？下面我们来看 CDIO 是如何考虑这些问题的。

1. 一方面，以上对工程教育历史的叙述，我们发现，在历史发展当中，有几个持续存在的问题反复出现。首先，培养"科学理论型"工程师，还是"实践型"工程师。过去一个多世纪，这个问题一直存在于各个国家的工程教育中，自二战开始后，美国从注重实践能力趋向变成为强调科学理论基础，可是未曾想到的负面效果是，工程教育文化失去了工程教育某些标志性的特征。在 20 世纪 80 年代和 90 年代，美国的工业界、政府、工程师以及大学工程教育项目负责人，开始讨论工程教育的改进问题。他们谈到工程教育的问题时，通常会批评工程教育总是给理论教学，数学、科学、技术性学科以优先地位，而不是实践、设计、团队工作和沟通交流。这体现了工程教育中一直存在的矛盾：把工程师培养成一个专业知识和能力熟练掌握的某学科"专才"，还是个人专业能力优秀、人际沟通能力卓越、动手能力强的"通才"。

CDIO 计划为了迎接上述挑战，希望培养全面发展的工程师，希望未来的工程师能够理解包括构思(C)—设计(D)—实现(I)—运作(O)在内的工程系统的整体性和复杂性，包括在一个现代的、团队合作的环境中如何设计增值型产品，熟悉如何生产、制作该产品的整个系统。帮助学生学会:第一,熟练深入理解技术的基础知识;第二,提出新产品的设计创意、加工制作流程;第三,理解该产品的开发生产对研究以及对人类社会的重要影响。该教学改革的特点确保学生对基础知识深入学习,提升学生的实践技能。这些目标也可以从 CDIO 教学大纲中的知识能力要求窥得一斑:A.基础知识理论,与本技术领域有关的自然科学基础知识、工程专业性知识、本专业前沿知识理论;B.个人专业技能和态度:问题解决能力、动手实验能力、系统思考能力以及专业态度;C.人际交往能力,即团队协作和交流能力;第四,构思—设计—实现—运作能力:在充分理解社会、商业背景下进行系统的工程设计、实施、操作等能力。

在笔者看来,CDIO 的重要性在于它抓住了工程教育史上几个重要的争议性问题,并给出了自己的答案,这几个问题是:(1)工程教育中工程专业知识与数学、自然科学的关系问题。CDIO 的回答是,任何工程技术专业的课程方案,在提供工程科学和某专业技术知识的同时,要重视数学和自然科学基础。(2)工程专业学生的实际动手能力、沟通交往能力等是否可以在不需要工程实践的环境中得到有效培养?CDIO 的回答是,工程专业学生个人的知识和能力、人际交往及沟通能力,对产品、产品生产制造过程和系统建构技能等,必须在真实的工程实践中得到锻炼和培养。(3)最后,就教学方法而言,CDIO 坚持把工程科学基础和工程专业知识紧密地糅合在一起进行教学,学生仍然需要坚实的科学基础,熟练的、精心的准备过的课堂讲授仍然是最有趣的学习和教授经验。CDIO 计划也坚信这一观念。

威斯特(Charles Vest)回顾了过去 35 年内工程科学的巨大变

化，认为美国的工程师应该培养成为全球公民，作为全球公民，他们必须理解商业过程，产品制造和高质量的制造业，通晓工程系统，这可能是个高标准，但不是不可能实现的。有些学生的确可以做到，MIT和其他学校都有这样的学生。甚至他们可以做得更好。但是与过去相比，我们在教学上应该做什么改变，首先，教学必须激发学生的激情、好奇心、参与意识和内心的梦想，我们可能不能准确知道具体要教给他们什么知识，但是可以创造一个激发他们学习的环境和条件。CDIO就是对这场争论的回应，并且是具体到“教”与“学”层次上的回应。“CDIO计划的哲学抓住了现代工程教育的特点——赋予工程专业新的活力、基础知识的深入学习，以及工程师如何更好地贡献社会的技能，它能点燃工程师们的激情。”①

2. 另一方面，本章还要指出，目前在美国工程教育改革中，除了CDIO，还有几项工程教育改进计划一直在实施。有的改进计划着力于工程教育的课程和教学法；有的根据科技的新进展，在开发新的工程教育项目；有的改革把商业、管理和工程结合在一起；有的改革来自于政府的资助，例如美国的NSF；有的来自于政府的政治意图，例如波隆尼亚计划。

在美国，虽然各界对目前工程教育存在问题的认识是一致的，但是做法却不尽相同②，坦率地讲，CDIO只是其中的一种。目前，还有其他有关工程教育改进的做法颇引人关注。第一种是合作教

① Charles M. Vest, “Educating engineers for 2020 and beyond”, *The Bridge*, Volume 36, Number 2, Summer, 2006.

② 笔者力图对目前包括欧洲、亚洲等其他国家的工程教育教学改革占有多一些资料，但是由于这段时间在MIT，所以在此可能会相对集中美国的情况加以说明。

育(Cooperative edcuation)[1]的理念和实践。合作教育模式历史悠久,目前美国的佐治亚理工学院、理海大学(Leihigh University)、卡内基梅隆大学、辛辛那提大学、东北大学等都仍然一直把它作为工程专业学生培养计划的重要部分。例如佐治亚理工学院的阿金斯(Thomas M. Akins)认为,"在未来,工程教育可能会有多种形式。但是,合作教育的思想,从经济投入、教学设计、学生职业能力习得三方面都是最佳选择。尽管合作教育的形式会不断变化,但是没有一种教学方式可以真正替代它。可以说,没有比真实的工厂、工地、公司更好的实验室。"[2]

第二种,欧林工学院(Olin College of Engineering)的做法。欧林工学院是一所新型工学院,与以往传统工学院完全不同的办学思想。为了响应 NSF 和工程教育界在"EC 2000"中的强烈呼吁,欧林工学院的组建和运作几乎在一个全新的体制和教学思想中运行。首先,这所学院在组织上没有传统的"系",而是一个跨学科团体;其次,这所学院对于教师的延聘也没有沿用美国传统的终身聘用制,而是可延期的合同制;第三,学生的创新能力和创业精神始终是欧林工学院关注的目标;第四,最后也是最重要的,欧林开创了全新的课程设计来实现它的教育理想。它的课程与传统的课程相比,有如下特点:(1)加强工程设计能力,每个学期都有真实

---

① 合作教育是一种把课堂教学和实际工作经验有效结合在一起的教育方式。1983 年,由美国、加拿大、澳大利亚、中国香港、荷兰、英国等国家和地区的部分大学校长倡议发起成立了世界合作教育协会。目前,该协会共有来自 43 个国家的 1000 余会员单位。

② Thomas M. Akins, "Cooperative education: history, philosophy and current status", in: National Academy of Engineering, *Educating the Engineer of 2020*, 2005, p. 61.

工程设计项目(分别占学生一个学期20%—60%的学习时间不等);(2)重视评估,不仅是任课教师的评估,每年都有校级评估和外部专家评估;(3)从传统的学科中心课程转变为跨学科课程,打破学生思考问题的传统思维,所以在欧林没有传统的系科组织形式;(4)更关注学生的沟通能力和团队协作能力的培养,教学实行团队教学,鼓励学生在各种学习活动中加强沟通能力的培养。

欧林工学院被称为美国工程学院中的新贵。在过去的60年间,欧林基金会(F. W. Olin Foundation)出资在全美68个学校建造了76座建筑物。1997年,基金会根据一份提交给基金创始人富兰克林·欧林的建议,决定成立一所工程学院。基金会把4.5亿美元的基金转移到了新成立的欧林工学院。欧林工学院在波士顿附近的尼德海姆(Needham)拥有一个全新的校园,其目标是尽力录取最优秀的学生然后给所有学生免除所有学费,所以入学竞争非常激烈,最终被录取的学生都是可能被麻省理工、加州理工录取的优秀生。2001年该校招收了第一批学生,目前学院学生人数很少,本科生仅有300人。总体而言,欧林工学院更加关注:(1)工程所带来的社会、环境、商业、政治背景;(2)学生终身学习能力的培养;(3)在课程中培养学生的工程实践经验和设计能力的培养。欧林工学院在教育理念上的确独树一帜。本书第八章将对其进一步详细介绍。

从上述两例可见美国工程教育改革举措的多元性,既有非常前卫的如欧林工学院,也有秉承传统的如佐治亚理工学院等知名理工大学的合作教育等。我们从历史上也可以看出,从1970年代开始,工程教育中采用了问题解决(problem-solving)和项目学习(project-based learning),意在模拟工程实践的教学改革。这些改革在 CDIO 看来，适应了当时的工作需要，但是没有提供完全的答案。CDIO 根据科学和工程在未来的创新中可能扮演的角色，提出比上述教学方式更系统的、更综合的工程教育教学改进计划。但是，从总体上看，与 1970 年代以来问题解决、项目教学等的教育哲学是一致的。究竟如何看待 CDIO 的前景，作者不好妄下断言。这里作者引用威斯特的说法希望能启发我们更多的思考：

"或许我太老套，我仍然相信熟练的、精心的准备过的课堂讲授仍然是最有趣的学习和教授经验，它仍然应该有自己的位置。可能我的朋友——物理学诺贝尔奖获得者 Murray Gell—Mann 说得对：'我们曾经是贤人，但需要从舞台慢慢退出'。工作室教学、小组项目、问题解决教学、体验性学习、参与科研长期看都应该成为工程教育的一部分。"①

总之，"CDIO Initiative"是一个资源开放、宽松自由、包容性强的改革计划。CDIO 计划并没有一个适合各专业教学的标准，引进 CDIO 的专业必须根据不同的专业来顺应专业要求，重新设计。前述各合作校就一直保持持续性对话，共同探讨对该计划进行持续改进。在合作过程中进行教学改革的尝试，这种做法是非常值得鼓励的。

---

① Edward F. Crawley, Johan Malmqvist, Soren Ostlund, Doris Brodeur, *Rethinking Engineering Education: The CDIO Approach*, p. xiv.

第七章 工程教育中的“通识”与“专识”问题

《2020 工程师》的一个重要观点是,通过切实的行动来保证通识教育在工程教育中的价值和地位。报告指出,人文学科、社会科学、沟通和表达技巧、商业及管理科学对于工程师培养具有更重要的作用,或者至少与技术教育的地位同等重要。[①] 回顾教育发展史,通识教育之于工程师职业的重要性并不是新事物。但是,《2020 工程师》将通识教育强调得如此重要,从这个意义上看又是比较新的。有识之士不禁要问:工程师从通识教育中能得到什么益处?通识教育作为工程师专业教育的一部分,其目的是什么?反过来看,工程能对人文学科、人文教育、人文素质产生什么影响?

早在 1893 年,美国一些教育者提出应该修改课程体系,加入更多的文化元素,期望能以此提高工程师的社会地位。工程教育促进协会领导了此次课程体系改革。在改革后加入的必修课程中的写作类课程是作文,一个传统的句型、修辞和练习的大杂烩[②]。

---

① National Academy of Engineering. *The Engineer of 2020*, Washington, DC. National Academy Engineering (2004), http. //www. nae. edu/nae/engeducom. nsf / weblinks / MCA5L3MNK? Open Document.

② Kynell, Teresa C., “Technical Communication from 1850—1950: Where Have We Been?” *Technical Communication Quarterly* 8(1999), pp. 143—151.

这样的课程并不能像文学那样解决前面提到的问题——文化程度和社会地位,因此大量的工程专业学生还自修一门文学课程。这样的英语课程,无论是作文还是文学,都无法让工程专业学生真正提高文化水平或者修养。①

在1910年左右,一些教育者意识到要提高英语教育质量,就必须把英语同工程专业学生的兴趣结合起来。其中部分学者建议,要将两者相结合,一是在英语教学中加入与工程相关的话题——这是现实工作中需要写作的内容;二是减少文学和作文的练习,增加工程师职业写作的训练。按照这种方式建立的新的英语课程便是工程英语。

塔夫茨大学英语教授萨姆埃尔·钱德勒·伊尔(Samuel Chandler Earle)在美国工程英语教学改革中起到里程碑式的作用。伊尔提出的技术写作原型课程注重培养工程师的四项能力,这与传统的写作课程大为不同:

I. 将抽象思想转变为文字的能力;

II. 描述一项不在眼前的物体的能力;

III. 针对不同读者写作的能力;

IV. 在写作中充分并清晰地阐述概念,便于读者理解的能力。

他同时指出了两项重要因素:一是如何将概念翻译成文字,二是如何理解文章的目标读者的需求。这已经具备了初期技术传播学的特质,至今是技术传播学的重要教学或研究框架。

1930年代末,兵器工业和军事技术的发展为制造业提供了大

---

① Kynell, Teresa C., "Technical Communication from 1850—1950: Where Have We Been?", *Technical Communication Quarterly* 8(1999), pp. 143—151.

量的就业机会,同时对技术传播人才的需求也达到了前所未有的顶峰。这种需求的爆发主要有两个原因:一是军事技术越来越复杂,制造者需要将这些复杂的技术传授给那些没有深厚技术背景的工人;二是那些原本只需要记录下自己工作的工程师,现在则需要把他们的工作告诉那些甚至不懂技术的人,而这些工程师曾经接受的少量写作训练满足不了这种要求。因为以上原因,工程技术人员的通识教育问题开始被看作是一个完全独立的领域。

7.1 西方工程教育中“通识”的含义

在古典意义上,“通识”指的就是古希腊、古罗马时期的“三科”、“四艺”。按照这种观点,有的学者直到今天还认为拉丁语就是最适合于自由教育的科目和内容,是“通识”的核心。

今天,大多数学者都认为,在讨论通识教育时,人们应该更加关注通识教育整体目标的实现,而不是关注具体要开设哪一门或者哪几门课程。学者们不再相信古典的“三科”、“四艺”就是最适合通识教育目标的课程。如果用现代的表述方式,他们更愿意将“通识”看作为由数学、雄辩术、语法等实用技能滋生出来的“附加价值”(the value added to that created by practical skills such as arithmetic, elocution and grammar)。[①] 也就是说,与“三科”、“四艺”相对应的科目只是现代“通识”习得的技能基础。

因此,在工程学院,培养学生口头表达技能、科技报告写作能

① Harold P. Sjarsen, “Engineering and the liked Arts: The Global Imperative”, Asian New Hamanities Net Third Annual Meeting Program, 2006/03/28.

力的课程已经不是当前典型的通识教育课程了。目前，英语语言及文学、历史和哲学等科目常常被包括在通识教育课程的框架中。在多数工学院里，“通识”常常被分成“人文学科”(humanities)、“社会科学”(social sciences)两类。前述的英语语言及文学、历史和哲学就被囊括在人文学科类别内，社会科学则包括经济学、心理学等科目的内容。

在1970年代以前，上述通识科目的工学教育项目中没有受到普遍重视(虽然有少部分学校比较重视)。但是，近年来情况发生了很大转变。除了我们提到美国工程学会号召工科教育项目中加强通识教育之外，德国工程师协会(VDI)也建议，语言、自我管理、人格发展、交流沟通技巧、项目管理和经济学等相关领域的课程，在工科教育中要达到20%。美国工学院的本科工科教育项目中，通识教育也已经占到学士学位总学分的20%—40%。为什么会发生这样的变化？我们再回到本章开始提出的问题。

第一，工程师从通识教育中能得到什么益处？有关工程师的研究表明，工程师在事业和生活上的成功，在很大程度上依赖于一个人外在的言谈举止，“人品乃技术素质的一面镜子”[①]。在当今工商业领域，作为工程师，不仅要有优秀的专业竞争力，还必须对社会有较深入的理解。

因此，在美国工程界，对培养“文明的工程师”这一观点的共识也越来越强烈。根据《韦伯斯特大辞典》，“文明”(civilization)包括：人类教育的进步，还包括人的高雅的品位以及精确的思想，以及所

① Hillmer, G., “Social and Soft Skills Training Concept in Engineering Education,” International Conference on Engineering Education-ICEE 2007, September 3—7, 2007, Peter Lang Publishing Inc., New York.

有的文化艺术成就。

根据工程业内人士的看法，“如果我们单从字面的意思理解，目前一个平均水准的工程师是很难称得上具有‘高雅的品位以及精确的思想’。可是吊诡的是，没有我们，文明就不存在，然而我们与文明多多少少又保持着距离。这是个人的不幸，职业的不幸，也是整个社会的不幸”[①]。这里讨论的“文明”(civilized)并非是肤浅的“雅致”与“精当”，或者说只是在鸡尾酒会上的智慧与活力。“我们在讨论一个更根本的事情，通识教育不仅益于提升一般工程师的素质，而且有益于整个工程师行业的健康发展，保持整个社会的丰富性。”[②]

第二，通识教育作为工程师专业教育的一部分是时代的要求。首先，工程教育自身发展需要改变人们对工程教育的刻板印象，增加工程教育的吸引力。上世纪之交，美国的威尔逊(Woodrow Wilson)总统写道：“什么是工程技术教育？”“它是一种不适于所有人的教育，只有少数非凡人士可以适应的教育生活，他们可以在这方面有非凡的成就”。在美国，工程常常被认为是科学的延伸，如果某人喜欢数学和科学并且有足够的数学和科学水平，就可以接受工程训练。一般来讲，这些人经过工程师的非常狭窄的训练，严格遵循呆板的规律，最后成为“服务于社会的技术仆人”。他接着写道：“我们的做法是，使得某一部分人享有自由教育的权利，而使另外一部分人放弃了他的自由教育权利。”按照这种说法，工学专业的学生就是放弃了自由教育权利的人。那么，工程教育对于工

---

① David F. Ollis, Kathryn A. Neeley, Heinz C. Luegennbieh ed., *Liberal Education in 21st Century Engineering. Response to ABET/EC 2000 Criteria*, 2004.

② Ibid.

科学生来说，就成为这样的领域：我聪明，我喜欢数学和科学，因此我学习工学，我就得承受工学训练狭窄的痛苦。这就是为什么年轻人不愿意把自己的未来生活职业限定到一个缺乏社会联系的专业里。为了增加工程教育的吸引力，提升工程师的整体素质和未来生活质量，需要突破狭窄的专业训练，促使工科学生获得更全面的发展。①

最后，工程师行业的发展需要。美籍华裔学者姚治平教授在一篇读书笔记里写到："当几个老工程师聚会的时候，他们都会异口同声地表示：他们刚从工学院毕业的时候，希望自己当年在学校学到更多的技术知识课程；过了 10 年之后，随着职业生涯的进展，他们希望当初能够多学一些商业管理和经济学课程；又过了 10 年，大概 40 岁左右的时候，他们又想当初应该学习一些领导学和生活哲学的知识就好了，他们后悔当初没有多学一些文学、历史和哲学。"②这段话形象地描述出，随着时代的发展及职业生涯的推进，工程师仅有专业技术知识对于职业生涯的发展来说是不够的。

正如伦斯勒技术学院的院长杰克逊 (Shirley Ann Jackson)博士在 2001 年所指出的，由于工程行业的发展需求，特别需要在工科教育项目中加强通识教育。理由如下：

- 工程技术本身日益复杂，工程内部的交流难度增加，工程师需要更加有效的合作能力、团队精神，以及人际沟通能力。

---

① 转引自 Domenico Grasso，"Engineering: a Liberal Education"，ASEE Prism，Nov. 2002。Domenico Grasso 是史密斯学院的 Rosemary Bradford Hewlett 讲座教授，负责该学院的工程教育改革项目(Picker Engineering)。

② 参见 Summary Notes on The Civilized Engineer，by S. C. Florman，St. Martin's Press，New York，1987，Summarized by J. T. P. Yao，12/20/00。http://lohman. tamu. edu/summarypapersrewards/florman. htm.

- 工程专业的毕业生一旦进入工业界，他们将不得不利用更多的机会向律师、消费者、立法人员、法官、行政人员、环保主义者和媒体解释相关技术。
- 工程解决方案比以往任何时候都更加需要受过宽广的教育的工程师，来提升工程方案的认同感。
- 工程师需要准确地知道他的工作将带来的社会后果，伦理教育尤其重要。
- 工程师的宽广教育有益于他们参与到民主社会的决策当中。
- 工程师的宽广教育可以帮助工程师进入由其他专业人士把持的国家权力机构。①

因此，比如麻省理工学院等世界著名理工科大学，不仅有自己的人文社会科学学院以及管理学院，还把面向全体理工类专业学生开设的人文社会科学课程，规定为学校的核心课程，其目的就是为了强化通识教育，着意培养高质量的工程技术人才。

7.2　“通识”与中国高等工程技术人才培养

以上我们探讨了西方社会，尤其是美国工程界对“通识”和“专识”在工科教育中关系的认识。我国工程教育近来尤其关注创新性人才培养的问题，那么我们就从这里谈起。

创新是一个民族进步的灵魂。16 世纪法国文艺复兴的一名

---

①　参见 Dr. Shirley Ann Jackson，“Engineering and the Liberal Arts，”*Saturday*，March 31，2001。http://www.rpi.edu/president/speeches/ps033101-smithcoll.html.

棋手,伟大的人文主义思想家拉伯雷,以他极具创造性的思维和斗争热情写下了5卷长篇巨著《巨人传》,小说鞭笞了中世纪几百年的黑暗宗教对人们思想的戕害和桎梏,也表达了人们对知识的渴望和追求。小说的结尾写到:在经过种种磨炼和曲折后,巨人庞大古埃来到了"灯国"的"智慧的源泉",终于寻求到了"神瓶"。这"神瓶"中盛满了绵绵不绝的、用"智慧的源泉"酿造的美酒,"它有能力使人的灵魂充满真理、知识和科学"。回顾中西科技发展史,人类文明的每一个重大的进步似乎都与人们不断探求的创新精神密不可分,例如1946年第一台数字计算机可以追溯到1900年在希腊安第希拉岛附近的地中海附近意外发现的那个"神瓶";我们中国人也有自己的"神瓶",那是一个埋藏在西安半坡遗址内的神奇的"汲水瓶",它打水时会自行歪倒,灌水入瓶,当水灌满时,它会自动口朝上竖立,这说明我们的祖先在7000年前已经巧妙地掌握和利用了"重心原理"。正是这种创新精神,才造就了人类的辉煌的文明成就;正是这种创新精神,才创造了高度发达的现代科学技术,才形成了现代世界的高度文明。然而,这些"创新人才"及其创新精神和能力有可能来自哪里呢?下文我们将从理论上探讨"通识"与"专识"在工科创新人才培养过程中的关系。

7.2.1 "通识"是工程技术人员进行创造活动的基础

亚里士多德生活在公元前4世纪,而亨利·纽曼(Henry Cardinal Newman)则生活在公元19世纪,但在这漫长的历史跨度期间,有一种教育思想却是一脉相承的,这就是自由教育哲学。自由教育思想认为教育的目标应立足于追求个人全面完善的发展,它以"自由学科"(liberal arts)为核心课程。自由教育的目的是通过这种教育训练以形成使人终身受益的良好品质。如纽曼所言，在这种教育方式下培养出来的人将能更好地完成生活赋予他们的责任，会成为更有理智感、责任感，更明智、活跃的社会成员。在西方，自由教育还被表述为文雅教育、博雅教育、文科教育、人文教育等。本书囿于对工程教育教学内容的探讨，称之为“通识”。自由教育实际上是西方教育的基础与核心，增加“通识”性教育内容也是工程技术教育越来越重视的发展取向。

1945 年哈佛大学一个委员会在题为《民主社会中的通识教育》的报告中提出：“今日美国教育的首要问题是把自由和人文的传统注入我们整个教育体制。”1998 年，哈佛大学校长陆登庭在纪念北大 100 周年校庆的演讲中说：“首先，请允许我说明我称之为‘人文学习’的重要性。最佳教育不仅应有助于我们在专业领域内更具创造性，它还应该使我们变得更善于深思熟虑，更有追求的理想和洞察力，成为更完善、更成功的人。”[①]因此，当我们思考如何在激烈的竞争中赶上西方国家的时候，我们诚然要在具体的科技、学术领域中学习西方先进的创造性的成果，但是，更具有根本意义的是要在教育思想上、观念上吸取他们成功的经验。从教育理论传承的观点看，我国提出的文化素质教育，是同具有时代意义的自由教育观相通的。表面看来，文化素质教育与工程技术人员的创新能力似乎没有关系，人的创新行为在多数情况下也的确是与专业教育有关，并在专业活动中表现出来的，然而我们应该看到，如果没有坚实的“通识”基础，工程技术人员的创造性就会缺乏基础。

第一，“通识”教育是一种面向全体工科学生的个性化教育，而

---

① 清华大学《中外大学校长论坛论文集》，1998 年版。

个性化是创造性培养的基石。

教育是培养人的活动，因此必须遵循人的身心发展特点，从人自身需要来培养，受教育者的基本天赋、兴趣爱好、志向、知识、能力等是不同的，有些方面差别很大。加强"通识"的文化素质教育就是通过提供丰富、多元化的知识和训练内容，突破统一、刻板的培养模式，从而发掘学生的专长和潜力，把每个学生培养成有个性、有专长的人才，使创造性人才脱颖而出。大凡有创造性成就的人，都有鲜明的个性，没有个性就没有创造性。因此，美国学者阿兰·布鲁姆指出："如果学生选择的不仅仅限于那些当时流行的或者是职业发展所提供的内容，而是那些关注能够使自身全面发展的选择，那么大学生活是令人神往迷醉的，他可以成为他所期望成为的一切，去关照和思索自己的种种选择。"[①]实际上关于建立理想社会与人的全面发展相统一的观点，关于个人独创的和自由的发展与人的实践活动、创造活动的全面性相统一的观点，正是马克思主义教育理论的重要基础，也应当是当前我国开展文化素质教育的重要出发点与归宿。

第二，学生从"通识"中可获得日后工作或进行创造性活动所依赖的知识、能力和基本态度。

纽曼曾经热情地赞誉过自由教育的"普适性"，他说："受过自由教育的人可以做很多事情，因为受过自由教育的人已经学会了思考、推理、比较、辨别和分析，他的品位雅致、判断力准确、洞察力敏锐。"[②]"他能够通览所有的知识，从更高的高度看待自

① 〔美〕阿兰·布鲁姆：《走向封闭的美国精神》，缪青等译，中国社会科学出版社1994年版，第357页。

② Henry C. Newman, *The Idea of the University*, Routledge/Theommes Press, 1994, p. xix.

身学科，他不会以其他学科的对手的姿态说过分的话，并从中获得一种明晰，一种思想的广袤、自由和自足，从而以一种哲学方式对待本身从事的学科。”[①]科学发展史印证了这点，许多学术大师、科学巨匠的成就都与其宽厚的知识、扎实的功底有直接的关系。

7.2.2 “通识”有助于工科人才严密的思维训练

1997 年诺贝尔物理学奖获得者朱棣文在谈到一个成功者的经验时说道：科学的最高目标是要不断发现新的东西。因此，要想在科学上取得成功，最重要的一点就是要学会用别人不同的思维方式、别人忽略的思维方式来思考问题，也就是说要有一定的创造性。这就是我们常说的创造性思维。多年来，有为数众多的专家、学者们纷纷致力于探研天才人物所作的丰功伟绩和构思问题时采用的思维策略。研究者们在对 1904 名天才大师人物详尽分析研究后注意到，他们的智商总分往往并不是很高，重要的是在创造性思维上的差异。“通识”致力于给予学生一定的世界观和方法论训练，这是学生创造性迸发的动力机制和创造实验的航标。

恩格斯说，一个民族要想站在科学的最高峰，就一刻也不能没有理论思维。这里的理论思维就是辩证唯物主义的思维。这一论断无论对一个民族，还是对每个人，都是真理。哲学是人类文明活动的灵魂，也是一个科学工作者创造性的灵魂。马克思、列宁、毛泽东、邓小平等是中外社会科学领域创造性的大师，牛顿、爱迪生、

---

① Henry C. Newman, *The Idea of the University*, p. 165.

爱因斯坦、李四光等是中外自然科学创造性的大师,他们身上的一个共同点,就是努力遵循和发现客观规律,大胆突破传统的认知与观念,做到有重大的发现、发明与创造。他们的世界观、方法论的核心便是"解放思想、实事求是"。没有解放思想,便不可能从旧有成见、习惯的束缚中摆脱出来;如不是从实际出发,依靠科学的实践与科学的思维去探求客观世界,便永远不能求得真知,实现科学的突破。而帮助学生形成科学的哲学思维正是文化素质教育的重要任务。

我们应当通过多种渠道给学生以辩证唯物主义世界观和方法论的训练,帮助他们学会全面地、动态地、发展地看问题,使他们在今后的科学实践中能够超越日常经验的狭隘界限和原有的理论、观点和方法的框架,突破原有知识与观念的限制和束缚;推动创造性思维的形成和创造力的发展。同时,帮助他们牢固地树立起实践是检验一切真理的唯一标准的观念,敢于实践、善于实践,在实践中有所发现,有所创造。

此外,发散思维和逻辑思维的有效结合也是形成创造性思维的重要基础。给予学生一定的逻辑思维训练,使学生学会运用科学的思维方式分析、解决问题是通识教育的一个不可忽视的环节。研究表明,发明创造往往是先发散后会聚的思维过程,而在发明创造者聚合思维的过程中,必须广泛地运用归纳、演绎、类比、外推乃至以推出悖论为结果的逻辑推理形式,才能深入地认识事物的本质和规律。这一点是不言而喻的。发散思维要以逻辑思维为中介和调节器,发散思维具有独特性和新颖性,美国心理学家 S. 阿瑞提说过:"独特性如果没有自我批评来加以修正就可能使我们误入歧途。发散思维如果不与逻辑思维过程相匹配,就甚至可能使我们得精神病。”①

许多工科大学生思维活跃、敏捷，具有很强的独立性和独特性，可是，他们的思想往往脱离实际，理论背离实践的倾向有时还比较严重，从直接的意义上说，这是缺乏逻辑思维的表现。因为，他们不善于运用逻辑思维对已有的知识和经验进行鉴别、筛选、联结和组合，这样就可能只获得“消极的思维独创性”。因此，中国高校的通识教育应重视对学生进行逻辑思维训练。另外，大学生在实际的智力训练中形成的逻辑思维的某些稳定特征，可以直接转化为性格的理智特征。例如，逻辑思维的严密性、批判性和辩证性等稳定的基本特征，同时也是许多大学生性格的内在因素，最后转化成人格的魅力。

发展工科大学生的辩证思维和逻辑思维，必须加强唯物辩证法的教育和逻辑知识的传授。然而是不是有了哲学、逻辑学知识，大学生就自然而然地发展了辩证思维，掌握了逻辑思维方法呢？应该肯定，有关辩证思维和逻辑思维的知识，对大学生的创造性思维培养具有指导意义，但真正能内化为一种稳定的素质，还要靠他们创造性的实践，对于工科人才培养来说，更是如此。

7.2.3 “通识”有助于提升工科人才的伦理道德修养

良好的伦理道德素质是创造性活动的潜在动因。通识教育对于人才的培养，不局限于单纯的知识的掌握与运用，还在于它帮助人形成全面的知识结构，促使人在情感和意志等方面健康地发展，强调人才随着社会的发展而不断地获得一种新的观念，一种主体

---

① 〔美〕S. 阿瑞提：《创造的秘密》，钱岗译，辽宁人民出版社 1987 年版，第 460 页。

能动性的感召力、创造力。培养诺贝尔奖获得者较多的美国加州理工学院认为，超一流的科学家身上蕴聚着超一流的人才素质，他们是科学家，同时也是具有良好的伦理道德素养的思想家、哲学家。他们常常能够自觉地把科学研究活动同整个人类的命运、前途和未来结合起来，把所从事的科学研究深深地置于一种哲学探索之中，因而使他们突破了“纯专家”的限制，成了具有非凡成就的大师。例如，现代物理学巨擘爱因斯坦，他在致力于“物质秩序”研究的同时，没有回避对人类“行为秩序”的思考，为此进一步赢得了人们的尊敬。爱因斯坦特别推崇居里夫人，认为居里夫人的贡献不仅是发现了镭，还在于她的精神力量和人格魅力，而后者正是前者得以实现的条件。他从切身的体验出发，主张科学教育和人文教育的统一，“专门知识和技术虽然使人成为有用的机器，但不能给人一种和谐的人格。最重要的是要人借着教育得到对于事业及人生价值的了解和感觉，对于人类各种动机、各种期望、各种痛苦有了解，才能和别的个人和社会有合适的关系”。正是基于这样的理念，爱因斯坦强调：“学校的目标始终应当是：青年人在离开学校时，是作为一个和谐的人，而不是作为一个专家。”[①]因此，通识教育能给予学生从事任何工作、承担任何社会角色的一个重要基础——为人的基础，帮助学生明确自己的社会责任和时代使命。树立崇高的追求和理想，最终才有可能成为具有非凡创造性的大家。1999 年，中共中央、国务院、中央军委隆重表彰了为研制“两弹一星”作出突出贡献的科技功臣，并以“热爱祖国、无私奉献、自力更生、艰苦奋斗、大力协同、勇于登攀”来概括“两弹一星”精神，

---

① 许良英等编译：《爱因斯坦文集》，商务印书馆 1979 年版，第 146 页。

这种精神便是科技专家们攻克难关所表现出来的伟大创造力的基础。相反，伦理道德素养的欠缺有可能使创造才能非凡的人功亏一篑。例如，著名物理学家斯塔克(Johannes Stark,1874—1957)，他在1919年获诺贝尔奖之后，便开始做起“财主梦”，公然违背诺贝尔基金委员会的规定，开厂赚钱，牟取暴利，最后变成一个唯利是图的商贾，被匹兹堡大学开除。在一些颇有才华的青年学者中，由于急功近利，不惜采取剽窃他人学术成果等不正当手段，而使学术生命夭折的事例更不罕见。

马克思曾经有一个特殊的比喻：进入科学大门有如踏进地狱入口一样。这说明为科学奋斗要克服许许多多艰难险阻。像居里夫人、李四光、竺可桢、茅以升、华罗庚等科学家以及“两弹一星”的科技专家们，如果没有坚定不移的爱国主义精神，没有对社会、国家、民族的责任感，没有求实、献身、创新、勤奋、艰苦奋斗、锲而不舍的精神，他们的成就必定没有如此辉煌。

7.2.4 “通识”有助于工科学生设计灵感的诱发

艺术教育是通识教育中非常重要的组成部分。诸如绘画、舞蹈、音乐及文学作品欣赏等艺术活动不仅能提高工科学生的审美能力，而且对人的智力开发、尤其是人的创造力的开发有着重要的意义。艺术活动通过其形象性、感染性和愉悦性，既能有效地激发人的热情，也能有效地诱发人的创造性。

首先，艺术活动开发工科学生的形象思维能力。大凡受过良好的艺术教育或具有艺术修养的人，皆具有发达的形象思维能力。由于艺术作品有着丰富的潜在内涵，是一个复杂的多层次的动态结构，它具有激发和调动欣赏主体心理活动的召唤功能。诺贝尔物理学奖获得者李政道博士认为："艺术和科学是相通的，艺术和科学的共同基础是人类的创造力，它们追求的目标都是真理的普遍性，科学和艺术是一个硬币的两面，这枚硬币就代表了文化。"[①]他认为，越是大科学家，越深深地热爱艺术，从艺术宝库中汲取的养分越多。艺术是科学创造的亲密伙伴。优秀的艺术作品最能充分地调动欣赏者依照自己的心理结构和心理定式进行再创造的积极想象力。经常从事艺术活动十分有助于培养和提高人的想象力和形象思维能力。

其次，"通识"中的艺术活动易于诱发工科学生的灵感思维。艺术活动能够积累美感经验和提高艺术修养，而美感经验与艺术修养能够以其独特的魅力和潜意识诱发、激活人们的灵感思维，它们常常成为人们创造的"契机"。实践证明，艺术熏陶能活跃人们的思想，启迪创造的灵感，扩展视野，帮助发现解决各种疑难问题的途径。灵感的产生有其相应的"契机"和适宜的心理状态，而艺术活动所积淀于人们心中的艺术修养和正在进行的艺术活动，则能在一定程度和范围内为人们灵感的产生提供契机和准备良好的心理状态。众所周知，达·芬奇是欧洲文艺复兴时期造就的"巨人"。他不仅是闻名于世界的艺术家，而且是一位科学巨匠。丰厚的艺术修养在他的科学创造中起了很大的作用，常常成为他各种创造性灵感思维的诱发因素。由于对解剖学、建筑学、机械学、矿物学以及当时尚未和炼金术分家的化学等各门科学的深入研究，他提出过许多大胆的设计，作出过许多重大发明。爱因斯坦、钱学

---

① 有关李政道对于科学和艺术关系的看法，可参考叶松庆：《李政道对科学与艺术融合的历史性贡献》，《世界科技研究与发展》2000 年第 2 期。

森、李四光等都是在艺术上有很高造诣的科学家。爱因斯坦甚至认为艺术使他“比从物理学那里获得更多的东西”,“从艺术中获得的想象力比知识更重要,因为知识是有限的,而想象力概括着世界上的一切,推动着进步,并且是知识进化的源泉”。此外,从生理学的角度看,艺术活动有利于开发大脑的潜能,使主管逻辑思维的左半脑与主管形象思维的右半脑得以充分开发、协同发展,从而充分调动创造灵感。

因此,在当代世界各国的教育中,人们越来越重视艺术教育及艺术活动在促进人的创造力中的重要作用。比如,美国国会通过的《2000年:美国教育法》在美国历史上第一次将艺术与数学、历史、语文、自然科学并列为基础学科。最近,我国在《国家中长期教育改革和发展规划纲要(2010—2020年)》中,再次把德、智、体、美的全面发展作为培养目标的基本要求,人文艺术将成为重要教育内容之一。

由于工科人才创造性的活动需要科学精神与人文精神的有机结合,因而,使通识素养和专业素质有机地结合起来,将之贯彻到工科教育的全过程中,并努力营造一个高品位的文化氛围,应成为我们今后一个时期教育工程教育教学改革的重要任务,也应是进一步开展通识教育的重要课题。

7.3　“深度通识教育”理念及其在工程教育中的应用

我们在前两部分中从认识论的角度探讨了通识教育与工科人才培养之间的关系。下面我们将从实践的角度讨论这种必要性和可能性。尤其是目前，通识教育在大学里的实践出现了一定的尴尬状态，如何深化对“文化素质教育”的认识？它与大学已有的专业教育、与大学的整体人才培养理念究竟是什么样的关系？对这个问题的肯定或否定回答，都会直接影响高校一线教师和管理人员进一步推进通识教育的信心和责任感，进而从整体上影响高等教育相关改革工作的进程。因此，有必要对通识教育与专业教育相结合的问题再次给予深层次的学理探讨。

7.3.1 通识教育在中国的尴尬处境

尽管基于不同的理论背景、不同的社会体验以及不同的利益驱动，在当代中国高等教育体系内，一个不争的事实是，在过去的10余年中，承载了许多社会意愿和情感的通识教育（文化素质教育）[①]终于被扶上了教坛。应当说，通识教育目标在如此短的时期内能重新嵌入中国高等教育系统还是相当令人鼓舞的。但从近来报刊获得的各种信息可以获知近期大学通识教育的进展并不理想，例如有人撰文指出：“大学人文教育缘何‘梗塞’。”[②]不过，正如美国、日本等国的高等教育发展进程一样，在通识教育传统相对薄弱的中国高等教育中嵌入通识教育，注定还有一段道路要跋涉。

---

① 有的学者认为通识教育与文化素质教育是两个有区别的概念，甚至认为本质上不是一回事，作者曾经在拙作《通识教育：一种大学教育观》中论述过二者可以视同的关系，本文中仍然把文化素质教育视同于通识教育（英文为 liberal education 或 general education）。

② 近期关于通识教育、人文教育、文化素质教育的研究，部分学者认为通识教育是部分人文学者热捧，而在高校内遭遇尴尬。参见谢泳：《大学人文教育缘何“梗塞”?》，《中华读书报》2006年5月10日。据笔者的实地调研资料表明，甚至在某些高校文化素质教育课程的日常管理，存在着在教务管理部门和人文社科系之间互相推脱管理责任的现象。

与此相关,一个绕不开的问题便是理念的继续构建以及如何进行制度化保障。在这一问题上,近期以来学者们的观点大体表现为一种思路:主张恰当的移植与创新,即:强调与美国高校惯常做法接轨,同时倡导利用本土资源,关注中国高等教育的传统与实际,例如,甘阳先生提出了建立"核心课程"和"助教制度";[①]王义遒教授提出了"催生一批'自由职业'教师队伍为各校共用"[②]。其实,作为一项复杂的系统工程,通识教育传统的重建牵涉到的因素可能远远超出我们的理性预期。同时,由于学者们对于问题的理解要受个人经验的影响,不同的学者基于不同的视角对继续深化通识教育给出了相异的解读本不足怪。但是,必须明确的是,在缺乏通识教育传统的中国,我们今天倡导的通识教育是西方高等教育史上的一个经典概念,是具体的社会场合与特定的文化背景的产物。因此,我们在引进通识教育概念,推进通识教育建设之时,便注定地要与我国高等教育的历史、现有条件限制有着千丝万缕的关连。

笔者认为,就通识教育的理念与制度重构而言,目前流行的"移植"做法欠妥。按照人类学的说法,通识教育是一种地方性知识[③],无法脱离社会生活所凭借的意义结构,忽略通识教育的地方性背景难免"南桔北枳"的结果;反观过来,通识教育理念的本土

---

① 甘阳:《大学通识教育的两个中心环节》,《读书》2006年4月。

② 王义遒:《推进通识教育,催生一种新的教师模式》,《北京大学学报》(哲学社会科学版)2005年5月。

③ 所谓地方性知识,由著名的阐释派人类学家吉尔兹(Clifford Geertz)提出,吉尔兹对于人类学的重要贡献之一,便是对地方性知识的重视。"地方性知识",就是"基于当地意识的基础构成的文化整体观"。人类学强调对地方性知识的承认和重视,"'地方性知识'是指有意义之世界以及赋予有意义之世界以生命的当地人的观念"。

化固然需要强调，但在中国传统文化背景下，仅凭本土资源如何实现对传统的超越。因此，从而形成与中国具体情势相适应的通识教育也是一个必须面对与解答的问题。然而，令人遗憾的是，我们目前还没有在本土资源和境外资源中寻找到恰当的解决方案。[①]

我国自新中国成立以来，通识教育在制度的层面上可以说就已经告别了悠久的作为地方性知识的中华"通"、"融"、"达"的教育传统，也告别了民国时期移植欧美的博雅教育传统，步入了反映专业化教育意图的前苏联高等教育轨道。但是，就我国高等教育现状而言，通识教育迄今仍是一个遥遥未及的目标，当然，由于一些众所周知的制约因素，通识教育制度与通识教育理想之间的紧张与错位却是左右中国通识教育深化进程的一个关键所在。这也说明，通识教育理念的落实是以有关的高等教育制度为前提的。因此讨论它在中国高等教育现实环境下的理念内涵以及制度构建是有意义的。

其实，就通识教育而言，它虽是一种地方性知识，反映的却是一种世界性的高等教育理念与意图，知识的地方性和意图的世界性因而构成了通识教育理念建构和制度化进程中有张力的两种因素。如何协调二者的关系，使其保持适度的紧张而又不致互为水火，应当说是我国深化通识教育中的一个根本性问题。因为，适合一个国家的通识教育并不是一套抽象的无背景的原则和规则，而是涉及一个环境体系。这一体系一方面应当根植于能够提供背景

---

① 参见吉尔兹：《地方性知识——阐释人类学论文集》，王海龙、张家瑄译，中央编译出版社 2000 年版。

共识支持的生活世界，另一方面也应当与通识教育理念相契合。所以，通识教育的实现是有语境的。脱离通识教育赖以形成、维系和发展的具体语境而谈通识教育建设，无异于修造空中楼阁。基于此，下面接着希望尝试性地讨论当代我国工科教育中通识教育建设的可能路径。

7.3.2 “深度通识教育”理念及其在工程教育中的应用

谈到通识教育实施过程中存在的问题，有人把目前的通识教育称之为“贫乏的通识教育”，甚至断言“贫乏的通识教育”最终将在贫乏的保守主义中结束。这种看法有一定道理，却难免有些悲观。目前的问题是，我国大学里正在进行的通识教育项目与政府及知识精英倡导的通识教育理念目标仍然存在不小的差距。问题何在？下面仍然沿着这条逻辑进行分析。如果说，过去10余年我们对通识教育理念和制度的构建是一个由政府—文化知识精英主导的构建过程，那么在这个过程中，核心的问题是，目前的所谓共识，其实并没有达成真正意义上的共识。那么，真正的共识应该是什么？

以往我们谈到通识教育，似乎它只是高等教育那座大房子中的一间屋子，我们只需确定其大小而已。而笔者恰恰认为，在讨论通识教育的时候，应该把它放在“整个中国高等教育培养出来什么样的人”这个前提下来探讨它的功能和位置，也就是说探讨一个理想的高等教育课程与教学制度所应该依据的哲学基础是什么，这是讨论高等本科教育问题的根基和框架，而不是讨论一间是否可有可无的房子。更根本些，中国的教育、中国的人才培养需不需要有一个一致性的逻辑作为指导思想？回答无疑是肯定的。

美国人在1945年也问过同样的问题，并且给出了自己的答案，他们在《红皮书》报告中解答了这个问题。他们认为，美国教育应该有个一致的逻辑，广义地说，每个人的教育可以被分成两个部分：通识教育和专业教育。通识教育并不是关于“一般”知识（如果有这样的知识的话）的空泛的教育，也不是普及教育意义上所谓的对所有人的教育。它被用来指人的整个教育中的一部分，该部分首先关注其生活，旨在使其成为一个负责任的人和公民的教育。而“专业教育”这个术语，指旨在培养一个人将来从事某种职业所需的能力的教育。此二者同为人的教育的两个方面，是不能也不应该割裂的。如果认为这两种教育具有非常明显的区分也是错误的。美国人认为通识教育是为所有人提供的，并在所有教育机构（小学、中学、大学、学校后教育机构）实施。

我们今天在谈及通识教育时，并没有作为整体的一盘棋来考虑，而是更多地集中在大学本科教育中，这也本无可非议。确实，目前文、理、工、医、农科的大学生与研究生中，人文与科学素养双重贫乏，特别是使人文学科、社会科学的生源的水平下降了很多。从中学到大学，长期累层叠加的分科式教育与灌输的方法，使大学生的素养更加贫弱化或单面化，学生变得不会思考，缺乏反思的本领与能力，似乎这个问题尤其突出。但是，这并不意味着我们的初等教育、中等教育、学校后教育不存在通识教育问题。揠苗助长式的幼儿教育、小学、中学教育片面地膨胀技术知识与过早的分科，使教育对象的东西方人文素养十分薄弱，特别是传统人文知识与人文精神之修养十分欠缺；中学文理分科太早，病患尤大，这当然不可能培养出全面发展的高素养的公民。这些问题只是我们现在还顾不得考虑而已。

为了对我国大学教育的现实情况做出正确的估计，同时也为改革当前通识教育制度构建提出合理性建议，我们应该对我国通识教育哲学有一个整体性理解，尽管是初步的。这里，我们用两个陈述来表达我们对中国深度通识教育基本理念和制度建构的看法：

第一，中国大学通识教育需要关注中国社会发展对"统一性"因素的广泛需求。什么是"统一性"？前面说过，我们所追求的大学通识教育理念应该是与我们高等教育的历史、与我国的基础教育有千丝万缕的联系的。在我国，改革开放后市场经济体制的逐步建立给整个社会发展注入了极大活力，同时也带来了成堆的令人困惑的问题，体现在大学生身上负面的影响，例如缺乏社会责任感、经济利益驱动型等一直为人们所诟病，学生之间由于天性和机遇不同所造成的思想价值观和发展机会上的差异也越来越大。但是，仅仅批评是不符合历史发展规律的。目前我国社会又面临着现代化与经济增长方式转变的双重需求，同时，我国高等教育也同时面临着扩大化与质量提高的任务。在这样一个纷繁复杂、多变竞争、价值多元的社会背景下，教育的任务是什么？高等教育要培养什么样的人才？这是一个需要我们严肃思考的问题，毫无疑问，时代的发展需要人们具有新的心智特点和智慧力量，为了更好地实现我国社会的延续，更好地帮助个体健康参与社会发展，我们需要给学生共同的信念，包括历史上具有经典意义的价值观，例如必须具备中国文化传统中优秀的价值观，还包括以什么样的态度来看待不断加剧的竞争和变化等等。因为每个个体都是中国社会有机进程中的一部分，人如果想有效参与社会生活，就必须具备一些共同的心智特点，这些与“公共旨趣”、“公民性格”有关的共同的心智特点就是所谓的“统一性”，简单讲就是，一个人要具有使生命变得有意义的广泛知识和智慧。过去10余年，我们也意识到“统一性”的必要性，但是在理解上并不是很明确，大多在探讨如何扩展学生的文化知识方面，但是扩展他们的文化知识基础是为了什么？比较少地意识到它对于我国社会延续的重要性，较少意识到“统一性”对于个人很好地参与社会生活的重要性，至少在已有文献里反映不突出。本文认为这是深入理解通识教育理念的应有之义。

回顾我国10余年来的通识教育教学改革历程，为了扩展学生的文化知识面，开设一门又一门各种各样的课程或许是不得不选择的方法，但是如果我们培养学生具有一些共同的心智特点时，可能会发现并不存在任何完全统一的方法，显然开设一门又一门的课程是不够的。在这种意义上理解的通识教育，不应该仅仅被认为是一套具体的要读的书目，或者规定的一系列课程，而应该是对于知识和思想目标的关注，就像其他很多专业教育那样执著追求它的教育目标。因此，“如果我们将通识教育就看作是选一门又一门的课程，这是最不幸的。”①

当然，对于达到通识教育目标而言，有些书和科目将会比其他书或科目更合适，而且一定有更合适的书和科目，例如，一般来讲，就唐诗的学习而言，李白的诗作比岑参的作品更重要。通识教育应该被我们看作一个有机的整体，它的每一部分都有主导思想，并为同一个目的服务。这样做意味着摒弃一种观点，即认为所有领

① 甘阳：《大学通识教育的两个中心环节》，《读书》2006年第4期。

域和所有系科都均为通识教育的有价值的手段和工具。正因为如此，从制度上看，它应该包含一些必修课程，至于这些课程应该占到多大比重，不一而言，但是根据高等教育发展的经验，应以最多不超过总学时的 1/3 为宜，过多会对高等教育本质上是专业教育的性质有所损害，过少则显不足。同时应该指出的是，必修的一些知识领域里，学生应该被给予一定范围内的选课自由。因此，就“统一性”为目标的课程体系而言，笔者也基本支持甘阳所主张的恰当地借鉴国外“核心课程”模式，毕竟它在美国高校的课程教学管理制度实施中已经积累了比较成熟的经验。需要特别指出的是，从“统一性”上理解通识教育，中国大学现有的思想政治教育课程与通识教育课程并无矛盾，不存在有的人所认为的“挤学时”的问题，在中国高校核心课程应该把政治思想教育课程整合在内。

第二，我国大学通识教育要充分尊重人的发展的“差异性”规律。高等教育的专业性一定程度上是对人的差异性的延伸，因此要努力在高等教育中树立“通专结合”的教学和人才培养理念。我们生活在一个“专业化”时代，在整个社会里，学生的成功之路往往在于选择一种专门化程度较高的职业，无论做医生、工程师还是律师。这些专业性工作是时代迫切需要的，也吸引着越来越多学生的兴趣。专业化是快速变动的社会结构不断进步的手段，为社会输送专业化的知识和人才也是高等教育所以存在的哲学基础之一，高等教育的专业性也因而成为其本质特性。然而，也应该看到，由于社会对专业训练需求的强劲势头，一定程度上讲，专业化加强了社会的离心力。某一领域内的专业人员不能和其他领域专业人员相互沟通的现象很普遍；另外，从经济角度看，专业主义的局限性表现在一种职业内部专门化会使一个原本流动的世界变得僵化,人们很难在不同行业、不同组织之间流动。随着经济进步速度的加快,技术的更新也在加速。学生在学校里接受的训练,在开始准备谋生之时或者稍晚一些就会变得不再有用。所以,我们的结论是:高等教育的目的应该使学生成为一个既掌握某种专业知识和技能,又同时掌握了作为一个“人”和“公民”的一般能力的专家。这样,两种教育——专业教育和通识教育——两种不同的教育,应该一起给予所有人。

那么,通识教育与专业教育明显的区别在何处?应该说,区别不在科目上,而在方法和态度上。当人们用一种技术性的方法去学习文学时,就会产生语言学这种专门的科学,也存在运用高度专门化的历史学方法研究绘画的现象。专业化的科学方法的好处是最大限度的精密性和准确性。但是,正如我们所看到的,专业主义作为一种教育力量具有它的局限性,即它通常并不提供学生关于总体关系的见解。

值得一提的是,专业主义的影响不但体现在需要和适合专业化的那些教育阶段,它也已经影响到高等教育和中等教育的整个结构。教师,作为高度专业化学科训练的产物,倾向于在课堂上再生产他们的专业化知识。结果是,被专家教的每一门学科,趋向于以此吸引具有潜力的专业人员。这种抱怨应该说在追求学问的大学院校中感觉更加尖锐。那么对于学生的教育来说意味着什么?对于想得到综合训练的学生来说通常会感到沮丧。众所周知,专业化培养人的开放的心灵和对调查研究的偏爱,这种开放性和对调查研究的偏爱往往是社会变革和进步的源泉,当然事实并不总是如此,专业化往往坚持并乐于接受现成的知识,其中很多专业技能尽管是专业化的,但是以重复性的技能居多,这其实对深入探究无益。这种专业教育也相应地被人们称为“贫乏的专业主义”。

因此，作为一个中国大学生的教育，他们既是一个整体又是很多个个体；既是一个沿着一条相同的路走向一个共同未来的国家公民，又是很多个沿着不同的路前行的个人。这种两重性正是通识教育和专业教育结合的基础。那么如何在教学实践中落实通专结合的理念。客观地讲，这种专业化与目前各大学、各专业、各院系的课程设置密切相关。所以，教育改革单纯地谈课程设置的改革，是会遇到障碍的。当然，改良一下各专业的课程设置与课程内容，对于提高学生的素养亦非完全无用。

笔者曾经对清华大学工业工程系部分课程教学做过参与性观察，发现有些教学实践不自觉地将通专结合的理念较好地体现在教学过程中。笔者认为，这一尝试尽管存在不足，但是在某种程度上已体现出“深度通识教育理念”在方法和态度上的要求。可以说，这只是工科教育在“通专结合”探索中的一种无意识的尝试。当然，众所周知，并非所有的专业课程适合进行“通专结合”的尝试，但是如果教师有一种态度来避免给予学生贫乏的专业教育，那些适合进行通专结合教学尝试的课程一定会比“过分专业化”的教学取得的教育教学效果更好。有关清华大学工业工程系“通专结合”的深度通识教育理念的教学实践案例将在第九章详细介绍。

第八章　独辟蹊径的卓越工程师培养之道

本章关注富兰克林·W.欧林工学院(Franklin W. Olin College of Engineering,简称欧林工学院)别具一格的工科教育理念和卓有成效的创新实践。欧林工学院筹建于1997年,2002年招收了首批四年制工学本科学生,是美国最年轻的学院之一。该学院分别于2006年12月、2007年8月通过了NEASC[①]、ABET等专业机构的评鉴。在社会评估中,在2009年的"普林斯顿观察"(the Princeton Review)公布的全美最有价值的大学评鉴结果中,欧林工学院的各项指标排名都很靠前,尤其在"最佳课堂学习体验"等重要指标上排名均在前五名之列;"美国新闻与世界报道"公布的"全美2010大学排名"中,欧林学院在工科类排名第八,电机工程类排名第三。更值得关注的是,从首届招生至今未满10年,它已经成为MIT、斯坦福、加州理工等名校争夺优质生源的强劲对手。[②] 欧林工学院究竟是一所什么样的学院?

---

① The New England Association of Schools and Colleges,缩写为"NEASC",新英格兰地区学校与学院联合会,创立于1885年,是全美最古老的地区性学校教育质量认证机构,对美国东北六州的各级各类学校提供认证和质量评鉴服务工作。

② Nortel,"Leveraging it to create an innovative, cooperative, student-centered curriculum, Case study," Franklin W. Olin College of Engineering, 2009.

8.1 欧林工学院的由来

在美国高等工程教育界，欧林工学院被称为“一个前所未有的”工学院，它的教育项目及培养计划被认为是“美国高等教育界近几十年来最大胆的试验”[①]。其独辟蹊径的卓越工程师培养之道与学院的成立背景是分不开的。

欧林基金会(Franklin W. Olin Foundation)[②]从1938年开始至1990年代末，陆续为全美范围内的68所大学捐建了72座大楼。1997年左右，欧林基金会董事会意识到如果继续以往捐建模式，其意义和影响有限，因此开始筹划新的发展思路，希望做些社会影响更大的项目。董事会初步决定创办一所工学院，因为基金会的创始人欧林先生曾经是工程师和企业家，创建一所以其尊名命名的工学院，无疑是最好的纪念。

但是，对于即将建立的工学院的蓝图是什么，董事会并没有明确的概念。为此，时任董事会主席劳伦斯(Lawrence W. Milas)亲自前往美国自然科学基金会(NSF)、美国国家工程院(NAE)等机构进行了咨询。在咨询的过程中，他们了解到，在过去的20年中，美国国家科学基金会和工程团体都强烈要求彻底全面地检讨工程教育，例如：如何促进工科学生从单一学科思维向跨学科思维方式转变，团队技能如何发展，如何培养他们更深入地理解工程的社

---

① Alvin P. Sanoff, “Creating a master piece at Olin College of Engineering,” *Prism*, September 2000 .

② Franklin W. Olin Foundation，成立于1938年，由著名的欧林集团(Olin Cooperation)创始人富兰克林·W.欧林先生创立。

会、环境、商业和政治背景,如何提升学生的终身学习能力,工程实践和设计如何能够被贯穿于课程的整个过程,等等。

欧林基金会决定积极响应这一号召,并计划建立一所全新的工学院,旨在吸纳新的工程教育理念。因为只有在一所全新的学院里,才可能避免机构和制度上的惯性障碍,新的理念才便于实施。董事会表示,愿意把每一个美元用在这所新型工学院的建设上。该基金会倾其所有捐建该学院,共计4.60亿美金。这笔捐赠是美国高等教育史上最大的单笔捐赠款项。

基金会在马萨诸塞州波士顿近郊尼德海姆镇(Needham,M.A.)设计并建造了高科技校园,引进了世界一流的管理团队和一流的师资,然后花了两年时间,广泛调查研究、细化、完善了欧林的工程教育办学思想和教育计划。这就是欧林工学院的由来。

8.2 "卓越工程师"的教育理念及实践

众所周知,美国有着当今世界最成功的工程教育体系,世界各地的工学学子慕名前往麻省理工学院、斯坦福大学、加州理工学院、卡内基·梅隆大学等工程学科卓越的高等教育机构负笈求学,这些大学已经成为世界工程教育的典范。但是,欧林工学院强调,该学院的教育计划一定要直面当今工程技术教育中的痼疾和挑战,尝试与以往工学院,包括与上述名校不同的本科工程教育范式。

欧林工学院的定位与传统工学院不同,它致力于培养21世纪工程界的卓越革新者(Exemplary Engineering Innovators)。[1] 欧

① Olin College, Course Catalog 2009—2010, Olin Mission statement, p. 6.

林工学院的教育计划是美国工程教育界的探新，其创新之处在于：首先，它有着独特的课程哲学——“欧林三角”；其次，欧林工学院首次把工程教育的跨学科教育理念真正落到实处；再次，欧林工学院以精心设计“基于项目”的教与学贯通全过程，关注学生创新设计能力、工程设计能力和团队能力的培养；最后，它有着独特的校园组织文化，例如：首次在大学内不设“系”，首次摒弃教师终身聘用制等。这些都使得欧林计划在美国工程教育界独树一帜。

8.2.1　关于“卓越工程师”目标的界定

欧林工学院致力于培养未来工程界的领军人物。欧林工学院认为，未来工程界的领军人物应该具备：(1)精湛的工程基础和专业知识；(2)对工程的社会作用的广泛理解；(3)创造性地提出解决当今世界工程问题的新办法；(4)使自已的梦想变成现实的创业精神和才能。从学院应该给予学生的知识和能力结构来讲，强调注重于以下三个方面：

——深入理解并掌握工程的分析和设计原理；

——掌握宽广的社会与人文知识；

——拥有能够促进其设计在工商业变成现实的智慧、活力以及奉献精神。①

具体而言，欧林工学院的学生，首先应当掌握“卓越的工程技术能力”。他们将掌握坚实的科学和工程学基本原理、对工程系统的诊断能力，并能够运用这些知识和能力开发具有创新性的设计方案，应对技术、社会、经济等发展变化和现实需求；其次，应当是

---

① Olin College, Course Catalog 2009—2010.

"积极有效的沟通者",他们可以在职业范围内外准确地判断机会,还应当对自身职业伦理责任有清楚的认识,清楚了解工程工作的社会、经济和道德后果,并采取主动行为产生积极影响。

8.2.2 "欧林三角"课程哲学

该学院认为在当今社会急剧发展、技术日益复杂的背景下,欧林工学院的未来毕业生首先应该承认并深入了解世界的复杂性,教会学生欣赏其将来可能从事的工程行业的创造性,以及自身工作可能对人类社会的福祉所产生的巨大作用。培养未来工程界的领军人物,需要一种跟得上时代要求和工程技术发展要求的培养理念和课程计划。欧林工学院认为,工程教育首先是根植于自由艺术传统,非常强调艺术、人文社会科学以及创业精神。于是,欧林教育项目的课程设计提出了独特的课程哲学框架,即:"欧林三角"(Olin Triangle Model,见下图)。这是一个由卓越的工程学知识、企业管理学知识和艺术、人文社会学科组成的三角模型。

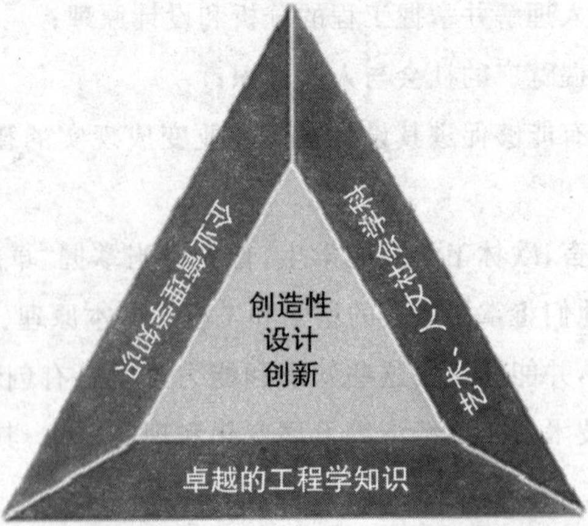

图 8.1 "欧林三角"(Olin Triangle Model)

第一个元素是坚实的科学和工程基础知识，目的是教给学生有关工程和科学的基本原理。第二个元素是商业/企业类有关课程，此类课程着力于促进企业精神、工程的商业环境的理解。学生学习基本的商业惯例，了解、分析和评估各种商业机会，实现创造价值、满足人类社会需要的目标。第三个元素是艺术/人文/社会科学。欧林工学院的技术教育以丰富而坚实的博雅教育为背景和基础，学生几乎每学期都会有涉及艺术、人文和社会科学的课程。欧林工学院希望学生能深入了解未来工作将依赖的社会、人类环境，以及他们将面临的专业问题和道德问题。该部分知识避免让学生割裂地学习工科，因为任何工程都离不开一定的商业、政治、文化和美学背景，只有这样，学生和教师才能够把工程和现实世界联系起来。

下图是欧林工学院四年的课程安排，我们从中不难发现，所有课程就是围绕三元素而开设的。欧林工学院本科学位学习期限为4年，共需修不少于120学分，分布在如下三个领域："工程学"课程，不少于46学分；"数学或科学"课程，共不少于30学分，其中数学不少于10学分；"人文社会科学和企业管理类"课程，共不少于28学分，其中人文艺术、社会科学类课程不少于12学分。在4学年8个学期当中，要求学生每个学期选课不多于4门课或16学分课程（除第二学期5门课外）。欧林工学院的课程计划可以帮助我们更清楚地了解跨学科思维的工程师培养理念，是如何被落实在教学实践中的。

第1学年					
第1学期	工程学 （分布系统）	数学与科学 （建模与物理世界模拟）	工程学 （设计的本质）	艺术、人文社会科学 （艺术、人文社会科学基础）	＝15学分

续表

第2学期	工程学 （空间分配系统）	数学 （向量微积分）	科学 （物理）	科学 （生物或材料科学）	企业管理基础 （商业与企业管理基础）	=17 学分
第 2 学年						
第1学期	数学 （线性代数概率与统计）	工程学 （工程原理）	科学 （化学、数学与科学或材料科学等）	艺术、人文社会科学 （艺术、人文社会科学基础）		=16 学分
第2学期	（数学或科学）	工程学 （项目专门工程）	工程学 （项目专门工程）	工程学 （用户导向协同设计）		=16 学分
第 3 学年						
第1学期	选修	工程学 （项目专门工程）	工程学 （项目专门工程）	艺术、人文社会科学 （艺术、人文社会科学）		=16 学分

续表

第2学期	选修	工程学 （项目专门工程）	选修	艺术、人文社会科学或企业管理	＝16 学分
第4学年					
第1学期	（科学或数学）	工程学	工程学 （高级设计）	艺术、人文社会科学或企业管理 （工程的范围）	＝16 学分
第2学期	选修 或自学	工程学 （项目专门工程）	工程学 （工程的范围）	艺术、人文社会科学 （设计专题）	＝16 学分

表 8.1　欧林工学院 4 年的课程安排

8.2.3　名符其实的“跨学科”教学

“欧林三角”充分体现了关注学生跨学科思维的培养，它奠定了跨学科培养的基本框架。可以肯定地说，跨学科培养是欧林工学院努力贯彻的基本原则。

第一，在具体教学环节，欧林工学院的课程多为跨学科课程。

欧林工学院致力于给予学生跨学科学习的经验，旨在培养学生在基础科学、数学和工程之间建立知识联系，同时在艺术、人文和社会科学和技术学科之间建立联系，在工商业、创业技能和工程技术之间建立联系。例如，一年级新生的课程模块包括工程学、微积分和物理学，要求学生在这三个模块课程的学习中，努力体验和探索三种课程之间的内在联系。欧林工学院的一位教师如是说："我们希望学生认识看似完全不同的问题及其相互关系……在我当年学习微分方程时，我不了解为什么让学习它。在欧林，我们会让学生在令人着迷的机械和电气项目背景和例子中学习微分方程。这样的形式能够让学生看到不同知识领域之间的联系，以及如何利用科学知识解决实践中的工程问题。"①

第二，多数课程采用了高度跨学科团队授课。从一年级开始，学生的综合课程模块（包括物理、微积分和人文社会科学等），都由教师团队合作授课。跨学科师资团队是本校教师与由地处附近的卫斯理女子学院（Wellesley College）、柏布森学院（Babson College）的教师一起合作开展的。

第三，为了实现"欧林三角"的培养思路，欧林工学院在组织、制度设计上也进行了独特的设计。

首先，欧林工学院正式建立后，其学院里不设"系"，只设有工程学（Engineering，简称 E）、电子及计算机工程（Electrical and Computer Engineering ，简称 ECE），以及机械工程（Mechanical

① "Once Upon a College" or（A Play in Five Acts）by The Curricular Decision Making Board，Olin College website，October，25，2009.

Engineering，简称 ME）等三个“主修”的本科学位，[①]因此也没有独立的相应于某专业或者科目领域的预算。欧林不设系的原因在于，他们认为“系”这种机构的存在会成为“跨学科”培养理念的障碍。

其次，工学院在选址上也充分考虑到为实现跨学科培养提供永久可能性。欧林工学院是一所私立的、本科制的工学院，位于马萨诸塞州波士顿附近的小镇尼德海姆（Needham，Massachusetts），与柏布森学院和卫斯理女子学院相邻。这不是偶然为之，实为匠心营造所致。因为柏布森学院的企业管理教育项目在全美排名第一，卫斯理女子学院又是美国文理学院（Liberal Arts College）中的楚翘。柏布森学院位于 128 号公路旁边，适逢该学院内有大量的土地闲置，欧林基金会主动接触遂从柏布森学院买下 70 英亩作为欧林工学院的校区。所有这些便利，都可以使新建的欧林工学院与柏布森学院、卫斯理女子学院分享很多“非工程类”的课程资源、教师资源和校园设施。[②]

另一个重要的制度设计是，欧林工学院取消教师终身聘任制，以便于组成学校所开设的课程所需要的跨学科团队。教师不属于任何一个系，完全采纳合同制，5 年一个任期，这种做法在美国历

---

① 在“工程学”主修中，学生可以侧重于不同领域，例如可以主修生物工程（Bioengineering，简称 E：BE）、材料科学（Materials Science，简称 E：MS）或系统设计（Systems Design，简称 E：SYS）等。学生也可以自己组合设计出一个主修专业，但是要向校方提出申请并获得行政部门的同意即可。另外，欧林工学院也给学生提供了一个可以快速获得科学硕士学位（MS）的通道，即从欧林工学院毕业后，再进入柏布森学院的“技术企业家”项目（Technological Entrepreneurship program）学习一个学期，方可获得科学硕士学位。

② 尽管是女校，但是它也同意接受欧林工学院的男生选课，参见 Olin College，Course Catalog 2009—2010。

史上也是绝无仅有的。

"我们相信这种做法很重要",欧林工学院执行副院长乔安妮·科苏丝(Joanne Kossuth)说,"因为在当前世界中,最有趣的发现一般在各学科的交叉点上发生,这些发现一般是一个建立在工程、科学、商业和人文等所有这些东西的集合"[①]。

8.2.4 依托开放型项目的动手实践教学

欧林的校园由著名建筑师佩瑞(Perry Dean Rogers)等人设计,是典型的后现代主义建筑风格。校园的8栋建筑物里,除了教学楼、宿舍楼、礼堂外,有一栋颇为显著的学术大楼,内部附有机械加工厂、"项目研究"工作室。因为,欧林有一个坚定的承诺,不只教给学生基本概念和理论,而且要求学生能把概念与真实世界的挑战与项目联系起来,用概念和理论解决实际问题,让学生通过自己分析、设计、制造工程系统来建立和发展实际的技术知识或实际技能,即通过实验室的动手操作将学习(hands-on)和各种项目工作实践经验(open-ended project-based learning)纳入到教育经验当中。

欧林工学院的教育方法笃信"眼见为实",以团队为基础、以项目为导向的动手做中学、问题解决能力为重都是欧林工学院教学方法的基本特点。欧林工学院的很多课程都是动手型的工程设计类项目,严格的技术课程和实践项目(占每学期整个课程的20%至60%不等)。在整个课程中,欧林学生在开放型项目的研究和学习中逐步培养自己解决问题的能力。开放型项目分布

① Mission Statement ,http://www.olin.edu/about_olin/overview.asp.

在 4 年学程中，项目的数量和复杂性以及学生的知识和技能的现实性逐级递增。

欧林工学院认为，必须帮助学生建立工程与现实世界的联系，他们认为应该“尽快，而不是等到他们学习两年理论的东西之后，还没有真正接触过任何真实的东西”①。例如，从第一学年课程开始，学生就被要求在欧林工学院的机械加工厂做以项目为基础的工作；在数学、科学和工程类课程中，提供动手参与的建模、仿真工程、工程系统分析等方面的知识教学，并面向实际问题，指导学生进行实验设计、原型制作、提供现代仪器仪表的使用机会、培养测试技术、甄别测试解决方案等；又如，一年级的学生必修“设计学”，在这门课上，学生根据“仿生学”（例如甲虫的跳跃机制）设计和制作机械玩具。又如，大二年级的一门课“面向用户的协同设计”，所有的学生需要用大约 6 个星期左右的时间建立一个原型，以改善某种防护设备的使用性能，学生们需要和生产线上的装配工、医院的护士、消防员和护林员一起工作来改善设计。

这种以项目的教学要求，在四年级时达到顶峰。欧林的开放式项目的重点最后集中体现在，一个学生设计团队所承担的在一个雄心勃勃的、为时两个学期的毕业设计项目中，从事与某个真实的行业合作伙伴提出并赞助的真实项目的研究和设计、现实问题的解决，这就是四年级的学生必须完成“毕业设计项目”（capstone project）。毕业设计项目包括两个部分：工程高级咨询项目（Senior Consulting Program for Engineering，简称 SCOPE），项目组被

---

① Robert Buderi，“A Visit to Olin College：A Design-Oriented Future of American Engineering”，*Economy Boston*，8/11/09.

某个公司、非营利组织或风险投资企业选中，做真实的工程项目；另一部分是“人文、艺术、社会科学”或“创业精神毕业设计项目(Arts, Humanities, and Social Sciences，简称“AHS”，或者 Entrepreneurship，简称 “E”)，在这个项目中，学生被要求做一个与自己专业有关的设计项目或创业计划。

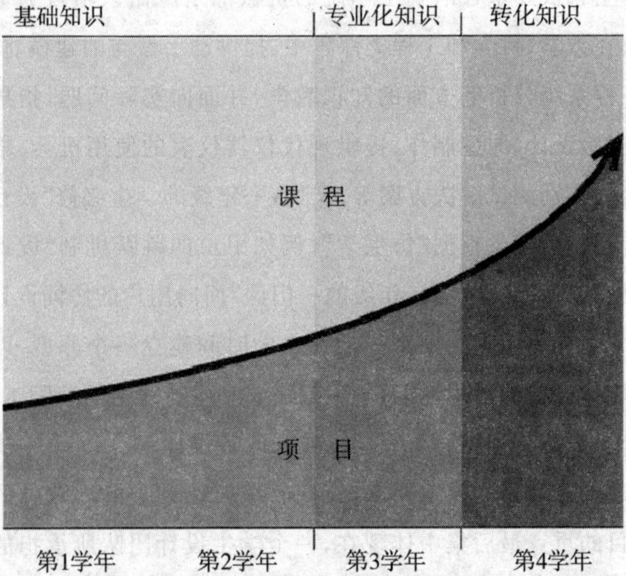

图 8.2 欧林“项目”教学在四年课程中占学生工作的比例越来越大

正如图 8.2 所示，在欧林课程分为三个阶段：第一阶段是“基础知识”，它强调掌握和运用与工程项目有关的大量技术基础知识；第二阶段，“专业化知识”，使学生深入了解和掌握其选择的领域的专深知识；第三阶段，“转化知识”(realization)，学生将所学知识应用于解决本专业领域中的实践问题。

在三个阶段的课程学习中，学生参与跨学科的工程项目，要求他们将理论付诸实践,在工程的背景下发展团队协作能力和管理能力。随着学生学习的不断进步,这些项目越来越具有开放性,也越来越真刀真枪。

8.3 对欧林试验的评价

欧林工学院在人才培养上充满新意的做法在美国工程教育界独树一帜,其教育计划具有很强的吸引力。据2009年8月统计数据显示,在该学院就读的300余名学生中,有17%的学生参加过美国FIRST①赞助的三大机器人大赛(FIRST Robtics Competition)②的参赛者并获大奖;就录取难度而言,该校录取的新生约有一半得到过麻省理工学院、加州理工学院等名校的录取通知。但是欧林工学院的毕业生究竟能否如其所望而成为未来卓越的工程界人士,这个问题现在讨论还为时尚早。

我们可以看到的是:第一,不难推测,欧林"试验"能否推行,依赖于小班教学,依赖于商科、人文社会科学和工科教师组成的强有力的跨学科合作,依赖于学校与工业、商业界的紧密合作关系。在欧林工学院,这些必备条件都有良好的基础。但是这种做法能否推广到其他学校,答案并非简单的"是"或者"不是"。当然,欧林工学院正在尝试的"卓越工程师"培养计划无疑是对近年来工程教育批评的切实回应,而不是仅仅停留在讨论的层面上。第二,欧林

---

① For Inspiration and Recognition of Science and Technology, FIRST Robotics, Dean Kamen's popular student robotics competition.

② Robert Buderi, "A Visit to Olin College: A Design-Oriented Future of American Engineering", *Economy Boston*, 8/11/09.

"试验"是一项正在进行的工作,欧林计划不能被看作是最终的善本,而是欧林人在工程人才的培养理念和做法上的新的尝试。在整个工程教育界,20 世纪 90 年代中期以来,呼吁工程教育必须做出某些改变的要求一直没有停止过,相信这不仅是欧林工学院的创始人、教师和学生希望看到的,而且一定也是世界其他地区的工程教育界期待看到的,尽管这些变化离理想的工程教育状态还有差距,但是引用温斯顿·丘吉尔的一句名言:"现在并不是结束,结束甚至还没有开始。但是现在可能是序幕的结束。"

第九章　清华大学某工科系创新人才培养案例研究

9.1　案例简介及案例研究过程回顾

9.1.1 案例简介

创新能力是一个国家综合国力的重要组成部分。只有当创新精神内化成为我们的民族性格时,中华民族的腾飞才能真正实现。高校作为知识创造、传播和应用的主要阵地,是培育创新精神和创新人才的摇篮,是国家创新体系的重要组成部分。当代大学生创新意识、创新能力的强弱,对国家未来的发展有着至关重要的影响。清华大学作为国内知名学府,为了适应时代要求,在课程和教学等环节采取了积极的应对措施。2004 年 11 月,顾秉林校长在清华大学第 22 届教育讨论会上所作的报告中指出:“我们应看到,19 世纪以来,世界发生了深刻的变化……时代趋势给教育带来深刻的影响。教育的指向不再是重复僵硬的知识或真理,而是创新。大学最重要的品质也不再是守旧的稳定,而是要迎着风险追求创新。”①

---

① 顾秉林:《加强实践教育　培养创新人才——在清华大学第 22 次教育工作讨论会开幕式上的讲话》,《清华大学教育研究》2004 年第 6 期。

如何培养时代所需要的创新人才？这是国内外教育界的一个重要的、历久弥新的问题。从一定程度上讲，培养学生的创新意识和创新能力是教育(尤其是高等教育)目标的永恒追求。因此，围绕这一目标的改革也是一个旨在提高创新能力的探索性、综合性实践过程。基于这样的认识，笔者对清华大学20世纪90年代中期成立的新系——工业工程系的人才培养过程进行了跟踪性案例研究。

清华大学工业工程学科发展始于20世纪90年代，1993年第一批获准设立工业工程硕士专业，1997年起设立本科专业并开始招生，后又获准可按“管理科学与工程”一级学科授予工学博士和硕士学位(工业工程方向)。2001年10月正式成立工业工程系，隶属于机械工程学院，特聘美国工程院院士，普渡大学萨文迪(Gavriel Salvendy)教授出任首届系主任。现有教师17人，绝大多数为留学国外的博士或在国外进修过的年轻教师。工业工程系是清华大学最年轻的院系之一，经过3—4年的发展，不仅专业排名在国内持续领先，在清华大学也以英文教学、重视动手实践能力、基于项目的教学等教学改革体现出了自己的发展特色。清华大学工业工程系培养的学生，暑期实习成果也得到了实习企业的管理人员和一线人员的高度肯定，一些企业因此决定在各产品事业部成立工业工程处，并热情欢迎清华学子们加入集团工作。凡此种种，初步显示出工业工程系在人才培养上的优势。

在许多新的挑战、新的问题面前，尤其是在新经济、国际化等背景下，清华大学工业工程系是如何认识、如何理解工业工程人才培养问题的？他们又是如何在课程、教学以及实习等各个环节中落实人才培养理念的？进而，他们又如何取得人才培养和学科发展上的初步突破？这一问题的探讨对于认识工科人才培养规律、工程教育改革与发展都具有独特的理论和实践意义。

笔者以工业工程系为考察对象，深入到教学科研实际，从理念、制度和实践等多个层面，探讨在普通高等学校，尤其是研究型大学中后发学科、院系是如何应对社会、环境的需求，如何调整自己的管理、教学和人才培养观念而获得学科发展以及优秀人才培养优势的。从而进一步探求，通识教育、基础理论知识教育、专业教育、实践教育等在人才培养中的地位、作用、具体内涵以及实施形式等，以期对工业工程专业乃至其他工科人才培养工作提供具有一定借鉴和参考意义的结论。

本研究对工业工程系进行了为期五个月的跟踪调研，客观详尽地记录了该系的教育活动（既包括课程与教学的计划与执行情况，也包括实践教育活动以及该系的中外合作培养项目等），并从教育学的角度理解分析教育生活世界的活动信息，从中细绎出工业工程系的人才培养理念。结合工业工程系的具体特点，笔者从以下几个方面来进行了研究：第一，教育理念。笔者考察了该系教师、学生、管理人员在全球化视域下所形成的人才培养理念，包括教师与学生关于教育观念的转变，以及教育与教学过程中所发生的变革。

第二，课程与课堂教学。考察了该系的课程体系是如何将人才培养理念融入其中。进入课堂，观察课堂里发生了什么，通识教育环节在教育人才过程中所起的作用，从而根据我国的具体情况研究具有中国特色创新人才的教育培养活动。

第三，教学条件建设。考察该系的实验室建设、实践基地建设以及和社会的联系，关注该系对教育教学的硬件投入以及对人才培养的效果。

第四，制度设计。考察该系为实现其教育理念（包括通识教育）所做出的组织结构的变化，该组织对各教育环节的保障、评价与激励机制等。

通过对以上几个方面的考察，试图回答如下几个问题：1. 在新的时代背景下，清华大学对工科人才的教育培养如何理解、如何定位；2. 在对人才培养规格进行合理分析与定位的基础上，对于转变中的、相应的课程与教学观念进行尝试性的探讨；3. 就通识教育与专业教育、理论与实践的关系而言，清华大学应该如何处理好共性与个性、整体与局部的关系，研究院、系层次如何在学校整体布局下实施符合自身实际情况并有自身特色的工科人才，以及目前存在的优势、问题和建议。

9.1.2 案例研究过程回顾

本研究从 2004 年 12 月开始，到 2005 年 4 月底结束，大约历经了 5 个月的时间。其间经过简述如下：

9.1.2.1 确定和廓清问题

在研究过程开始之初，主要工作是搜集工业工程系的相关资料，熟悉研究对象尽可能多的情况，确定研究问题。事实上，该研究是和清华大学有关人才培养问题的讨论同步进行的。我们都知道，“创新人才”[①]并非新概念、新思想，中国古代就有，而且一直渊

① 在本研究结束的时候，研究组越来越喜欢使用“优秀人才”，因为我们认为文化素质教育并不一定会带来人才的创新，但是它一定会使人才更优秀。

源不断地体现在我们的教育过程中。此次讨论意义何在，作为研究人员，我们不禁自问："创新人才"的内涵究竟指什么？在目前讨论它的意义何在？如果这次对创新人才培养过程的审视和反观，反映了社会发展、人的发展对教育工作提出的某种新的需求，那么我们应该如何把这种需求体现在人才培养的过程之中？

这种理论上的困惑，迫使笔者在实践中寻找答案。在反复的讨论中，我们决定放弃单纯进行理论研究的传统做法，而希望选取一个教学培养单位作为我们研究的切入点，这样不仅可以让我们看到教育世界正在发生的变化，而且可以使得我们讨论问题的背景更具有丰富性和现场性。现在回想起来，这种做法不自觉地回应了教育学科的所谓"实验性"特质的要求，在研究方案上体现出一定的科学性。

我们选择工业工程系作为研究对象，一方面是因为该系的某些特色吸引了我们的注意力，例如：工业工程系是清华大学最年轻的院系之一，该系在人才培养上比较有特色；另外，在国际化视域下，该系还聘请了美国普渡大学的萨文迪教授做该系的系主任，等等；同样令人感兴趣的是，该系近几年的工作获得了各方面的积极肯定。作为以工科为主和强势专业的清华应该如何找到适合工科教育的发展模式，或许我们可以在这里找到答案，例如该系非常年轻，所以很多制度还处于成形阶段，研究结论会具有一定的意义。

9.1.2.2 确定具体调研方法

根据研究目的和研究对象的特点以及本小组的优势、劣势以及客观条件的制约，我们确定了研究方法和资料搜集的路径。主要有：

- 文献法。我们充分利用了校内和网络上的各种资源，从图书馆及网上电子期刊等查阅有关教育的书籍和刊物，了解相关领域的理论基础、发展现状、有关政策规定等。

同时我们还查阅了工业工程系在人才培养方面的相关文档记录，如教学计划、评估报告等，了解该系进行人才培养的经验。这部分工作为我们后面细致深入的调研和分析打下了良好的基础。

- 访谈法。我们选取了该系参与教学、科研、管理的各层级的部分人员作为代表分别进行访谈，比如有关教务管理人员、授课教师、学生等，听取他们的感受、评价、意见和建议，以期能更深刻地认识在人才培养上取得的成果和存在的问题，提出相应的建议。
- 实物搜集。在调研过程中，我们还搜集了相关的实物资料，如反映该系教育活动风貌的图片照片、音像资料、学生作业文本等，以期从多角度、多侧面观察该系教育、教学的实际情况。
- 参与性观察。这为我们提供最直观的观察、了解、感受该系实践教学活动的机会。我们会有侧重地以旁听形式参与该系相关的教学讨论会议和课程教学，以观察者的视角亲身体验和分析评估。

总之，笔者本着积极参与、多方了解、认真体验的原则，通过上述方法获取了本研究所需要的详尽、必备的各种信息，为完成好分析工作打下了坚实的基础。

9.1.2.3 调研实施

调研分为文献搜集与访谈两个阶段。在实地的访谈调研中，第一轮访谈的目的是了解情况，最初的访谈对象为工业工程系部分教师[①]、学生。这个阶段的工作做得比较细致，每次访谈之后都

① 笔者访谈过的教师有：蔡临宁老师、张伟老师（访谈了两次）、林亨老师、成晔老师、于瑞峰老师（访谈了两次）、刘大成老师。

获得了不少资料。小组内及时形成了文档保存制度,注意资料的共享和保存。

第二轮是反馈性的访谈:比如教学方面就直接找老师和学生,根据第一轮的信息对教师们进行验证性的访谈;科研方面则分别对研究生和老师,实验室则找经常去实验室的研究生;学生工作方面则找学生干部和一般的辅导员。

访谈得到了很多信息,同时每次访谈之后都索取了一些纸介质的资料。与此同时,随着研究的深入,笔者开始对工业工程专业人才培养的理念和过程有所理解,并开始及时撰写研究心得等,加深对所研究问题的理解。

除了访谈教师,笔者还访谈一些学生,旨在了解学生眼中的教育经历及评价。笔者还带领部分访谈人员先后挑选了若干该系大二、大三、大四以及赴德留学的研二学生进行了访谈研究。最后,我们还对该系的课程课堂教学进行了参与式课堂观察,也就是"听课",我们带着研究目的深入到课堂了解实际情况,听到了很多在访谈中所没有得到的学生真切的主观感受,先后进行了四次参与性观察,分别是物流工程、制造技术、人因工程学、系统工程等课程。参与式观察验证了前期访谈的部分资料,了解到该系真实的课堂教学活动。

9.2　工业工程人才培养中的"深度通识教育"理念

在中国高校本科专业信息介绍中,对工业工程专业的描述如下:本专业学生主要学习工业工程方面的基本理论和基本知识,受到应用工业工程理论与方法分析和解决实际问题方面的基本训

练,具有实际管理系统开发与设计的初步能力。毕业生应获得以下几方面的知识和能力:

- 掌握工业工程学科的基本理论、基本知识;
- 掌握系统管理的分析方法和管理技术;
- 具有某一工程学科(如机械工程)的基本技术;
- 熟悉经济建设和企业管理的有关方针、政策和法规;
- 了解现代工业工程的理论前沿、应用前景和发展动态;
- 掌握文献检索、资料查询的基本方法,具有科学研究和实际工作的初步能力。

清华大学机械学院工业工程专业是国家首批批准在全国两所大学(清华大学、天津大学)设立的专业。清华大学在创办工业工程专业时,综合调研和分析了世界顶尖大学工业工程专业的发展状况和趋势。他们指出,工业工程专业是国际上高等工程教育的主要专业之一,在国外已经有100多年的历史,是美国七大工程学科之一,该专业是为满足国家经济发展对人才的迫切需要而创立的。它融工程和管理于一体,对工业发达国家的经济与社会发展起了巨大的推动作用。从性质上看,工业工程是关于复杂系统有效运作的科学,它将工程技术与管理科学相结合,从系统的角度对制造业、服务业等企业或组织中的实际工程与管理问题进行定量的分析、优化与设计,它是一门以系统效率和效益为目标的、独立的工程学科。工业工程的这种性质决定了它要求学生既要有广博的基础,又要掌握熟练的技术,在此基础上,才有可能作出创造性的贡献。因此,他们对工业工程专业人才培养目标的定位是，旨在培养社会发展所需要的掌握坚实的经济、管理和系统工程理论与方法，具备扎实的专业工程技术，懂得自然科学和社会科学的基础理论，在跨国公司、国有大中型企业集团、高科技企业、银行、咨询公司、服务业、政府机构和科研院所等从事工业工程和管理的高级专业技术和管理人才。本专业培养出的毕业生应具备对复杂的生产、服务与管理系统的资源进行有效开发和利用，以低消耗、高效率进行生产与运营的能力，以及从系统角度进行规划、设计、分析、控制、改善和创新，实现系统优化的能力，能在工商企业从事生产、经营、服务等管理系统的规划、设计、评价和创新工作的高级专门人才。

清华大学院系层次对通识教育观念的理解与执行情况如何？从这个调研中，我们不仅可以发现院系对学校育人理念的贯彻和执行水平；同时，更重要的是，我们可以发现一线教职员工、学生对人才培养的创新性理解和探索。

9.2.1 “通识教育”在课程与教学计划中的显性要求

清华大学工业工程专业的培养目标反映了工业工程专业的内在要求。“（工业工程专业的本科生应该）掌握扎实的数理基础理论、良好的计算机能力，掌握宽广的工程、经济管理、人文社科等方面的基本知识和技能。具有对复杂的生产系统、服务系统进行分析、规划、设计、管理和运作的能力。”由此可以看出，工业工程系重视培养学生的宽广基础，要求学生具有通识的能力，能够在本专业深入学习。一种“通识基础上的专业教育”观主导了工业工程系的教育教学。从表 9.1 中可以看出工业工程系要求的学生应当具有的知识与能力的结构。

表 9.1 清华大学工业工程系本科生教育培养方案(2005 年)

	人文社科类	自然科学基础类	专业相关课程	实践环节	综合论文训练
课程门数	12	12	约 25	7	
学 分	35	30	75	15	15

从上表可以看出,本科学生知识结构中,涵盖了人文、自然等多学科门类,从课程门数和学分上看,通识教育内容占到了 40% 以上。这些课程包括:

第一,清华大学的"新"文化素质课程。

根据 2006 年的规定,清华大学要求所有本科生必须在以下 8 个课组中任选≥13 学分。这 8 个课组分别是:历史与文化;文学、艺术欣赏与实践;哲学与社会思潮、写作;当代中国与世界;环境保护与可持续发展;经济、管理与法律;科学与技术;国防教育与学生工作。以上是清华大学在学校层次上对文化素质教育的分布必修规定,是每一个学士学位获得者需要达到的最低标准。

第二,清华大学课程史上的"旧"文化素质课程。

这些课程一直是我国高校教育中非专业教育课程中的主干课程,对于培养全面发展素质的人才起着举足轻重、必不可少的作用。这些课程分为两课、外语和体育三个部分:

"两课"(5 门课程)共 14 学分。思想道德修养,2 学分;毛泽东思想概论,3 学分;马克思主义政治经济学原理,3 学分;邓小平理论概论,3 学分;马克思主义哲学原理,3 学分。

体育 4 学分。重视体育是清华大学的一个优良传统,这一传统同样被清晰地体现在院系层次的课程与教学计划中。按照清华大学规定,第1—4学期的体育为必修,每学期1学分;第5—7学期的体育专项为限选,不设学分;第8学期的体育专项为任选。体育课学分不够或不通过者不能本科毕业及获得学士学位。

外语4学分。清华大学实行以英语水平I考试为标准的目标管理模式,本科毕业及获得学士学位必须通过水平I考试,并取得4学分;学生可选修外语系提供的不同层次的外语课程,以提高外语水平与应用能力。

第三,清华大学工业工程专业强调其学生应具有较强的自然科学基础,清华大学工业工程系的本科生需要必修30学分的"自然科学基础课程",在整个教学计划中占有很大的比重。其中包括:

数学16学分。三门微积分课程共计10学分,两门几何与代数课程共计6学分;

物理12学分。大学物理课程共计8学分,物理实验共计4学分;

化学2学分。大学化学课程2学分。

以上,我们对工业工程专业课程计划中的非专业教育部分进行了解读。我们把这些称之为文化素质教育的"显性"部分。大家或许会发现,这里并没有多么特殊的做法,天津大学、上海交通大学、西安交通大学的本科培养计划也规定得大同小异。但是,清华大学工业工程系的特殊之处在于,他们认为文化素质教育的最终目的在于培养全面发展的具有创新精神和能力的创新人才,这和专业教育是分不开的,因此应当在具体的课程教学中探索通专结合的路子,这也就是我们称之为的"深度"通识教育概念。因此,他们不仅关注在课程计划中给学生提出文化素质教育课程知识的要求,更重要的是他们探讨了一条把文化素质教育和专业教育相结合的教学探索实践。下面我们就具体例子进行分析。

9.2.2 基于项目教学中的理论与实践相融合

9.2.2.1 什么是基于项目的教学?

工业工程系基于项目的教学(project-based learning)是很有特色的一种教学模式。基于项目的教学在国外高等工科教育中是比较通用的教学法,但是在国内大学教学系统中的使用并不多见。清华工业工程系高年级专业课程中,尤其是应用性比较强的课程,几乎每门课都涉及项目(project)。项目的产生有以下几个渠道:学生观察,比如日常生活中常见的自行车车把、握力器、食堂背景音乐等。学生在学习理论之后,通过自己观察,选择这些对象作项目。还有就是项目与课题结合,即:通过国家、企业等提供的科研项目和科研课题,引入实验。比如某教授在广西做的烟草公司销售网络规划,在教学中引入科研项目,通过做的项目讲解理论,给学生明确任务,然后再定期讨论。

> 根据课程自身的特点,大部分都有课程实验,也有正在准备开的。我们系开设的38门课程中,有24门开设了实验。
>
> 几乎所有的(专业课)老师都要求做project。
>
> 引自教师访谈资料

基于项目的教学一般采用学生观察与教师指导相结合的方式进行。在理论讲解之后,教师为学生提供一些思路,安排学生观察银行、地铁、医院等机构。

根据不同的项目,教师大多把学生进行分组,一般会根据学生志愿结合形成小组。各小组之间可以是互不相关的,比如人因课,做车把的小组和做背景音乐的小组,他们的工作任务是独立的;各小组也可以是相互影响的局部,比如工业链管理课中,牛鞭效应的实验,三个小组分别是生产部、销售部和供应部。分组之后,各小组大多需要进行课后讨论。课后学生需要进行与项目相关的实践:包括到金工实习工厂做模型、到学校周边观察银行、邮局、校医院等服务系统。

由于很多课程都是做项目,最后的考试并不是占很大比例,一般只占40%,"平时考查+大作业"等占60%,平时的功夫花得比较多,期末压力倒不是很大。

老师通常都会给大的项目定个日程进度,分三个阶段,三个作业(assignments),每个都有截止日期(deadline),一两个月时间完成一个。激励方式不一,一般采取从项目中评选一个最佳的作业以激励学生。有时候也会结合做的项目,比如他们曾经做过的"沃尔玛项目",就给他们一个沃尔玛的标志,作为小礼物。

> 教师眼中的project-based learning
>
> 目前存在的问题:"教改要求拓宽知识面,宽口径,再加上现在老师比较忙、学生比较多、学风比较浮躁,所以就变成学生学一些软的东西多,硬的东西少;通用的东西多,专门的东西少;知识的东西多,技能的东西少。"学生对一些本专业应该掌握的基本常识不了解,严重影响其专业技能的发展。
>
> 已有的分组教学,在本科生身上效果会比较差,因为他们有70个人。有些小组就分不到辅导时间。
>
> 课堂讲授应该:"不仅仅是告诉学生结果,而是告诉学生这个结果背后的涵义是什么。不会只是纸面的东西,举很多例子,这样学生反映就好。"知其然,更要知其所以然。通过案例讲解"所以然"。

> 把项目引入课堂:“以项目为主线,理论为辅。因为是针对项目的,所以学生学习兴趣比较高。”——其实,“以项目为明线,理论为暗线”可能是更合适的概况。
>
> 引自教师访谈资料

工业工程系也正在构思一种新的课程组织方式:将各课程衔接起来,串成一个大的项目,从一年级做到四年级。这是工业工程系根据本专业的特点作出的一种大胆的尝试,工业工程系系统性的特点得到充分的体现。贯串四年的一个项目,本身就是一个系统工程。解决了单独的一两门课程中项目的局限性,使各种知识相互衔接,学生能对所学知识融会贯通,积极地运用已经学过的知识,温故而知新。

> 因为我们系实际上是工业系统工程,是一个大的系统。所以我们想组织一个大的实践性的课程,注意各个课程之间的衔接,串成一个大项目来做,不同的课使用同一个案例样本,比如这个课原来是设计一个别的东西,现在要他们设计一个减速器,跟我的课就串起来了。从开始就设计这个减速器,那么到我的课上呢,就设计一下生产减速器的工厂。还有一门课,叫建模与仿真,就要求他用计算机把自己设计的这个工厂仿真一遍,看你设计的好不好,不好的话改进一下。最后还会有一门课,就是项目管理。所以到最后,几门课程达到一个共同目的就是学生可以去设计一个企业,分析一个企业。
>
> 引自教师访谈资料

9.2.2.2 基于项目的教学在人才培养上的优势

基于项目的教学,与传统的课程和课堂教学相比,具有以下显著的特点:1)增强了学生学习的主体性,主体性是个体创新的基础;

2)关注学生的问题解决能力以及综合素质的培养;3)理论教学和体验性学习得到很好的结合;4)大大提高了学生专业技能的培养。

首先,它增强了学生学习的主体性,主体性是个体创新的基础。我国传统的授课方式一般是灌输式的,通常以教师讲授为主,学生的任务是听讲,也被概括为"结构式课堂教学"。具体讲,就是重概念定义,轻管理实践;重理论体系,轻方法策略;重教师传授,轻学生参与。教师在教学过程中起到主要的作用,在有限的时间内把学科的基本结构也就是基本概念、基本原理及关联方式等传授给学生。

工业工程系的课堂教学却与传统的方式有较大的不同,为调动学生的学习积极性,教师在课上多强调师生的互动教学。以人因工程学的教学为例,授课教师每10分钟左右就课程的案例分析和相关游戏的内容提问一次,这使教师得以及时了解学生的疑惑之处,并帮助了学生更好地理解相关的理论知识。而且,案例分析和游戏的内容都是一些来源于实际的文字和录像,这有利于学生集中注意力,并对课堂产生更大的兴趣。

基于项目的教学融入课堂后,使传统的课堂教学发生了巨大的变化。学生成为教学活动中的主体,教师起引导作用。学科的基本结构仍然由教师把握,但是学生需要更加自主、能动的参与到学习中去。对概念定义的应用,对方法策略的钻研,有利于学生在创造的过程中掌握学科的基本知识结构,有利于形成融洽的课堂气氛,有利于培养学生的兴趣,一改传统课堂教学存在的缺陷。

其次,基于项目的教学关注问题解决能力及综合素质的培养,使得学生在通识和专识上同时增长,这是深度通识教育的应有之义。

清华大学工业工程系借鉴了亚琛工业大学的"习题课"做法,

一般以课后作业的形式来帮助学生巩固对理论知识的掌握。工业工程系学生的作业有点类似于亚琛工业大学的小论文，一般都是由教师结合自身的科研项目，让学生以小组为单位完成一个与之相关的课程设计。其目的在于训练学生把理论知识转化为解决问题的能力，并将这种解决问题的能力应用到实践中。以生产运作分析课程为例，课程设计的内容是生产流程的设计，每个小组选择一个产品（如应急灯）来拆，然后设想生产这种产品的流程有哪些。

一位接受访谈的学生指出，几乎所有的老师都要求做"设计"。学生们认为，课程设计的分小组共同协作和小组间讨论有利于培养自身的团队精神，团队精神对日后工作非常有用。通过做课程设计，学生不光学到了某些专业知识，更重要的是在以后工作中遇到更复杂的问题时，能有一个总体思路，知道如何一步步地去解决问题。总而言之，课程设计赋予学生的是思路和方法，以及解决实际问题的信心。

学生眼中的 project-based learning

分组工作："培养团队合作的能力，分小组共同协作，这种团队精神在以后工作中也挺有用的。"但是小组中搭便车的现象还是存在。

项目：专业课等应用性强的课程，做项目比较好。基础理论课比如运筹学信息量比较大，老师讲授为主比较好。

项目对锻炼学生的思维有较大的益处：

"其实我觉得通过做项目这种方式不光是为了学习某些专业知识，更重要的是能让我以后工作中遇到更复杂的问题时，能有一个总体思路，能回想起的不是某些知识点，而是我当时是怎样一步步进行的。学会的是思路和方法，而且遇到问题时会比较有信心。"

> 项目本身要求重视学习过程，要求循序渐进：
>
> “我觉得还是考试那种累。因为这样的话，大家都忽略学习是循序渐进的事情，所以会在期中期末的时候狂补一通。而做项目是一个循序推进的过程。还可以减轻期末考试的负担。”
>
> 与生产相联系：某教授的课，将学术与生产实践相结合，课程结束之后，恰好是学生实习的时间，学生收获较大。
>
> 引自教师访谈资料

项目本身就是来自于生活或科研中的问题，基于项目的教学则是让学生参与到问题的解决过程中去。发挥学生的积极性、主动性去发现问题，有利于培养学生的质疑精神，形成科学的态度；利用理论知识作出计划、完成设计、生产产品等解决问题的过程，给学生很大的自主性，有利于培养学生的创造能力；形成小组，团队分工与合作，有利于学生形成管理能力，适应各种团队角色。而解决问题的总体思路，需要深厚的知识积累，对各种知识都要了解，要掌握学习方法，在需要的时候自我充电，有利于培养他们继续学习的态度和技能。

第三，基于项目的教学可以更加有效地进行理论教学。项目的应用，使科研问题和理论成为课堂教学的两条主线：“（科研）项目为明线，理论为暗线。”科研实践和理论通过教师组织的课程与课堂教学活动相互促进。教师通过项目讲解理论，有的放矢，使讲解更加形象生动；学生学习理论，现学现用，接受和理解理论的目标更加明确。这种理论的传播比传统的讲授更加有效，并且有利于学生形成举一反三的迁移能力。

最后，基于项目的教学大大提高了学生的专业技能。从我们的调查反映出，清华大学工业工程系的学生并不缺少专业知识，制约他们形成专业能力的一个主要方面是专业技能的不足。近几年来，强调通识教育的一个消极方面就是学生专业技能的削弱，虽然这并不是通识教育的必然后果，但是的确存在一些问题：学生所学，软的东西多，硬的东西少；通用的东西多，专门的东西少；知识的东西多，技能的东西少。这不仅不利于巩固学生学到的专业知识，也不利于形成专业技能，而最坏的后果，是形成一种尚空谈而不严谨的学风，与清华大学“行胜于言”的校风更是格格不入。项目的引入，使学生在操作过程中学技能，形成自己区别于他人的专业特点，培养严谨的科学作风。

“基于项目的教学”首先要求形成项目。无论项目来自对生活的观察，还是来自企业项目或横向与纵向的课题，都是具体的科研实践。将项目与理论相结合，本质上也就是把理论与实践相结合。可以说，通过项目，工业工程教育的两条主线——理论和实践得到了融合。理论得到传承，创造能力得到了培养，在传承的基础上重视创新，在应用的基础上重视积累，一种符合专业教育规律的做法使工业工程系“基于项目的教学”成为其人才培养的一个亮点。

9.2.3 “象牙塔”内的课堂实验与“社会实验室”相结合

该系在人才培养过程中与实践教育直接相关的教育环节主要包括两个方面：1）配合每门专业课开设实验；2）利用“社会实验室”为学生提供更多的实践机会。

第一，配合每门专业课开设实验。在专业实验方面，工业工程系位于清华大学各工科院系的前列，全系开设的38门课程中，有24门开设了实验课。目前，工业工程系有4个校内实验室，分别是：物流工程实验室、先进制造系统实验室、人因工程实验室和虚拟现实体验与展示中心。其宗旨是为教学服务，主要目的是把一个复杂的问题简单化，充分发挥学生的动手能力，激发学生兴趣，让学生在尽可能短的时间内有所体会。

实验室的实际运作采用授权制，讲求教学与科研相配合，以科研来驱动教学。工业工程系完全授权给任课教师，由教师结合自己的科研方向，配合教学内容设计实验。

实验室作为一个缩微模型，可以模拟工业制造、物流等领域的实际生产场景，学生在实验室就可以实际操作，同时鼓励学生进行自主的创造性实验。例如，物流工程实验室中即是对现代化大生产的一个缩影：从零售柜台、配送中心、立体仓库、生产线的原料与产品的流动十分清晰。市场需要什么产品，可以立刻到配送中心去取，若配送中心没有，可以到仓库取，若仓库还没有，立刻在生产线上生产。这样就保证了库存量的合理，使市场需求与供应能平衡，降低了成本，提高了效率。从学生学习的效果上看，作为一种教学辅助手段，实验课可以让学生更好地理解教师和教材中所讲的知识内容，相对于单纯的文字、图片以及语音而言，实验可以用更加形象、生动、具体的操作帮助学生了解生产的整个过程，而动手操作中出现的问题可以激发学生提出问题，并促使学生努力运用课堂讲授内容自主探究可能存在的多种问题解决办法和途径。

第二，“社会实验室”为学生提供更多的体验性学习的机会。工业工程强调的是如何发现问题并解决问题。因此，工业工程系结合专业，在校内创建了上述四个实验室作为学生的校内实践基地。但是，实验室的模拟和实际工作毕竟还有一定差距，它只能帮助学生更好地理解教材和老师讲授的东西，只是一种教学辅助。而且，现场工程问题纷繁复杂，难以模拟，尤其是涉及生产系统或服务系统，如几百上千人的调度、复杂供应链的库存控制等问题时，实验室就无法实现这一模拟。

针对这一问题，工业工程系提出了“社会实验室”的设想，即：将学生放入真实的社会环境中，尤其是工厂、企业中去，让他们在真正的生产第一线上体验、学习，发挥自身的才干，从而真正了解工厂、企业是什么，实践是什么。如果说校内的课堂实验室是把一个复杂的问题简单化，让学生在尽可能短的时间内有所体会，那么“社会实验室”，就是把简单的问题还原于本来的复杂状态，让学生了解社会的真实。

在新的时代背景下，该系提出的这一设想具有更加重要的意义。20 世纪 90 年代中期清华大学明确提出，要培养“高层次、高素质、多样化、创造性”人才，而不仅仅是“工程师”。显然，只有让学生们自己走出校园，靠自己的眼睛去观察，靠自己的双手去触摸，靠自己的头脑去判断的时候，上述所说的各种素质才有可能实现。

“社会实验室”的设想，其目标是让学生在毕业前最好都能到工厂、企业中去当一段时间的现场操作工人，在进行知行统一的训练的同时，建立学生对未来工作的适应能力和自信心。为实现这一目标，工业工程系与多家企业建立了合作关系，如：深圳富士康、UT 斯达康等，使这些企业成为了工业工程系的社会实验室，有效地支持了工业工程系对学生实践能力的培养。可以说这并不是简单地向传统的回归，而是新基础上的提高。

工业工程系的大三学生要求进行暑期实习活动，一般是进入工厂等进行实地的工作，这是该系实践活动的一大亮点，也是目前工业工程系着力开展的实践活动。以 2004 年暑期，工业工程系与富士康公司合作在企业进行的为期 2 个月的实习为例。该系有 22 个三年级的本科生参加，他们在企业管理人员的帮助和指导下，用工业工程的方法改造企业的制造效率,也给学生自己带来了自我实现。据该系领导称,工业工程系与富士康公司的合作将保持下去。并且,该系将逐渐拓展学生实习的领域,开展与更多企业的合作。

工业工程系给参与实习的学生树立了独立性的概念。相对于学校有组织的课程学习,学生到了工厂企业之后的一举一动就是个人的行为,要独立地应对很多事情。在具体的运作过程中,学生们两三个人一组被分到一个约有两三万人的事业部。每个人都有一个企业"导师","导师"一般特别忙,他主要是安排好实习计划,并定期检查进度。还有一个被称为"学长"的技术和管理方面的工程师在业务上对他们进行指导。在"导师"和"学长"的指导下,"社会实验室"结合自身的实际日常工作,为学生提供了一个真实的工作环境。

暑期实习让学生直接作为企业的一员,在那里磨炼一段时间,最好能当一段现场操作工人,让学生体验大生产的环境。学生到了企业之后,把理论和现场实际对上号,但是理论不一定能直接应用到生产中去,认识到了所学的理论和实践过程的巨大差距,可能会经历比较"痛苦"的过程。但是最终学生都学到了不少实际知识,更深刻地理解了书本上的理论,从而增强了他们运用知识的能力和创新能力。

以工业工程系学生 2004 年暑假在深圳富士康公司两个月的实习为例,①学生第一个月像普通技术工人一样在生产现场观察,

---

① 由于一些调研条件的客观限制,本研究没有得到该系硕士生的实践案例。但是,从工业企业为该系学生提供实践机会和学生的实践效果的角度看,本科生的案例也具有相当大的代表性。因此,本文在此以之为例说明"社会实验室"这一教学手段对工业工程人才实践能力的培养效果。

并动手操作每一个技术环节，在此基础上，第二个月对生产线的改进提出了中肯的建议。学生设计的改善方案降低了企业生产成本——每月为企业节约数千万元成本，[①]提高了生产效率。另以该系参加此次实习活动的某同学为例。该生在第一个月到现场对比理论与实践，发现了不少问题。但是由于对企业里的具体情况不太了解，她提出的20多个问题，被在场的主管当场一一批驳。但是一个月之后，该生发现了企业技术部门没有发现的问题，利用半个月时间研究自己提出的问题，有了新的发现。从她做的报告来看，理论知识很扎实，应用多种理论论证。后来经过老师的反复验证，认为是可以用于生产实践的。实习后期，包括她在内的六位清华学子面向三千名现场管理人员和富士康的全球各分支机构成员作了精彩的报告，获得了企业高层的极高评价，在企业影响巨大。

实习也提高了学生的自立能力和综合素质。与学校里舒适自由的生活环境相比，去实习的企业的生活条件还是有些差距的，学生们在各个方面都需要自己打点收拾，可以说实习的两个月之后，每个同学在独立生活上都是大有收获的。另外，相比于学校里师生关系、同学关系等单纯的人际关系来说，如何与周围的“学长”、企业“导师”，以及工友们和谐友好相处也是学生们需要学习的一个重要方面。

经过以上多方面的“训练”之后，学生普遍反映学到不少东西。尤其是面临毕业找工作的问题时，“知道了这种生产类型的企业里面是什么样的模式，里面会有什么样的东西需要注意，所以在面试的时候就会显得底气十足”[②]。

---

① 来自对工业工程系两位老师的访谈资料。

② 来自对工业工程系一位大四学生的访谈资料。

但是，暑期实习仍存在一定问题：比如经费。现在的实习经费全部由企业承担，教师在指导学生实习过程中所需的经费存在一定困难。另外，富士康对实习同学的选拔要求较高，希望不仅仅是健康，而是健壮。因为劳动强度很大，每天工作十几个小时。这样就限制了一些同学的实习机会。而除了去富士康的同学外，其他同学的实习都需要自己联系。

除了暑期实习之外，工业工程系还开展了其他的课外实践活动。如大一下学期由学校统一安排的金工实习；大二下学期的两门实践课程——工业系统实践和先进制造系统概论和实验。在实验室做先进制造系统实践和到企业参观。另外还安排有调研活动，一般在实验之后。这些活动都是对暑期实习的有益补充，是“社会实验室”的重要组成部分，扩大了“社会实验室”的内涵。

作为工业工程系实践教育的又一亮点，它与项目结合起来了。很多项目都需要放在“社会实验室”进行，比如要求学生自主的从社会日常生活中选取观察对象，包括银行、医院、地铁系统等，将其与理论对上号，发现其优点及缺点，提出问题，提出解决方案。这样做，使“社会实验室”与“基于项目”的教学一道熔进教育的全过程，而不是局限在传统的“企业实习”上。

工业工程系的毕业设计分组进行，比如物流组，人因组等。由导师选定学生，学生与导师共同商定题目。除少数学生选择理论类研究外，大多数学生选择了实际的题目进行毕业设计。也有学生的毕业设计题目实际上就是某个国家级项目的一部分。

工业工程系还组织学生参加某些品牌企业的设计大赛，例如欧莱雅企业设计大赛。有两个队去法国参加本赛，锻炼了学生的实际工作能力，扩展了学生的国际视野。

由此可见,学生的工程实践能力因为得到实际锻炼有了很大的提高,工业工程系的“社会实验室”也因之实现了其最初设立的意义——让学生了解真正的工厂作业,并获得了额外的回报;二者的合作实现了真正意义上的双赢。

9.3 案例总结和讨论

1. 在工程教育中,基于项目的教学是一种专业教育教学途径,其中“深度通识教育”理念的教育意义不可低估,更不能忽视。我们知道,在新中国成立之后很长一段时间里,清华大学一直把培养“红色工程师”作为自己的人才培养目标。20 世纪 90 年代中期,清华大学明确提出建设世界一流大学的奋斗目标,要培养“高层次、高素质、多样化、创造性”人才,而不仅仅是“工程师”。很难想象,如果一味将学生关在“20 世纪的教室里,用着 20 世纪的课本”和“19 世纪的教学方法”,靠单纯的灌输知识的方法可以培养出这样的人才。只有让学生们靠自己的眼睛去观察,靠自己的双手去行动,靠自己的头脑去设计,上述目标才有可能实现。通过对工业工程系的调研,我们发现,工程教育教学的观念正在发生转变。清华工业工程系正在尝试的“基于项目的教学”是一种探索,虽然可能还存在问题,但是有可能成为深化我国工程教育教学改革的一种有益尝试。

诚然,“教育”具有深厚的历史渊源。在中国,两千年前孔子就要求学生“多闻”、“多见”,并强调知行统一、学以致用。在西方,教育经由 20 世纪初威廉·詹姆斯、约翰·杜威等著名哲学家、教育家的倡导,使得“体验性教育”(experimental learning)、“经验教育”、“做中学”、“实践性知识”等与我国传统实践教育观类似的思想得到了广泛的认可和推广。那么，在当今中国社会背景下，在高等学校讨论“体验性教育”其意义何在？

我国高等教育已经有数千年历史，现代高等教育史也已有百年。在高等学校的教学论方面，应该说我国已经积累了很多的经验和做法。但是，在对于知识基础和实践经验关系在教学过程的处理上，认识还有待深入。按照现代教学论的解释，在理论知识和实践经验之间，教育教学并不是一个非此即彼的过程（either-or-proposition），教学过程不能择其一端，也不应该只择其一端。据研究表明，只有在理论知识付诸实践的时候，学生的认知方式的改变才有可能真正发生。学生对于某一门学科的兴趣，只有在参与到该门学科学习中时，兴趣才会被真正点燃，因此有效的学习需要以富有意义的方式把学生与新学到的理论知识直接互动。所以，对于教育者来讲，学生的“经验”就是“学习”能够真正发生的促动力。按照以上理解，我们重新认识教育规律的重要性，探索新的教学方式，是对一贯以来的工科教育教学法的检视和自省。

从前述分析可知，清华工业工程系正在尝试的基于项目的学习，可能是一种能够较好地把理论知识教育和经验性学习结合在一起教学法，那些源自于实践而又高于实践的项目的设计，能够较全面地反映专业与现实的要求，激发学生的兴趣。基于项目的教学是以课程为基础进行设计的，这种形式可以超越传统课程教学的效果，不仅能够弥补专业化学科课程的缺点，使学生一方面有广泛的知识积累，与此同时学生的专识、通识也能够得到全面的培养。

2. 主动搭建“社会实验室”的思路，强化了工科教育与社会、工业界、企业界的联系，为保障高质量的工程教育创设基础平台。一直以来，清华大学对工科学生的培养都有参加实践的学分要求。而工业工程系在这一方面的表现尤为突出，它提出的"社会实验室"概念有效地促进了校企合作以及大学与社会之间的联系。这对于我国目前高等工程教育教学的缺憾是一种有益的补偿。从工程教育思想和培养理念的角度看，长期以来，我国对工科人才的培养都存在着重"学"轻"术"的倾向。尤其是20世纪80年代末至90年代初，我国高层次工程技术人才的培养盲目追求培养层次的高规格化和学术化，忽视了工业企业的实际需要。

从具体的人才培养模式的设计看，这一问题的突出表现是：1)学科专业划分过细，知识面较窄，缺乏足够的工程实践训练；2)学生缺乏对工程设计在工程及工程教育中的重要地位和作用的认识，缺乏解决工程问题的能力，缺乏对现代工程所必需具备的有关经济、社会方面的知识的了解，缺乏参与管理现代工程的领导、决策、协调、控制的初步能力和管理素质；3)教师的主要精力仍在传授理论上，有意无意地弱化了实际工程技术的传授；学生的主要精力放在考试上，有意无意地忽视了对实践技能的锻炼。

因此，在这种情况下，对于工科人才的培养而言，缺少实习基地和实践机会无疑会对他们工程实践能力的培养造成较大的影响。针对这一问题，当然可以像大多数工科院校的做法那样，鼓励工程专业学生积极参与直接为工业企业服务的工程性论文与课题，鼓励学生自主联系社会实践机会。但是，如果学校能够主动搭建与社会、企业界联系的渠道和平台，通过校企共建等途径增加学生的实践机会，则会更有利于工科院校面向工业企业培养符合工业企业需要的工程技术人才，同时工业企业则通过使用工程人才也可以对工程毕业生的质量进行检验。这二者本来就同为工程教育的重要参与者,但是,从目前我国工业工程专业人才的培养来看,二者之间的联系合作尚不够紧密。作为学校一方,应该加强与工业企业的联系与合作,有利于提高工科毕业生的社会服务能力和竞争力。

附录　德国工程教育认证及工程教育改革与发展

考察报告

根据教育部和清华大学领导的指示，2005 年 3 月 17 日—22 日，清华大学组成以原副校长余寿文教授为团长的考察团，一行 6 人对德国工程教育认证及工程教育改革与发展情况进行了考察，先后访问了德国工程师协会（VDI，Association of Engineers）、德国工程教育认证协会（ASIIN，The Accreditation of Bachelor's and Master's Study Programs in Engineering，Informatics，Natural Sciences and Mathematics）、德国达姆施达特技术大学（Technical University of Damstadt）、达姆施达特应用科学大学（University of Applied Sciences，Damstadt）以及默克制药公司（Merck）。现将考察内容简要汇报如下：

一、关于本次赴德考察工程教育鉴定的基本情况

1. 此次考察比较具体地了解了德国最大的工程技术权威机构——VDI

VDI 三个字母是“德国工程师协会”德文名称的缩写。VDI 成立于 1856 年，已有 150 年的悠久历史，是德国最大的工程师协会和工程技术的权威机构，也是欧洲最重要的工程与工程师组织

之一。VDI 总部设在德国杜塞尔多夫。

VDI 汇集了众多的工程专业机构和部门，各专业分支的技术中心、知识论坛等皆汇聚于此。VDI 是工程师的协会，目前拥有 12.6 万会员，其中四分之一以上的会员是在校大学生和 33 岁以下的年轻工程师。

它的主要职能：第一，通过 1.2 万多名义务服务人员以各种专业委员会、专家小组或者协作人员的形式向工程师们（无论是从业工程师还是在校学生）传递工程技术知识。它通过培训课程、国际会议、专业论坛等形式向工程师介绍广泛的专业知识，并提供专业发展等信息咨询。第二，VDI 在工程技术领域促成了无数重大研究开发项目，包括技术监督、制定各项规则和标准、工作调查报告、产权保护以及专利法等领域，例如：VDI 把 2003—2004 定为技术年，并应德国政府之需提供有关德国自然科学与技术发展方向的咨询。

VDI 不仅在德国，而且在世界上许多国家，是工程技术和工程师的代言人，与德国国内以及国外的工程师保持密切的联络。我们也注意到，VDI 是非营利的公益性组织，在政治和经济上保持相对独立。

2. 此次考察对德国工科专业认证机构——ASIIN 有了一定的认识和了解

ASIIN 是德文名称 Akkreditierungsagentur fur Studiengange der Ingenieur-wissenschaften, der Informatik, der Naturwissenschaften und der Mathematik e. V 的缩写。ASIIN 是德国唯一对工科、信息科学与计算机科学、自然科学和数学学科本科教育项目、硕士教育项目的认证机构。ASIIN 是在 VDI 的倡导下，由各大学、应用科学大学、权威的科技协会、专业教育和进修联合会以及重要的工商业组织共同参与建立的非营利机构。

在德国,ASIIN 认证体系具有以下 3 个目标:

第一,认证体系使得相关专业得以建立;有效保障已有专业的教学质量;并且使得相应专业在国际范围内具有可比性。

第二,认证体系旨在确保专业内容的起点标准,建立各类高校毕业证书在国内以及国际上的职业对应关系。

第三,认证体系旨在促进工程科学、信息科学与计算机科学、自然科学和数学学科的教育不断得到发展和完善,为提高学科教学质量做出贡献。

该认证体系的特点是:国际化——引入国际化的评估标准;客观化——始终如一坚持相同的认证标准;平衡性——既认证有明确学科界限的专业,也认证跨学科专业;透明性——有着包括各专业委员会、董事会在内的较完备的监督体系。

ASIIN 认为,它的优势在于以下几个方面:首先,非常重视学术界和工业界的联系,希望把教育服务的供给方与需求方集中在同一个屋檐下讨论问题;其次,在专业评估过程中,非常重视同行评估,ASIIN 拥有一个由 700 多名专家组成的同行评估专家库;另外,ASIIN 与国际上的认证组织、认证机构有广泛联系。这些都保证了它能够在比较快的时间内完成对客户的服务,并具有较强的国际影响力。

此次考察中我们还用了大约一整天的时间直接在现场旁听了 ASIIN 对德国工科专业的认证活动。

3. 此次考察使我们对目前德国高等工程教育的改革现况有了一定了解

我们访问了达姆施达特技术大学和达姆施达特应用科学大学

两所学校，两所学校的校长对各自所在大学的发展历史、现状以及目前的改革趋势给我们做了介绍。从他们讲述的情况看，我们至少了解到以下信息：

第一，在欧洲一体化的宏观社会、政治背景的促动下，德国高等教育也正在朝着"国际化"的目标发展。所谓"国际化"，在这里是指包括德国在内的欧洲各国高等教育在"波洛纳进程"(Bologna Process，1999 年 6 月 19 日)框架文件的指导下进行改革和协调。为此，欧洲 29 国(现在多达 49 国)教育部长每隔两年召开一次会议，回顾各国高等教育朝着"欧洲高等教育一体化"(European Higher Education Area)的进展情况，并确定下一步努力的方向。目前已经举行了四次会议。我们考察的这两所学校正在按照德国科技—教育部的要求，把原有的"Diploma"学位体系，转变为"Bachelor"和"Master"的学位体系，努力与国际接轨，一方面希望吸引更多的留学生，增强德国高等教育体系的吸引力，另一方面也希望更多的毕业生能够前往世界其他国家就业，以增强教育体系的竞争力。

第二，这两所高校在转变的过程中，都体现出希望保留德国高等教育体系长处的强烈意愿。例如，德国高等工程教育一贯比较"Buildung"，意即宽厚的基础和文化教养等，重视学生的实践学习等。这些都是国际工程教育界(包括美国在内)都比较欣赏的传统和特点。但是改革以后，他们担心由于学制缩短、学时减少，会使培养目标转变，质量有可能下降。目前，教授中间仍有争论，同时存在拥护和反对意见，但是改革势在必行，两所大学都在努力调整。在达姆施达特应用科学大学，我们重点参观了塑料工程系的实验室，了解了学生实践教学的组织和安排。该校与工业企业界有密切的联系，把企业需求信息以及与教授有科研项目的企业情况都以张贴在教学楼的广告板上等各种形式供学生查询。如果学生对某个项目感兴趣，就可以直接与相关企业联系。该校鼓励学生在具备一定的知识基础之后再去实习，例如最好在第五个学期以后再开始实习环节。

4. 我们对德国学生在企业的实践学习情况有了一定了解

我们访问参观了德国默克制药公司，这是一家大型制药企业，在世界医药、化工行业享有盛誉，近年来在治疗癌症的新产品开发上处在世界前列。该公司定期接受前来实习的大学生完成实践学习，我们看到不少学生在工厂里记录数据，操作仪器等。

默克制药公司有自己的企业大学。在考察中，默克公司还特别邀请了人力资源部门的主管给我们介绍了该公司针对各类人员开展的培训和进修项目。这表明，德国企业不仅在学生实践学习方面与大学进行了较好的合作，而且非常重视大学生进入工作岗位以后的专业知识更新和职业发展。

二、关于在高等工程教育体系中引入"认证"体系的几点思考

1. 我国高等工程教育体系中引入"认证"体系的必要性问题

从德国 ASIIN 对工程及自然科学专业认证的背景来看，其一在于保障教育质量，这一点毋须赘言，是他们长期以来关注质量这一传统的延续；其二是为了增加高等教育体制的竞争性和吸引力，在全球化的背景下，相对于美国高等教育存在大量的私立大学和学院的体制而言，德国技术大学与应用科学技术大学多数为联邦各州公办。但在近年外国留学生的人数一直徘徊在10%左右，甚至有所下降，德国为了增加其高等教育在国际范围内的可比性，引入并发展自己的认证体系来促进学位体系的改革。中国的情况与

美国有较大不同，与法国的教育体制存在某些相似之处但也有相当的差别。传统上，中国的研究生教育有学科评估，本科教育除少数有专业评估外，大部分置于学校评估之中。但是总体而言，这个质量保障体系与评估体系对工程教育的质量保障来说，不能满足当今的需要。尤其是自 1999 年实施扩招政策以来，使得理科、工程学科的在校生数急剧膨胀，不少学校的理工科专业都是由于扩招催生出来的，这些专业的师资队伍、学科基础和学生培养质量究竟如何，目前很难判断。即使重点大学，多数的工科专业并未实施相应于专业的质量评估。因此，我们认为德国的认证体系在质量保障方面起到了积极的作用，当然也有助于促进高等教育国际化，从这两方面看，我们引入德国的工程教育认证体系是有必要的。

2. 中国有自己的实际情况，如何借鉴德国和美国的认证体系，还需要进一步实践和研究

中国的工程教育虽有 100 多年的历史，但是从 1920 年代开始学习美国工程教育的模式，1950 年后又学习苏联的模式调整了工程教育模式，总的来说，中国的工程教育对“Science”的关注比较多，对“Engineering”关注不够。然而，美国的工业/企业具有很强的研发背景和强大的高质量的企业继续教育培训体系，从某种程度上弥补了其工程教育对“Engineering”关注不足，可是中国的工业界没有很强的研发背景和实力，多数也不具备良好的企业培训条件。因此，对“工程”关注不够，一直是存在于中国工程教育中的重要问题。当然，从我们考察中初步了解到，德国的 ASIIN 和美国的 ABET，这两种认证体系有各自的优势和不足，进一步的学习和借鉴还有待于深入分析中国的国情和需求，开展进一步研究。

3. 我国工程教育的评估是按照学校评估，还是按照专业评估

无论是美国的ABET，还是德国的ASIIN，评估的对象都是“专业”，而不是“学校”。我国的高等教育评估工作多数是以“学校”为单位的，现在看来，以学校为评估单位提出的评估意见，对于学校管理层次和总体上具有积极的意义，但是对于专业的教学、人才培养过程和模式的改进来说，反馈意见可能需要进一步的具体化。专业评估可能是我们在今后的评估工作中应该予以关注的，当然这是一个初步的判断，无论从德国ASIIN实施评估与认证的经验上看，还是从中国工程教育的认证和质量保证的需求看，按工程专业实施评估与认证是符合教育规律和教育实践的。

4. 在认证实施过程上，德国专业认证委员会的组成具有一定的特色

首先，在认证委员会的组成上，大学成员（一般为教授）占三分之一，高专成员（一般为教授）占三分之一，工业企业界人士（一般为高级工程技术人员）占三分之一。这样就比较有效地把教育服务的提供者和消费者组织到一起，共同讨论教育教学问题和学生培养问题，切实地体现了大学和社会的联系，使得教育更好地满足社会发展的要求。第二，在认证过程中，专家会非常具体地讨论某个专业的学科基础如何、师资力量如何，实践环节的要求如何，会讨论某个教育项目中基础知识的学时分配是否足够，实践学习的安排是否合理，具体讨论后得出意见，然后要求该教育项目在某个限定的时间内满足委员会提出的要求，否则不予认证。这种认证是依据一定的准入标准进行的。我们认为，这对于教育项目质量的基本保障具有重要意义，我们也将对德国有些教育项目的准入标准做一些案例研究，以准确理解他们的评估框架和过程。

5. 德国的评估既包括本科专业也包括硕士项目评估，我们的评估应该在哪个层次上？要不要先做几个案例？

我们认为，从质量保障的角度看，本科和硕士两个层次都要引入评估认证体系。从研究的角度看，在没有充分准备之前，大面积的引入显然是不可取的做法。先选若干专业作为案例进行操作研究是必要的、可行的，对今后的工程教育质量评估与认证也是有意义的。

总之，根据教育部和清华大学领导指示，我们这次对德国工程教育认证及工程教育改革与发展情况的考察，时间虽短，但邀请方全程陪同，日程安排细致紧张，考察效率比较高，有不少收获。有关德国工程教育认证制度的详细情况以及对我国工程教育改革的深入思考，待资料整理和开展研究后再做进一步汇报。

参考文献

导 言

〔英〕戴维·史密斯:《龙象之争:中国、印度与世界新秩序》,当代中国出版社2007年版

〔美〕托马斯·弗里德曼:《世界是平的:21世纪简史》,湖南科学技术出版社2006年版

薛晓源、陈家刚主编:《全球化与新制度主义》,社会科学文献出版社2004年版

张海英:《适应时代发展需求 改革中国工程教育——柯俊院士访谈录》,《高等工程教育》2005年第4期

第 一 章

蔡华麟:《联邦德国大学工程教育特点》,《常州工业技术学院院报》1990年第2期

蔡克勇、张秀梅:《创造未来向前看——美国麻省理工学院的办学思想》,《教育发展研究》1999年第9期

陈干:《美国工程教育的新趋势》,《科技导报》1980年第1期

陈洪捷:《在传统与现代之间:20世纪德国高等教育》,《高等教育研究》2001年第1期

陈洪捷、马清华:《联邦德国的高等教育——结构与发展》,北京大学出版社1993年版

陈希、郑大钟:《MIT工程教育的几次重大变革》,《清华大学教育研究》1996年第2期

陈希、郑大钟:《MIT工程教育的办学意识》,《清华大学教育研究》1997年第

1期
国家教委工程教育赴美考察团:《回归工程和美国高等工程教育改革动向》,《中国高等教育》1996年第3期
顾建民、王沛民:《美国工程教育改革新动向》,《比较教育研究》1996年第6期
顾建民、王沛民:《美国高等工程教育意欲何往——兼评美国最新的三个工程教育报告》,《高等教育研究》1996年第1期
郭伟煜、水志国:《我国高等工程教育发展中的主要问题与对策研究》,《中国电力教育》2004年第4期
韩晓燕、张彦通:《试论我国高等工程教育专业认证制度的构建》,《高等工程教育》2005年第1期
韩晓燕、张彦通:《美、德两国工程教育专业认证制度的特色与借鉴》,《中国高等教育》2006年第2期
胡燕海、叶飞帆:《普林斯顿大学工程教育跨学科培养模式及其启示》,《宁波大学学报(教育科学版)》2006年第3期
胡沛泉:《麻省理工学院由工学院转化成理工学院的经验值得借鉴》,《高等教育研究》1985年第3期
黄辛白:"在高等工程教育层次、规格、学习年限专题研究会上的讲话",1983年11月29日
黄春香:《法国近代高等工程教育发展研究:从巴黎理工学校透视法国近代高等工程教育》,《教育研究》2007年第3期
孔寒冰、邹晓东、王沛民:《工程教育鉴定和职业资格认证初辨》,《高等工程教育研究》2005年第5期
〔法〕L.多纳迪奥著,任知恕译:《法国继续工程教育的经验》,《继续教育》1990年第3期
〔美〕劳伦斯·P.格雷森著,陈惠芳译:《美国工程教育简史》,《清华大学教育研究》1981年第2期,1981年第3期。
黎难秋:《麻省理工独特的教学结构》,《比较教育研究》1984年第6期
李晓强、孔寒冰、王沛民:《建立新世纪的工程教育愿景——兼评美国"2020工程师"(愿景报告)》,《高等工程教育研究》2006年第2期
李晓强、孔寒冰、王沛民:《部署新世纪的工程教育行动——兼评美国"2020工程师"(行动报告)》,《高等工程教育研究》2006年第4期

李为:《科学技术与社会教育模式和高等工程教育的人文化》,《中国高教研究》2000 年第 6 期。
罗福午:《美国高等工程教育的鉴定和一些值得借鉴的地方》,《高等工程教育》1985 年第 2 期
清华大学访问团:《西德工程教育》,《清华大学教育研究》1982 年第 2 期
时铭显:《高等工程教育必须回归工程和实践》,《中国高等教育》2002 年第 22 期
汪辉:《美欧日高等工程教育质量评估机制的比较》,《高等工程教育》2006 年第 2 期
王龙:《麻省理工学院开放课件项目执行报告概要及评述》,《中国远程教育》2005 年第 8 期
王孙禺、曾晓萱、寇世琪:《从比较中探索高等工程教育——清华大学与 MIT 电类课程设置比较》,《清华大学教育研究》1988 年第 1 期
肖咏梅、曾晓萱:《80 年代 MIT 校长保罗·格雷的教育思想》,《清华大学教育研究》1994 年第 1 期
熊志坚:《关于美国日本继续工程教育比较研究》,《继续工程教育》1995 年第 5 期
薛昌明:《市场导向的美国科学与工程教育的全球化趋势》,《化工高等教育》2004 年第 1 期
熊华军、刘 鹰:《法国高等工程教育改革的特点及其启示》,《现代教育科学》2004 年第 6 期
杨士林、王启东、李文铸、韩祯祥:《关于我国高等工程教育层次、规格和学习年限的一些看法》,《高等工程教育研究》1983 年第 2 期
余寿文、王晓阳:《中德美高等工程教育的若干比较与思考》,《清华大学教育研究》1996 年第 1 期
余寿文、王孙禺:《中国高等教育与工程师培养》,《清华大学教育研究》2004 年第 2 期
袁本涛、王孙禺:《日本高等工程教育认证概况及其对我国的启示》,《高等工程教育》2006 年第 3 期
曾开富:《哈佛大学与麻省理工学院学科布局的比较研究》,《清华大学教育研究》2006 年 S1 期
曾晓萱:《128 公路创造发明的摇篮——MIT》,《高等工程教育研究》1992 年

第4期
曾晓萱:《MIT的奠基者——W.B.罗杰斯及其教育思想》,《高等工程教育研究》1993年第2期
张成林、曾晓萱:《MIT工程教育思想初探》,《高等工程教育研究》1988年第1期
张光斗:《工程教育结构需要改革》,《高等教育研究》1983年第1期
张光斗、盛振邦、马毓义:《团结协作,继续奋斗,努力开创高等工程教育研究工作的新局面——教育部部属高等工业学校教育研究协作组成立以来的工作总结报告》,《高等管理工程教育研究》1985年第2期
张海英:《适应时代发展需求 改革中国工程教育——柯俊院士访谈录》,《高等工程教育研究》2005年第4期
张新科:《德国工程教育的发展轨迹和模式特征》,《继续教育》2006年第7期
赵婷婷、买楠楠:《基于大工程观的美国高等工程教课程设置特点分析:麻省理工学院与斯坦福大学工学院的比较研究》,《高等教育研究》2004年第11期
钟玮、仇军:《MIT与清华大学体育之比较研究》,《高等工程教育研究》2005年第2期
朱高峰:《新世纪中国工程教育的改革与发展——中国工程院教育委员会工程教育论坛上的发言》,《高等工程教育研究》2003年第1期
朱高峰:《谈工程教育》,《高等工程教育研究》2004年第3期
朱高峰:《创新与高等工程教育》,《高等工程教育研究》2007年第1期
朱高峰:《中国的工程教育:成绩问题和对策》,《高等工程教育研究》2007年第4期
朱汉城、穆礼弟:《普通大学艺术类课程的设置与学科分布——清华大学与麻省理工学院普通艺术类课程比较分析》,《中国高教研究》2004年第10期
Robyn Meredith. 2007. *The Elephant & the Dragon: The Rise of India and China and What It Means for All of Us*, W. W. Norton & Company, New York, London.

第二章

爱弥尔·涂尔干著,渠东译:《职业伦理与公民道德》,上海人民出版社 2001

年版
陈昌曙:《重视工程、工程技术与工程家》,见刘则渊、王续琨主编:《工程·技术·哲学》,大连理工大学出版社 2002 年版
丹尼尔·贝尔:《再论美国例外论》,《交流》1990 年第 3 期
邓波,贺凯:《试论科学知识、技术知识与工程知识》,《自然辩证法研究》2007 年第 10 期
杜祥琬:《如何培养创新型工程科技人才》,《光明日报》2007 年 11 月 12 日
李伯聪:《关于工程师的几个问题》,《自然辩证法通讯》2006 年第 2 期
〔德〕凯泽、科尼希著,顾士渊译:《工程师史——一种延续六千年的职业》,高等教育出版社 2008 年版
龙翔:《工程师伦理责任的生成及其表现》,《科技管理研究》2008 年第 6 期
舍普等著,刘莉译:《技术帝国》,三联书店 1999 年版
万长松、陈凡:《苏俄技术哲学研究的历史和现状》,《哲学动态》2002 年第 11 期
杨盛标、许康:《工程范畴演变考略》,见刘则渊、王续琨主编:《工程·技术·哲学》,大连理工大学出版社 2002 年版
杨永生编:《哲匠录》,中国建筑出版社 2005 年版
张华夏、张志林:《技术解释研究》,科学出版社 2005 年版
Calhoun, Daniel H. 1960. *The American Civil Engineer: Origins and Conflict*. Cambridge. MIT Press.
Calvert, Monte A. 1967. *The Mechanical Engineer in America*, 1830—1910. *Professional Cultures in Conflict*. Baltimore. Johns Hopkins Press.
Christie Jean, Morris Llewellyn Cooke. 1983. *Progressive Engineer*. Garland Pub.
C. Mitcham. 1994. *Thinking through Technology*. Chicago. The University of Chicago Press.
C. Wright Mills. 1977. *White Collar*, Oxford University Press.
E. T. Layton. Jr. 1986. *The Revolt of the Engineers*. Baltimore. The Johns Hopkins University Press.
Fortune, Aug, 22, 1994.
Grayson, L. P. 1993. *The Making of an Engineer. An Illustrated History of Engineering* Education in the United States and Canada. New York: Johnce Wiley & Sons, Inc.

Hughes, Thomas P. 1989. *American Genesis. A Century of Invention and Technological Enthusiasm, 1870—197.* New York. Viking Penguin.

Jackson, Donald C. 1995. *Building the Ultimate Dam. John S. Eastwood and the Control of Water in the West.* University Press of Kansas.

J. Douglass Klein and Robert T. Balmer. 1992. "Engineering and the Liberal Arts and Kline", In: Ronald Steinmetz. *Engineer and Socialist.* Johns Hopkins Univ. Press.

Larson, John W. 1979. *Those Army Engineers. A History of the Chicago District, U. S. Army Corps of Engineers.* U. S. Army Corps of Engineers, Chicago District.

McMahon, A. Michal. 1984. *The Making of a Profession. A Century of Electrical Engineering in America.* New York. Institute of Electrical and Electronics Engineers.

Meiksins, Peter. 1986. "Professionalism and Conflict. The Case of the American Association of Engineers". *Journal of Social History* 19 (Spring). 403—21.

Meiksins, Peter. 1988. "The'Revolt of the Engineers' Reconsidered". *Technology and Culture* 29 (April). 219—46.

Merritt, Raymond H. 1969. *Engineering in American Society, 1850—1875.* The Press of Kentucky University.

Millard, J. Rodney. 1989. *The Master Spirit of the Age. Canadian Engineers and the Politics of Professionalism, 1887—1922.* University of Toronto Press.

National Academy of Engineering of the National Academies. *Educating the Engineer Of 2020.*

Noble, David F. 1977. *America by Design. Science, Technology, and the Rise of Corporate Capitalism.* New York. Knopf.

O'Connell, Charles F. Jr. "The Corps of Engineers and the Rise of Modern Management 1827—1856", M. R. Smith, ed. 1985. *Military Enterprise and Technological* Change, The MIT Press.

Reynolds, Terry S. 1983. *75 Years of Progress. A History of the American Institute of Chemical Engineers, 1908—1983.* New York. American Institute of Chemical Engineers.

Reynolds, Terry S. 1991. *The Engineer in America. A Historical Anthology from TECHNOLOGY AND CULTURE*. The Press of Chicago University.

Ryder，John Douglas. 1984. *Engineers and Electrons. A Century of Electrical Progress*. IEEE.

Samuel Florman. 1987. *The Civilized Engineer*. New York. St. Martin's Press.

Samuel Florman. 2007. "Facing Facts about the Engineering Profession"，New York. *Alpha '44*，FALL 2007 THE BENT OF TAU BETA PI.

S. Beder，1998. *The New Engineer*. South Yarra. Macmillan Education Australia PTY Ltd.

S. Collins *et al*. 1989. *The Professional Engineer in Society*. London. Jessica Kingsley Publishers .

Seely，Bruce E. 1993. "Research，Engineering，and Science in American Engineering Colleges. 1900—1960"，*Technology and Culture* 34（April).

Sinclair，Bruce. 1980. A Centennial History of the American Society. *Mechanical Engineers，1880—1980*. Toronto. University of Toronto Press.

Spence，Clark C. 1994. Mining Engineers and the American West. *The Lace-Boot Brigade*，1849—1933. University of Idaho Press(orig. Yale U. Press，1970).

Tichi，Cecelia. 1987. *Shifting Gears. Technology，Literature，Culture in Modernist America*. Chapel Hill. University of North Carolina Press.

T. S. Reynolds（ed.). 1991. *The Engineer in America*. Chicago. The University of Chicago Press.

W. H. G. Armytage 1961. *A Social History of Engineering* Cambridge. The MIT Press.

Zussman，Robert. 1985. *Mechanics of the Middle Class：Work and Politics Among American Engineers*. Chicago：University of California Press.

第 三 章

A. L. Mackay. 1994. *Dictionary of Scientific Quotations*，London.

Arthur L. Donavan. 1985. "Engineering is an increasingly Complex Society"，*Engineering in Society*，ed. George S. Ansell ，Washington，D. C.

Auyang，S. Y. 2004. *Engineering：An endless Frontier*. Cambridge，Massachusetts. Harvard University Press.

Charles M. Vest. 2006. Educating engineers for 2020 and beyond, *The Bridge*, Volume 36, Number 2-Summer.

Edward F. Crawley, Johan Malmqvist, Soren Ostlund, Doris Brodeur. 2007. *Rethinking Engineering Education. The CDIO Approach*, Springer.

Edwin T. Layton, Jr. 1971. *The Revolt of the Engineers: Social Responsibility and the American Engineering Profession*. Baltimore. The Hopkin University Press.

Hard, M. *1994. Machines are Frozen Spirit. The Scientification of Refrigeration and Brewing in the 19th century—A Weberian Interpretation, Frankfurt*, Germany.

Kjersdam, F. and Enemark, S. 2002. *The Aalborg Experiment-Implementation of Problem Based Learning*. Aalborg. Aalborg University Press.

Kranakis, E. 1997. *Constructing A Bridge. An Exploration of Engineering Culture, Design, and Research in 19th-century France and America*. Cambridge, Massachusetts. MIT Press .

Manegold, K. "Technology Academized: Education and Training of Engineer in the nineteenth Century", Layton, K. E. and Wiengard, P. 1978. *The Dynamics of Science and Technology. Sociology of the Sciences*, Dordrecht. D. Reidel Publishing.

Michael L. Dertouzos, Richard K. Lester and Robert M. Solow. 1989. *Made In America. Regaining the Productive Edge*. MIT Press.

Pacey A. 1992. *The Culture of Technology*. Cambridge, Massachusetts. The MIT Press.

Ralph E. Flanders. 1931. "The engineers' View", *Mechanical Engineering* (Feb. ,1931).

Seely, B. E. 1999. "The Other Re-engineering of engineering education, 1900—1965", *Journal of Engineering Education* 88(3), 1999.

Terry S. Reynolds. 1991. *The Engineer in America. A Historical Anthology from Technology and Culture*. The Press of Chicago University.

Thomas M. Akins. 2005. *Cooperative education. History, Philosophy and Current status*. In. National Academy of Engineering, Educating the Engineer of 2020，2005 DWilliams，R. *Retooling. 2003. A Historian Confronts Technological Change*. Cambridge，Massachusetts. MIT Press.

第 四 章

〔美〕彼得·豪尔、罗斯玛丽·泰勒著，何俊志译：《政治科学与三个新制度主义流派》，《经济社会体制比较》2003 年第 5 期

〔美〕维克托·尼保罗·英格拉姆：《嵌入与超越：制度、交换和社会结构》，摘自于 Mary Brinton and Victor Nee 主编：《社会学中的新制度主义》

杨金土：《以史为鉴谈高职的人才培养规格》，《中国职业技术教育》2007 年第 25 期

朱高峰：《专家学者纵论：中国工程教育如何逆势而上》，《科学时报》2007 年 6 月 21 日

Abbott，Andrew. 1988. *The System of Professions*. The Press of Chicago University.

Abbott，Andrew. 1991. "Future of Professions"，in Tolbert，Pamela S. and Barley，Stephen R.（eds.）. Tolbert，Pamela S. and Barley，Stephen R. *Research in the Sociology of Organizations*，volume 8，New York. JAI Press.

Adelman C. 2005. Moving into Town and Moving on. The Community College in the Lives of Traditional Age Students. Washington，D. C. U. S. Department of Education.

Ahlström，Gøran. 1982. *Engineers and Industrial Growth*. London.

Archer，Margaret S. 1979. *Social Origins of Educational Systems*. London. Sage.

Armstrong，Peter. 1984. "Competition between the Organizational Professions and the Evolution of Management Control Strategies"，Thompson，Kenneth（ed.）*Work，Employment and Unemployment*. Open University Press，Milton Keynes，Philadelphia.

Berkner L.，He S.，Cataldi EF. 2003. Descriptive Summary of 1995—96 Beginning Postsecondary Students. Six Years Later. NCES 2003. Washington，D. C. National Center for Education Statistics.

Birnbaum, Pierre. 1988. *States and Collective Action*. Cambridge. Cambridge University Press.

Blanton J. 2007. "2020 scholars" initiative will increase access for more Kentuckians to attend college. *University of Kentucky News* (January 23). Http://news. uky. edu/news/display_article. php? artid=1897. Accessed 20 June 2007.

Bledstein. 1977. *The Culture of Professionalism*. New York. W. W. Norton & Company.

Bourdieu, Pierre. 1984. *Distinctions*. Harvard University Press, Cambridge, MA.

Braverman. 1974. *Labor and Monopoly Capital. the Degradation of Work in the Twentieth* Buchanan, R. A. 1985. "Institutional proliferation in the British Engineering Profession", 1847—Bucher, Rue and Strauss, Anselm. 1966." Professional Associations and the Process of Segmentation", in *Professionalization* edited by Howard M. Vollmer and Donald L. Mills New Jersey. Prentice-Hall.

Bulletin of The Society For the Promotion of Engineering Education 1909—1930 *Century* . New York. Monthly Review Press. 1914 , In *The Economic History Review*, Second Series, Volume 38, No. 1.

Burrage, Michael, Konrad Jarausch and Hannes Siegrist. 1990. "An actor-based framework for the study of professions", in Burrage, M. and Torstendahl R. 1990. *Professions in Theory and History. Rethinking the Study of the Professions*. London. Sage.

Burrage, Michael. 1993. "From practice to school-based professional education. patterns of conflict and accomodation in England, France and the United States", Rothblatt, Sidney and Wittrock. *The European and American University since 1800*. Cambridge University Press.

Byrkjeflot, Haldor. 1998. "Engineers and Management in Germany and the USA-a Discussion of the Origins of Diversity in Management Systems", in *Enterprise et Histoire*, 19.

Calvert, Monte A. 1967. *The Mechanical Engineer in America 1830—1910*. Baltimore. John Hopkins Press.

Carlson, Bernhard W. "Academic Entrepreneurship and Engineering Education. Dugald C. Jackson and the MIT-GE Cooperative Engineering Course, 1907—32", *Technology and Culture* No. 29 July, 1988.

Carnoy, Martin and Levin, Henry M. 1985. *Schooling and Work in the Democratic State*. Stanford, Ca. Stanford University Press.

Chamberlain, Arthur Henry. 1908. *The Condition and Tendencies of Technical Education in Germany*. Syracuse, N. Y. , C. W. Bardeen Publisher.

Cooley, Edwin G. 1912. *Vocational Education in Europe. Report to the Commercial Club of Chicago*. Chicago, Ill. The Commercial Club of Chicago.

Croom Helm Ahlstrøm, Gøran. 1992. "Technical Competence and Industrial Performance. Sweden in the 19th and 20th Centuries", *Lund Papers in Economic History*. No 14, 1992. Department of Economic History, Lund University.

Crouch, Colin and Wolfgang Streeck (eds.) 1997. *Political Economy of Modern Capitalism. Mapping Convergence and Diversity*. London 1997. Sage.

Dawson, William H. 1919. *The Evolution of Modern Germany*. London. T. Fisher Unwin.

DATSCH Abhandlungen and Berichte, Volume 1—9 (1908—1929), DATSCH, Berlin Deh-I Hsiung, Barbara M. Olds, Jane Chu Prey. "Issues in Engineering Education in China and the U. S. A. ", A Preliminary Comparative Study. Proceedings of 2004 International colloquium.

Di Maggio, P. and Powell, W. 1983. "The iron Cage Revisited. Institutional Isomorphism and Collective Rationality in Organizational Fields", *American Sociological Review* 48 (April).

DiMaggio, Paul J. 1991. "Constructing an Organizational Field as a Professional Project", Powell, Walter W. and DiMaggio, P. *The New Institutionalism in Organizational Analysis*. Chicago, Ill. The Press of Chicago University.

Dyas, Gareth P. and Heinz T. Thanheiser. 1976. *The Emerging European Enterprise. Strategy and Structure in French and German Industry*. London. MacMillan Press.

Elbaum, Bernhard. 1991. "The persistence of apprenticeship in Britain and iuts decline in the United States", Gospel, Howard F. (ed.). *Industrial Training and Technological Innovation*. London. Routledge.

Evan, William M. 1969. "The Engineering Profession. A Cross-Cultural Analysis", Perucci, Robert and Fisher. Berenice M. 1967. *Industrial Education, American Ideals and Institutions* Madison, Wisc. The Press of Wisconsin University.

Fischer K. 2007. Wanted. Low-income high achievers. *Chronicle of Higher Education* 53(21). A18. http. //chronicle. com/weekly/v53/i21/21a01801. htm. Accessed 1 June 2007.

Gispen, C. W. R. 1988. "German Engineers and American Social Theory. Historical Perspectives on Professionalization", *Comparative Studies in Society and History* 30, 3 (Summer 1988).

Gispen, Kees. 1989. *New Profession, Old Order. Engineers and German Society 1815—1914* . Cambridge. Cambridge University Press.

Glover, Ian. "Professionalism and manufacturing industry", Fores, Michael and Glover, Ian. 1978. *Manufacturing & Management*, London.

Gospel, Howard F. "Industrial training and technological innovation. an introduction", Gospel, Howard F. (ed.)1991. *Industrial Training and Technological Innovation*. London. Routledge.

Grayson, Lawrence. E. "A brief history of engineering education in the United States", *Engineering Education*. 68, 246—264 (December 1977).

Grayson, Lawrence. E. 1993. *The Making of an Engineer. An Illustrated History of Engineering Education in the United States and Canada*. New York. John Wiley & Sons. Hoselitz (ed.) *The Progress of Underdeveloped Countries*. Chicago. University of Chicago Press.

Grusky, Donald Treiman (ed.). *Social Differentiation and Stratification*. Boulder, CO. Westview Press.

Hartmann, Heinz. 1959. *Authority and Organization in German Management*. Princeton, New Jersey. Princeton University Press.

Hughes, Thomas. 1989. *American Genesis*. Penguin Books. New York.

Jarausch, Konrad H. 1990. The Unfree Professions. German lawyers, teachers, and engineers, 1900—1950. New York. Oxford University Press.

Joel E. 1969. *The Engineers and the Social System*. New York. Wiley.

Kerr, Clark. Frederick H. Harbison. John T. Dunlop. Charles A. Myers. 1960/1996. "Industrialism and industrial man", reprinted in *International Labour Review* Vol. 135 No. 3.

Landes, David S. 1969/1986. *The Unbound Prometheus, Technological Change and Industrial Development in Western Europe from 1750 to the Present*. Cambridge. Cambridge University Press.

Larson, Magali S. 1977. *The Rise of Professionalism: A Sociological Analysis*. Berkeley. University of California Press.

Lawrence, Peter. 1980. *Managers and Management in West Germany*. New York. St. Martins Press.

Lawrence, Peter. 1992. "Engineering and Management in West Germany. a Study in Consistency?" Lee, Lawrence, Peter. 1996. *Management in the USA*. London. Sage.

Lazonick, William. 1991. "Organizational capabilities in American industry", Gospel, Howard F. (ed.). *Industrial Training and Technological Innovation*. London. Routledge.

Layton, E. T. 1971/1986. *The Revolt of the Engineers*. Baltimore. The John Hopkins University Press.

Locke, Robert. 1984. *The End of Practical Man*. Greenwich, Conn.. Jai Press.

Locke, Robert. 1989. *Management and Higher Education since 1940*. Cambridge. Cambridge University Press.

Lundgreen, Peter. 1983. "Differentiation in German Higher Education", *The Transformation of Higher Learning 1860—1930*. Stuttgart. Klett-Cotta.

Lundgreen, Peter. 1990. "Engineering Education and the USA, 1750—1930. The Rise to Dominance of School Culture and the Engineering Professions", *Annals of Science*, 47 (1990).

Lundgreen, Peter. 1994. "Die Ausbildung von Ingenieuren an Fachsculen und Hochschulen in Deutschland, 1770—1990", Lundgreen, Peter und André Grelon (Hg.). *Ingenieure in Deutschland 1770—1990*. Frankfurt. Campus

Verlag.

Manegold, Karl-Heinz. 1978. "Technology Academised", Krohn, Wolfgang et al. *The Dynamics of Science and Technology*. Doordrecht, Holland.

Mann, Charles Riborg. 1918. *A Study of Engineering education*. The Carnegie Foundation for the Advancement of teaching, bull. No. 11.

Maurice, Marc. Sorge, A., Warner, M. 1980. "Societal Differences in Organising Manufacturing Units. a Comparison of France, West Germany, and Great Britain (in. *Organization Studies*, 1)".

Maurice, Marc et al. 1986. *The Social Foundations of Industrial Power*. Cambridge MA. MIT Press.

McGivern, James G. 1960. *First Hundred Years of Engineering Education in the United States (1807—1907)*, Spokane.

McClelland, Charles E. 1980. *State, Society and University in Germany 1700—1914*. Cambridge. Cambridge University Press.

Meiksins, Peter. 1988. The "Revolt of the Engineers" reconsidered, in *Technology and Culture*, Vol. 29, no 2.

Meyer, John and Rowan, Brian. 1977. "Institutionalized Organizations. Formal Structures as Myth and Ceremony", in *The American Journal of Sociology*, Vol. 83, No 2.

Mintzes, Joseph and Tash, William. 1993. *Trends in the Education, Training, and Utilization of Scientific and Technical Personnel* (National Science Foundation).

Müller, Detlef, Fritz Ringer and Brian Simon. 1987. *The Rise of the Modern Educational System*. Cambridge. Cambridge University Press.

Musgrave. P. W. 1967. *Technical Change, The Labour Force and Education*. Pergamon Press, Oxford.

National Center for Education Statistics (NCES). 2005. Undergraduate Financial Aid Estimates for 2003—04 by Type of Institution. NCES 2005—163. Washington, D. C.

Noble, David F. 1977. *America by Design*. New York. Oxford University Press.

OECD. April, 1997. Themetic review of the first years of the tiertiary education, country note. Germany, Paris.

Perucci, Robert and Gerstl, Joel E. 1969. *The Engineers and the Social System*. New York. Wiley.

Reynolds, Terry S. 1986. "Defining Professional Boundaries. Chemical Engineering in the Early 20th Century", *Technology and Culture*, Oct. 86, v. 27, No. 4.

Rieble-Auborg, Sabine. 1996. Institutional Arrangements of Germany's Vocational Eduation Ringer, Fritz K. 1992. *Fields of Knowledge* (Cambridge University Press).

Robertson, Paul L. 1981. "Employers and Engineering Education in Britain and the United States 1890—1914", *In Business History*, Vol. 23, No. 1.

Rothstein, William G. 1969. "Engineers and the functionalist model of professions", Perucci, Robert and Gerstl, Joel E. 1969. *The Engineers and the Social System*. New York. Wiley.

Rudolph, Frederick. 1962. *The American College and University. A History*. New York. Alfred A. Knopf.

Snow, C. P. 1961. *The Two Cultures and the Scientific Revolution* . Cambridge University Press, New York.

Sorge, Arndt and Warner, Malcolm. 1986. Comparative Factory Organization (WZB, Gower).

Sorge, Arndt. 1978. The management tradition. a continental view. , i Fores, M and Glover, Ian. 1978. Manufacturing & Management, London.

Sorge, Arndt. 1979. "Engineers in Management. A study of British, German, and French System-what are the Policy Implications for the US?" *International Journal of Comparative Sociology* (v37 n1—2).

Steinmo, Sven and Thelen, Kathleen. 1992. "Historical Institutionalism in comparative politics", in S. Steinmo, K. Thelen and F. Longstreth. *Structuring Politics. Historical Institutionalism in Comparative Analysis*. Cambridge. Cambridge University Press.

Streeck, Wolfgang. 1989. Skills and Limits of Neo-Liberalism. The Enterprise of the Future as a Place of Learning. *Work, Employment & Society*, Vol. 3, No. 1.

Struck, F. Theodore. 1930. *Foundations of Industrial Education*. London. John Wiley & Sons.

Swidler, Ann. 1986. "Culture in Action. Symbols and Strategies", in *American Sociological Review* Vol. 51.

Torstendahl, Rolf. 1982. "Engineeers in Industry, 1850—1910. Professional Men and new Bureaucrats. A Comparative Approach", *Science, Technology and Society in the Time of Alfred Nobel*. Oxford. Pergamon Press.

Torstendahl, Rolf. 1993. "The Transformation of professional education in the nineteenth century", Rothblatt, Sidney and Wittrock, *The European and American University since 1800*. Cambridge University Press.

Veblen, Thorstein. 1915/1954. *Imperial Germany and the Industrial Revolution*. New York. The Viking Press.

Whitley, Richard (ed.) 1992. *European Business Systems*. London. Sage.

Whitley, Richard and Kristensen, Peer Hull (eds). 1996. *The Changing European Firm*. London. Routledge.

Wickenden W. E. 1930. "A Comparative Study of Engineering Education in the States and in Europe", *Report of the Investigation of Engineering Education*, SPEE, Pittsburgh.

Zaret, Matthew Elias. 1967. *An Historical Study of the American Society of Engineering Education*. Ph. D. Thesis School of Education of New York University.

第 五 章

毕家驹:《中国工程专业评估的过去、现状和使命:以土木工程专业为例》,《高教发展与评估》2005 年第 1 期

毕家驹:《美国的高等教育评估》,载夏天阳主编:《各国高等教育评估》,上海科学技术文献出版社 1997 年版

陈以一:《我国工程专业评估工作亟待加快:兼读 ABET2004—2005 评估年度准则》,《高等工程教育研究》2004 年第 5 期

董秀华:《市场准入与高校专业认证制度研究》,华东师范大学教育学博士学位论文,2004 年 4 月

方乐:《美国政府与高等教育认证机构之间关系的研究》,上海师范大学教育学硕士学位论文,2005 年 5 月
顾昕、方黎明:《自愿性与强制性之间:中国农村合作医疗的制度嵌入性与可持续性发展分析》,《社会学研究》2004 年第 5 期
韩晓燕、张彦通:《试论我国高等工程教育专业认证制度的构建》,《高等工程教育研究》2005 年第 1 期
何俊志:《结构、历史与行为:历史制度主义的分析范式》,《国外社会科学》2002 年第 5 期
何俊志译:《政治科学与三个新制度主义》,《经济社会体制比较》2003 年第 5 期
〔美〕科斯等:《财产权利与制度变迁》,三联书店 1991 年版
蓝江桥:《美国高校工程技术专业教学质量的评价》,《比较教育研究》2004 年第 4 期
林毅夫:《关于制度变迁的经济学理论:诱致性制度变迁与强制性制度变迁》,见陈昕主编:《财产权利与制度变迁:产权学派与新制度学派译文集》,三联书店 2003 年版
李延成:《美国高等教育认证制度:一种高度教育管理与质量保障模式》,《高等教育研究》1998 年第 6 期
刘燕:《论新制度主义的研究方法》,《理论探讨》2006 年第 3 期
刘盛纲主编:《美国、加拿大高等教育评估译文集》,《高等学校工科类专业的评估(第三分册)》,同济大学出版社 1987 年版
〔美〕罗纳德 · H. 奇尔科特:《比较政治学理论:新范式的探讨》,社会科学文献出版社 1998 年版
罗燕:《教育的新制度主义分析:一种教育社会学理论和实践》,《清华大学教育研究》2003 年第 6 期
汪辉:《美欧日高等工程教育质量评估机制的比较》,《高等工程教育研究》2006 年第 2 期
王春梅:《德国高等工程教育模式的变化》,《中国大学教学》2001 年
魏少亮、郭丹:《历史制度主义:理论与应用》,《中共济南市委党校学报》2005 年第 4 期
熊耕:《美国高等教育认证制度的起源及其形成动力分析》,《外国教育研究》2004 年第 6 期

熊耕:《美国高等教育认证制度的特点分析》,《比较教育研究》2005 年第 2 期
徐理勤:《论联邦德国高等教育协调模式及其发展趋势》,《德国研究》2006 年第 4 期
杨西强等:《美国高等工程教育专业的鉴认制度及其启示》,《高等工程教育研究》2005 年第 1 期
张维、王孙禺、江丕权编著:《工程教育与工业竞争力》,清华大学出版社 2003 年版
张又:《美国高等教育专业认证的出现及其背景》,《药学教育》2005 年第 21 卷第 1 期
ABET, Inc., Vision for Change. A Summary Report of the ABET/NSF/Industry Workshops, 1995, http. //www. abet. org/papers. shtml.
D. C. Jackson. 1939. Present Status and Trends of Engineering Education in the United States. Engineers' Council for Professional Development. New York.
Henri Angelino. "Engineering Education and Professional Development in Germany, France and United Kingdom—Examples for Establishing Continuing Professional Development of Engineers in Japan", *NII Journal*, No. 6 (March 2003).
J. B. Sanders. "Evolution of Accreditation", Lloyd E. Blauch, ed. *Accreditation in Higher Education* (New York. Greenwood Press, 1969).
John W. Prados, George D. Peterson and Lisa R. Lattuca. "Quality Assurance of Engineering Education through Accreditation. The Impact of Engineering Criteria 2000 and Its Global Influence", *Journal of Engineering Education*, January 2005.
TREE (Teaching and Research in Engineering in Europe). *Accreditation and Recognition in European Engineering*. A Review, draft, updated on November 21, 2005.

第六章

A. L. 1994. Mackay. Dictionary of Scientific Quotations(M), London.
Arthur L. Donavan, ed. 1985. Engineering is an Increasingly Complex Society

(A), Engineering in Society, George S. Ansell, Washington, D. C.

Auyang, S. Y. 2004. *Engineering: An endless Frontier, Cambridge*(M). Massachusetts. Harvard University Press.

Charles M. Vest. Educating engineers for 2020 and beyond. Forward to Edward F. Crawley, Johan Malmqvist, Soren Ostlund, Doris Brodeur. 2007. *Rethinking Engineering Education: The CDIO Approach*, Springer.

Edward F. Crawley, Johan Malmqvist, Soren Ostlund, Doris Brodeur. 2007. *Rethinking Engineering Education: The CDIO Approach*, Springer.

Edwin T. Layton, Jr. 1971. *The Revolt of the Engineers: Social Responsibility and the American Engineering Profession. Baltimore.* The Hopkin University Press.

Hard, M. 1995. *Machines are Frozen Spirit: The Scientification of Refrigeration and Brewing in the 19th Century—A Weberian Interpretation.* Frankfurt, Germany Campus.

Kjersdam, F., and Enemark, S. 2002. *The Aalborg Experiment-Implementation of Problem based learning*, Aalborg. Aalborg University Press.

Kranakis, E. 1997. *Constructing a bridge: An Exploration of Engineering Culture, Design, and Research in 19th-century France and America.* Cambridge, Massachusetts. MIT Press.

Manegold, K. 1978. "Technology Academized: Education and Training of Engineer in the nineteenth Century", in Layton, K. E., and Wiengard, P. *The Dynamics of Science and Technology: Sociology of the Sciences.* Dordrecht. D. Reidel Publishing.

Michael L. Dertouzos, Richard K. Lester and Robert M. Solow 1989. *Made In America: Regaining the Productive Edge.* MIT Press.

Pacey A. 1992. *The Culture of Technology.* Cambridge, Massachusetts. MIT Press.

Ralph E. Flanders, " The engineers' View", *Mechanical Engineering* (Feb., 1931).

Seely, B. E. "The Other Re-engineering of engineering education, 1900—1965", *Journal of Engineering Education* 88(3), 1999.

Terry S. Reynolds. 1991. *The engineer in America: A Historical Anthology from Technology and Culture*. The Press of Chicago University.

Thomas M. Akins. “Cooperative education: history, philosophy and current status”, National Academy of Engineering 2005. *Educating the Engineer of* 2020.

Williams, R. 2003. *Retooling: A historian Confronts Technological Change*. Cambridge, Massachusetts. MIT Press.

第七章

〔美〕阿兰·布鲁姆著，缪青等译：《走向封闭的美国精神》，中国社会科学出版社 1994 年版

宓洽群：《加强通识教育 提高学生的人文素养》，《教育发展研究》1994 年第 1 期

〔美〕布鲁贝克，王承绪译：《高等教育哲学》，浙江教育出版社 1987 年版

陈怡：《关于大学生文化素质教育的思考与实践》，《高等工程教育研究》1995 年第 4 期

吴良镛演讲：“科技发展与人文精神”（张文雪整理）

甘阳：《大学通识教育的两个中心环节》，《读书》2006 年第 4 期

顾秉林：《加强实践教育 培养创新人才——在清华大学第 22 次教育工作讨论会开幕式上的讲话》，《清华大学教育研究》2004 年第 6 期

H. A. 西蒙著，杜文娟译：《艺术与科学中的创造力》，《中国大学教学》2004 年第 7 期

扈中平等：《挑战与应答——20 世纪的教育目的观》，山东教育出版社 1996 年版

李岚清：《李岚清音乐笔谈》，高等教育出版社 2004 年版

李曼丽：《通识教育：一种大学教育观》，清华大学出版社 1999 年版

刘智勇：《通识教育与专业教育——论新体制下高等教育供给模式的选择》，《教育科学》1994 年

《马克思恩格斯选集》（第 3 卷），人民出版社 1972 年版

〔美〕吉尔兹著，王海龙、张家瑄译：《地方性知识——阐释人类学论文集》，中央编译出版 2004 年版

伽达默尔著，洪汉鼎译：《真理与方法》，山东人民出版社 2001 年版

〔美〕米德著，赵月瑟译：《心灵、自我与社会》，上海译文出版社 1992 年版
〔法〕P. 布尔迪厄：《国家精英——名牌大学与群体精神》，商务印书馆 2004 年版
〔美〕奇凯岑特米哈伊（Mihaly Csikszentmihalyi）著，夏镇平译：《创造性——发现和发明的心理学》，上海译文出版社 2001 年版
钱文杉、黄启兵：《我国通识教育的制度困境》，《教育探索》2005 年第 6 期
钱伟长：《中小学教育的目标是对公民进行“通识”教育》，《宁夏教育》1986 年第 6 期
热拉尔·博诺：《世界的七大方向》，《新观察家“未来”（特刊）》1983 年第 2228 期
《人文教育与科学教育的融合》，参见“促进人文教育与科学教育的融合高级研讨会”论文集《人文教育与科学教育的融合》，清华大学 2002 年 5 月
〔美〕S. 阿瑞提著，钱岗译：《创造的秘密》，辽宁人民出版社 1987 年版
思华：《加强文化素质教育是时代发展的要求》，《中国高等教育》1995 年第 12 期
王义遒：《推进通识教育，催生一种新的教师模式》，《北京大学学报》（哲学社会科学版）2005 年第 5 期
王汉清、况志华、王庆生、居里锴：《大学生创新能力总体状况调查分析》，《高等教育研究》2005 年第 9 期
吴季松：《知识经济》，北京科技大学出版社 1998 年版
徐葆耕：《释古与清华学派》，清华大学出版社 1997 年版
许良英等编译：《爱因斯坦文集》，商务印书馆 1979 年版
谢泳：《大学人文教育缘何“梗塞”？》，《中华读书报》2006 年 5 月 10 日
杨叔子：《文明以止 化成天下——纪念我国高等学校文化素质教育开展十周年》，《高等教育研究》2005 年第 9 期
约翰·奈斯比特：《大趋势——改变我们生活的十个新趋向》，中国社会科学出版社 1984 年版
叶澜：《教育概论》，人民教育出版社 1991 年版
伊藤宗太：《日本企业的研究开发活动以及对中国企业的建议》，《中国软科学》1996 年第 10 期
张文雪、李曼丽、余寿文、王孙禺、曾开富：《教育部科学技术委员会战略研究重大专项面向创新型国家建设的工程教育改革研究（第 1 分题）》，《中国工

程教育的发展态势与需求》2006 年第 10 期
中国蔡元培研究会编:《蔡元培全集》,浙江教育出版社 1998 年版
周国洋等:《我国对外技术贸易的发展现状及前景》,《经济论坛》2004 年第 21 期
周绍森:《科技创新论》,高等教育出版社 2002 年版
周远清:"纪念文化素质教育 10 周年大会发言",2005 年 10 月 23—24 日
清华大学《中外大学校长论坛论文集》,1998 年版
《走出半人时代》,参见"促进人文教育与科学教育的融合高级研讨会"论文集《人文教育与科学教育的融合》,清华大学 2002 年
Burrage, Michael, Konrad Jarausch and Hannes Siegrist. 1990. An actor-based framework for the study of professions(A), in Burrage, M. and Torstendahl R. 1990. *Professions in Theory and History. Rethinking the Study of the Professions*(*M*). London. Sage.
Campbell, John L. and Lindberg, Leon. 1990. "Property rights and the organization of economic activity by the state", American Sociological Review (J). Vol. 55, Oct.
Dacin, M. Ventresca, M. & Beal, B. 1999. The Embeddedness of Organisations. Dialogue & Directions. Journal of Management(J), Vol. 25(3).
David F. Ollis, Kathryn A. Neeley, Heinz C. Luegennbieh ed. 2004. *Liberal Education in 21st Century Engineering*. Response to ABET/EC 2000 Criteria(M) Peter Lang Pub Inc.
Harold P. Sjursen. 2006. The Role of a Center for Liberal Arts in Engineering Education. the Engineer of 2020, 2006, *Global J. of Engng. Educ.*, Vol. 10, No. 2.
Harvard University. 1945. *General Education in A Free Society*. Cambridge. Harvard University Press.
Henry, Newman. 1994. *The Idea of the University*. Routledge/Theommes Press.
Hillmer, G. 2007. Social and Soft Skills Training Concept in Engineering Education. International Conference on Engineering Education-ICEE 2007, New York. September 3—7, 2007, Peter Lang Publishing Inc.
James O. Freedman. 2003. *Liberal Education and the Public Interest* (*M*).

Iowa city. University of Iowa Press.
Ruth Hayhoe. Chapter Eight-Wang Yongquan (A), Higher Education Thinker and Leader(M). Hongkong. The University of Hongkong Press, 2006.
National Academy of Engineering. 2004. *The Engineer of* 2020. Washington, D. C. National Academy Engineering (2004), http://www. nae. edu/nae/engeducom. nsf/weblinks/MCA5L3MNK? OpenDocument.

第 八 章

Olin College, Course Catalog 2009—2010.
Nortel, Leveraging it to create an innovative, cooperative, student-centered curriculum, Case study, Franklin. W. Olin College of Engineering, 2009.
Alvin P. Sanoff, Creating a master piece at Olin College of Engineering(J), *Prism*, September 2000.

第 九 章

清华大学工业工程专业 2005 培养方案。
2005 年对工业工程系本科生的访谈资料。
2005 年 4 月对教师的访谈资料。
中国工程院工程教育研究课题组:《我国工程师培养的重要性与培养途径研究》,《高等工程教育研究》2005 年第 1 期。

后　　记

本书写作持续不断地进行了一年多，也就是在 MIT 做富布赖特项目的一年时间里。但从研究到成书却有 7 年岁月，不算太多，但也不少。对于我学术生涯的黄金时间，不能说不珍贵，因此本书值得我珍惜。在这几年里，作者身体常感不适，幼儿尚需呵护，艰难成书，本书更值得我看重。

正因为如此，我要感谢我在导言里面提到过的所有教授以及同事，是他们带领我进入这个领域，并拓展了我的研究视野。更加难能可贵的是，他们以令人难忘的态度提携后学，甚至允许我在错误中获得成长。这种建设性的学术交往理应获得我的最厚重的敬意。

我还要感谢我院办公室其他同事，他们总是在一旁默默关注着我的研究进展，并适时地给予我热情的帮助。他们都给我提出过具体而中肯的建议。在此一并表示谢意。

我还要郑重地向商务印书馆的常绍民先生表示谢意，向他所在的商务印书馆表示敬意。常先生博学多识，涉猎广泛，在本书编辑的过程中频繁的与我细致商讨。与他的合作使我受惠颇深。他应该接纳我最热情的谢辞和赞赏。

我还要特别向我的母亲、我的先生表示谢意。他们是我病中温暖的依靠。最后，我要感谢我的父亲，他于 2005 年冬天永远地离开了我们，当时我因在德国从事项目研究而错失与父亲的最后一面，我的内心至今充满了遗憾、痛苦和不安。在此以此书遥寄我对父亲的思念，并愿他在天之灵平安。

李曼丽于华清嘉园

2010 年 5 月